I0644892

LES ANCIENS ET LES MODERNES –
ÉTUDES DE PHILOSOPHIE
sous la direction de Chantal Jaquet et Pierre-Marie Morel
36

Les Enfants et les fous

Mazarine Pingeot

Les Enfants et les fous

Descartes et ses lectures contemporaines

PARIS
CLASSIQUES GARNIER
2019

Mazarine M. Pingeot est professeure agrégée de philosophie. Elle enseigne à l'université Paris 8 – Vincennes – Saint-Denis. Après avoir soutenu une thèse intitulée « Temps et subjectivité chez Descartes. Identité(s) et mémoire », elle travaille actuellement sur la question du récit de soi et de l'articulation entre le fondement et la généalogie. Elle a notamment publié : *Entretien avec Descartes* (Paris, 2011), *La Dictature de la transparence* (Paris, 2016).

© 2019. Classiques Garnier, Paris.
Reproduction et traduction, même partielles, interdites.
Tous droits réservés pour tous les pays.

ISBN 978-2-406-08547-8 (livre broché)
ISBN 978-2-406-08548-5 (livre relié)
ISSN 2109-8042

Merci à Sophie Nordmann,
son regard philosophique et son amitié à toute épreuve.

INTRODUCTION

UNE PROBLÉMATIQUE INHÉRENTE À LA PHILOSOPHIE CARTÉSIENNE

« Les enfants et les fous » sont une expression consacrée en philosophie qui désigne ses marges. Chez Descartes, on trouve de nombreuses occurrences de cette expression, et chaque fois, c'est la question de la marge qui est posée : marge de l'humanité, marge du langage, de la raison etc. Par exemple dans les *Quatrièmes Réponses aux 4es objections* :

> [De ce que] la faculté de penser est assoupie dans les enfants, et que dans les fous elle est non pas à la vérité éteinte, mais troublée, il ne faut pas penser qu'elle soit si attachée aux organes corporels, qu'elle ne puisse être sans eux. Car, de ce que nous voyons souvent qu'elle est empêchée par ces organes, il ne s'ensuit aucunement qu'elle soit produite par eux ; et il n'est pas possible d'en donner aucune raison, tant légère qu'elle puisse être[1].

Ou encore la lettre au Marquis de Newcastle, Egmond, 23 novembre 1646 :

> Je dis les paroles ou autres signes, parce que les muets se servent de signes en même façon que nous de la voix ; et que ces signes soient à propos, pour exclure le parler des perroquets, sans exclure celui des fous, qui ne laisse pas d'être à propos des sujets qui se présentent, bien qu'il ne suive pas la raison[2].

Dans ces deux exemples, les enfants et les fous participent totalement de l'humanité, car ils pensent (même mal) au contraire des animaux. Mentionnons encore le *Discours de la méthode* :

---

1 Descartes, « quatrièmes réponses » aux 4es objections, *Œuvres et Lettres*, textes présentés par André Bridoux, Paris, Gallimard, NRF Bibliothèque de la Pléiade, 1952, p. 447.

2 *Ibid.*, p. 1255.

> Pour moi, je n'ai jamais présumé que mon esprit fût en rien plus parfait que ceux du commun ; même j'ai souvent souhaité d'avoir la pensée aussi prompte, ou l'imagination aussi nette et distincte, ou la mémoire aussi ample ou aussi présente que quelques autres. Et je ne sache point de qualités que celles-ci qui servent à la perfection de l'esprit ; car, pour la raison ou le sens, d'autant qu'elle est la seule chose qui nous rend hommes et nous distingue des bêtes, je veux croire qu'elle est tout entière en un chacun, et suivre en ceci l'opinion commune des philosophes, qui disent qu'il n'y a du plus et du moins qu'entre les accidents, et non point entre les formes ou natures des individus d'une même espèce[3].

Dès lors, quel statut leur donner : sont-ils hors, ou sont-ils la limite ? Hors de quoi ? Et limite de quoi ? De la pensée ? De l'humanité en tant qu'elle se définirait notamment par la pensée ? Cela engage tout au moins une question de définition : car si l'homme se définit par la pensée, ou s'il se définit par le langage, qu'en est-il de l'enfant, et plus précisément encore du nourrisson ? Qu'en est-il du « fou », celui dont l'identité à soi est problématique, celui qui ne peut dire je, sans que ce je n'ouvre un gouffre de perplexité ?

Par ailleurs, si « les enfants et les fous », accolés dans ce topos (dont il ne s'agit pas ici de faire l'historique), posent problème à la rationalité dans sa prétention à l'universalité, ils sont aussi les figures qui hantent la raison, comme son autre. La question de l'altérité se pose alors : cet autre de la raison constituée, est-il un autre intégré, une étape, une différenciation de degré, ou est-il un autre radical, auquel cas se posent des problèmes ontologiques considérables, qui ont des conséquences anthropologiques et pratiques non moins considérables : car si l'enfant est un autre, comment penser sa continuité avec l'âge adulte ? Et la question sous-jacente à celle-ci est bien celle du temps et de la continuité à soi. Comment prendre en compte la question du temps en philosophie et plus encore dans une philosophie qui fait la part belle à la raison indépendante de toute « biographie », de toute genèse, de toute généalogie ?

Si le fou est un autre, alors comment penser l'humanité dans sa globalité : faut-il l'en exclure ? Et s'il en fait partie, cela ne contraint-il pas de réaménager la définition même de l'humanité, et de débouter la rationalité de ses droits, tout au moins de sa toute-puissance ? Mais si la

---

3 *Discours de la méthode*, Ire partie, VI, p. 2-3.

rationalité est ainsi dévaluée, que vaut un discours philosophique ? Sur quoi la démonstration peut-elle s'appuyer, et peut-elle encore prétendre à l'universel ? Or une raison qui ne prétend pas à l'universel n'en est pas une et le problème de la relativité vient à se poser.

Ce problème de la relativité, voire du relativisme, Descartes s'y est confronté en cette première partie du XVIIe siècle, alors que le nouveau pyrrhonisme, forme résurgente du scepticisme, régnait en maître. Crise majeure de la philosophie qui correspondait très exactement à une crise majeure de la vérité : parler de crise de la vérité, c'est parler de crise du critère du vrai. Si le critère est soumis au temps, à l'altération, alors la vérité l'est aussi, et sombre dans un relativisme qui la détruit. Le cercle est une condamnation de la philosophie, et pourtant Descartes va se confronter à la quête du critère, et dans cette optique rechercher le fondement. Et il est bien celui qui sortira la philosophie de cette crise. Mais s'il l'en sort, il n'abandonne pas en chemin ces deux figures que sont l'enfant et le fou, et qui pourtant seraient à même de remettre en cause tout l'édifice.

Alors comment ce parangon d'une philosophie fondationnelle, qui érige le cogito en fondement contre le doute et le Malin génie, et la pensée en définition de l'humanité, va-t-il néanmoins faire place à l'enfant et au fou ? Comment ce philosophe dont Lyotard dit qu'il ne porte aucune attention au temps[4], va pourtant réintégrer celui-ci dans une philosophie tout à la fois démonstrative, « atemporelle » et néanmoins inscrite dans un récit[5] ?

C'est ce que nous allons essayer de montrer en le faisant dialoguer avec des philosophes qui précisément lui reprochent de ne pouvoir rendre compte de l'enfance ou de la folie – philosophes contemporains, qui font de Descartes le symbole même de l'échec d'un certain type de philosophie à rendre intelligibles ces marges ou ces autres.

Ces philosophes contemporains occupent deux positions antagonistes dans le paysage philosophique du XXe et XXIe siècle, puisqu'il s'agit d'un côté de Michel Foucault qui reproche nommément à

---

4 « Je note au passage que l'échec de la pensée cartésienne ou husserlienne dans l'élaboration des problèmes du temps et d'autrui résulte du philosophème aberrant qu'est le Cogito : un je sans *tu*. » Lyotard, Jean-François, *Lectures d'enfance*, Galilée, 1991, p. 135.

5 Tout au moins dans ses deux textes majeurs que sont *Le Discours de la méthode*, et les *Méditations métaphysiques*. Ce sont sur ces textes que nous allons nous appuyer.

Descartes d'être sinon responsable, du moins emblématique du grand Renfermement et donc de l'exclusion de la folie hors de la cité, hors de la raison. De l'autre côté, ce sont les néo naturalistes qui attaquent Descartes précisément dans sa méthode et son fondement – à savoir le cogito, à partir duquel il serait impossible de rendre compte de certaines pathologies. Parmi eux Damasio, qui a lui aussi attaqué nommément Descartes[6], et dont les propos seront repris et résumé par J.M Schaeffer dans son ouvrage au titre emblématique *La fin de l'exception humaine.*

En ce qui concerne les enfants, c'est plutôt la question psychanalytique qui permettra d'interroger la position cartésienne, sa cohérence, mais plus encore son efficience. Où il apparaîtra que la question de l'enfance et la question des fous sont en effet très proches, et la plupart du temps articulées. Ce qui n'empêchera pas de les dissocier en temps voulu pour investir leur singularité.

Enfance et folie sont des pathologies du temps, le fou parce qu'il ne se reconnaît pas dans le temps, l'enfant parce qu'il est le temps oublié. Dès la Seconde Méditation, Descartes pose le problème du temps :

> je suis, j'existe : cela est certain ; mais combien de temps ? À savoir, autant de temps que je pense ; car peut-être se pourrait-il faire, si je cessais de penser, que je cesserais en même temps d'être ou d'exister[7].

D'emblée, nous sommes en droit de nous demander si l'enfant pense, et si le fou pense, puisque par définition, nous ne pouvons nous mettre à leur place. Et si la réponse est négative, alors que sont, du point de vue cartésien, l'enfant et le fou ? La réponse arrive plus tard : ce sont des hommes. Il s'agit pour nous ici de résoudre cette tension.

Au « combien de temps ? » Descartes répond dans les *Réponses aux Cinquièmes Objections* : « l'âme pense toujours[8] », et plus précisément encore, dans la lettre à Hysperaspistes d'août 1641 :

---

6 Damasio, *L'erreur de Descartes*, éd. Odile Jacob, 1994.

7 A.T. IX, p. 21.

8 A.T, VII, p. 356-357. Notons d'emblée que la formule « l'âme pense toujours » pose la question d'une équivalence avec « *je* pense toujours » : déplacement du Je vers l'âme qui pose précisément le problème d'une substantialisation du Je, et dès lors d'une subjectivation possible de ce « toujours », problème qui émerge dans le texte des *Réponses aux cinquièmes Objections* et qui ouvrira la réflexion de Locke vers une nouvelle réponse qui engagera sa philosophie entière. Mais ce « l'âme pense toujours » permet

l'âme humaine, quelque part qu'elle soit, pense toujours, même dans le

aussi d'asseoir le bon sens comme la chose du monde la mieux partagée indépendamment des idiosyncrasies individuelles, comme l'extension de la mémoire, la rapidité du raisonnement, l'érudition, l'imagination, etc., comme le rappelle le tout début du *Discours de la méthode.* Or certains commentateurs, comme le père Nicolas Joseph Poisson, prêtre de l'Oratoire, et dans son *Commentaire ou Remarques sur la Méthode de M. Descartes. Où on établit plusieurs Principes généraux, nécessaires pour entendre toutes ses Œuvres*, Paris, 1671), y voient la résurgence d'une très ancienne thèse scolastique, traditionnellement désignée sous le nom de doctrine de la latitude des formes ou de l'*intensio et remissio formarum* : le débat, jusqu'au XVIe, vient des commentaires du premier livre des *Sentences* de Pierre Lombard qui se demandait comment la qualité qu'est la Charité peut augmenter en chacun d'entre nous (M. Lombard, *Sententiarum libri IV*, Lib. I, Dist. XVII : *De Messione Spiritus sancti qua invisibiliter mittitur*). Si la Charité n'est pas susceptible de division ou d'augmentation, elle n'est pour autant pas répartie à égalité parmi les hommes. Même question soulevée par la première page du *Discours* : si le bon sens est la chose du monde la mieux partagée, si la raison ne souffre aucune distinction parmi les hommes, comment se fait-il qu'elle s'y manifeste différemment ? À ce débat plusieurs voix qui s'opposent – Thomas d'Aquin vs Gilles de Rome ou Godefroid de Fontaines – mais la divergence de vue renvoie néanmoins à un point d'accord : la variation en intensité d'une propriété est le signe de son appartenance à la catégorie de la qualité. Et Pierre Souffrin de le résumer dans « La quantification du mouvement chez les scolastiques. La vitesse instantanée chez Nicolas Oresme », (*Autour de Nicolas Oresme*, J. Quillet, éd., Paris, Vrin, 1990) : « On peut dire qu'en définitive la question du changement *de* quelque chose se trouve remplacée par celle du changement *dans* ou sur quelque chose. » Or Descartes passe de la qualité à l'attribut essentiel : « je connus de là que j'étais une substance dont toute l'essence ou la nature n'est que de penser. » (A.T., VI, 33) La réponse moderne à ce problème scolastique engage deux conséquences de taille : la première est celle dont nous avons fait état, rendre compte de l'égalité de la raison chez les hommes malgré les différences d'usage ; la seconde, qui nous occupe ici : au niveau de l'individu, la faculté rationnelle doit demeurer constante dans le temps sans souffrir de variation, de l'enfance à l'âge adulte. Problème épineux qui est précisément celui dont notre livre cherche à rendre compte, et auquel Descartes apporte une réponse dans ces *Réponses aux cinquièmes Objections* : « Vous êtes en peine de savoir si "je n'estime donc point que l'âme pense toujours". Mais pourquoi ne penserait-elle pas toujours, puisqu'elle est une substance qui pense ? Et quelle merveille y a-t-il de ce que nous ne nous ressouvenons pas des pensées qu'elle a eues dans le ventre de nos mères, ou pendant une léthargie, etc., puisque nous ne nous ressouvenons pas même de plusieurs pensées que nous savons fort bien avoir eues étant adultes, sains et éveillés, dont la raison est que, pour se ressouvenir de ses pensées que l'esprit a une fois conçues tandis qu'il est conjoint au corps, il est nécessaire qu'il en reste quelques vestiges imprimés dans le cerveau, vers lesquels l'esprit se tournant, et appliquant à eux sa pensée, il vient à se ressouvenir ; or qu'y a-t-il de merveilleux si le cerveau d'un enfant ou d'un léthargique n'est pas propre pour recevoir de telles impressions ? » Or cette question de savoir si l'âme pense toujours sera précisément une de celles que Locke va discuter en détail et ce qui va ouvrir sur une toute autre réponse et une toute autre philosophie, engageant la question de la mémoire. Aussi demanderons-nous en creux à Descartes : qu'en est-il de la mémoire dans son œuvre, en tant que subjectivation de ce « toujours » ? (sur la ventre de nos mères[9].

Ainsi, la mention de l'enfance dans sa forme la plus primitive, la plus proche de l'animalité, apparaît dans la définition du temps de la pensée, temps qui se résout en un « toujours » éminemment problématique. Car si je pense toujours, pourquoi s'inquiéter de ce « combien de temps ? » ? Ou comment passer du « combien de temps », à « toujours », qui ne semble pas nécessairement être une notation temporelle, mais ressortit plus à une définition ontologique, qui fait signe vers ce que l'on appelle depuis Aristote la « substance », et qui dès lors nie la temporalité, puisque l'un des attributs de la substance est précisément la permanence ? Descartes se débarrasse-t-il aussitôt de la question de la temporalité au profit d'une ontologie, qu'il a pourtant dans sa méthode mise de côté en faveur d'une pensée en acte qui suit la chaîne des raisons ? Car ce « je suis, j'existe » s'atteste indépendamment de toute ontologie, et dans la mise en doute radicale de tous mes contenus de pensée.

Et la première définition de la pensée installe d'emblée l'ambiguïté : je suis une « chose » qui pense, c'est-à-dire qui nie, qui affirme, qui sent. La chose, qui peut être entendue comme substance, se définit par ses actes, qui ne sont pas tant des actes d'intellection que des actes de conscience. De deux choses l'une, soit la pensée est conscience, et en ce sens, la substantialiser évite la question de la temporalité mais biffe aussi l'originalité de la conscience pour l'objectiver ; soit la pensée est substance, mais alors la conscience n'en est qu'un aspect, ce qui annule l'originarité de la conscience. Cette question se pose au cœur de la métaphysique cartésienne mais déjà en amont, elle traverse la quête philosophique incarnée chez Descartes en une vie, vie philosophique qu'il ressaisit en un récit autobiographique dans le *Discours de la méthode.*

On voit poindre l'application du dilemme à la question des « enfants et des fous » : si Je est substance, alors nul problème pour résoudre la tension, enfants et fous sont totalement « choses qui pensent » (puisque l'âme pense toujours) c'est-à-dire hommes, et qu'importe qu'ils ne

---

réponse de Locke et la formulation du problème relativement à la théorie de *l'intensio et remissio formarum*, *cf.* l'article de David Simonetta, in « La réception des académiques à l'âge moderne », 11/2013, ENS Éditions)

9 (Ne figure pas en A.T.), traduction M. et J.M Beyssade, *Méditations métaphysiques*, Paris, Garnier-Flammarion (1979), rééd. 1992, p. 550.

puissent pas en attester par eux-mêmes. Mais alors, on voit du même coup apparaître les conséquences possibles d'un tel choix : si les enfants ou les fous sont des « hommes » sans qu'il soit besoin de les écouter pour le savoir, qu'est-ce qui empêche de les réifier et de les traiter en « choses », « choses qui pensent », certes, mais dont la pensée est assez peu visible. À les dire hommes, cela devrait empêcher toute chosification, mais à les dire chose, cela évacue le témoignage de leur conscience, ce qui est contraire au principe du cogito.

Paul Ricœur résume bien le problème lorsqu'il rappelle, dans sa préface de *Soi-même comme un autre* le passage du Je subjectif, le cogito, au Je objectif, *l'ens creatum*, la *res cogitans* créée et continuée par Dieu. Reprenant à son compte l'argument de Martial Gueroult à ses yeux imparable, il considère que la certitude du cogito donne de la vérité une version seulement subjective. Dès lors, la « démonstration de Dieu permettra seule de résoudre la question[10] » ce qui constitue à ses yeux une difficulté insurmontable, dans la mesure où elle renverse l'ordre de la découverte ou *ordo cognoscendi* qui, écrit-il

> devrait à lui seul, si le Cogito était à tous égards vérité première, conduire du moi à Dieu, puis aux essences mathématiques, puis aux choses sensibles et aux corps ; et elle le renverse au bénéfice d'un autre ordre, celui de la « vérité de la chose », ou ordo essendi[11]...

La troisième Méditation ferait donc passer le cogito à une position subordonnée à celle de Dieu, il régresserait au second rang. Or nous tenons que la spécificité de Descartes est précisément de maintenir deux substances. Certes, Dieu est premier dans l'ordre de l'être, mais cela ne remettra pas en cause une philosophie de l'immanence où tout objet est d'abord pensée de l'objet.

Et c'est justement dans ses conséquences anthropologiques que nous voulons proposer de maintenir l'originarité comme l'originalité du cogito, et poser la question de la temporalité d'une pensée qui définit l'homme : Descartes, on l'a dit, affirme de tous les hommes qu'ils pensent[12], les fous

---

10 Gueroult, *Descartes selon l'ordre des raisons*, I, Aubier, 1953, rééd. 1991, p. 137.

11 Ricœur, *Soi-même comme un autre*, *ibid.* p. 19.

12 Rappel : *Discours de la méthode*, Ire partie, VI, p. 2-3 : « pour la raison ou le sens, d'autant qu'elle est la seule chose qui nous rend hommes et nous distingue des bêtes, je veux croire qu'elle est tout entière en un chacun, et suivre en ceci l'opinion commune des

et les enfants inclus. Mais ni le fou ni l'enfant n'ont conscience qu'ils pensent, du moins ne peuvent-ils en attester. Comment alors affirmer la présence de la pensée en eux, sans pour autant renoncer au premier fondement trouvé sur le chemin des raisons, ce fameux cogito ? Et si ce sont les autres qui peuvent garantir leur continuité, c'est le principe même de la philosophie cartésienne qui s'en trouve ébranlé, à moins d'accepter, on l'a dit, une victoire totale du principe de la garantie divine et de la substantialisation de l'âme – alors que la force de Descartes est de tenir toujours ensemble le cogito et Dieu comme deux principes irréductibles l'un à l'autre, bien que le premier soit ontologiquement dépendant de l'autre. Mais précisément, la philosophie de Descartes n'est pas seulement une ontologie, sa révolution tient dans la position du cogito.

Et de fait, ces deux figures limites, mettent légitimement en cause l'idée que Je pense toujours. Il suffit de s'en remettre à de simples observations : nous avons été enfants avant que d'être hommes, et avant cela nourrisson, fœtus. Arnauld s'en est inquiété qui a demandé à Descartes de rendre compte de cette pensée oubliée, et que rien ne manifeste, puisque c'est la parole qui sera signe de la pensée. En réponse à cette question, Descartes distinguera la pensée directe et la pensée indirecte, introduisant la réflexivité comme pensée de la pensée[13]. Cette distinction étant faite, nous pourrions attribuer au nourrisson la pensée directe : mais si cette pensée directe ne peut être ressaisie par une pensée indirecte, parce qu'elle serait enfouie, oubliée, perdue, comment l'homme devenu adulte peut-il rendre compte de la continuité à soi de sa propre pensée, si tant est que la pensée est ce qui fait l'homme ?

L'enjeu est de taille : si la pensée fait l'humanité en l'homme[14], ce qui le distingue des animaux, mais non des enfants et des fous, comment attester de mon humanité dans le développement temporel de l'union de mon âme et de mon corps ? Si le cogito est le fondement de mes pensées, comment peut-il rendre compte de ma continuité à moi-même dans le temps, dès lors qu'il n'est pas à même de ressaisir une pensée

---

philosophes, qui disent qu'il n'y a du plus et du moins qu'entre les accidents, et non point entre les formes ou natures des individus d'une même espèce. »

13 A Arnaud, juillet 1648, A.T., V, 212-215, traduction française, in Descartes, *Œuvres*, éd. A. Bridoux, Gallimard, Bibliothèque de la Pléiade, 1946, p. 1309-1307 (l'expression de pensées directes vs réflexion se trouve p. 1307).

14 *Cf.* note 1, p. 1.

que je peux bien postuler, mais non fonder ? La mémoire serait-elle le réceptacle et le principe de mon identité à moi-même ? Il semble en effet, qu'elle en soit l'un des éléments, encore faudra-t-il le prouver dans la mesure où elle est fort problématique chez Descartes qui n'en fait état que dans sa correspondance, et à l'initiative de ses interlocuteurs. Mais si cette mémoire fait défaut ?

Il faudra alors s'interroger sur ce qu'il en est de la mémoire chez Descartes, car elle joue à différents niveaux : la mémoire comme réceptacle de mes anciennes pensées, la mémoire comme principe actif permettant d'installer une méditation sur la durée, et de ressaisir les acquis des méditations précédentes. D'un côté donc, il y aurait cette mémoire passive, qu'il faut déconstruire car en elle se joue la répétition de l'amour des filles louches, mais aussi la croyance que le soleil se lève et se couche malgré la connaissance qu'on en a ; de l'autre, il y aurait une mémoire active, qui permet de méditer, précisément en ce qu'elle supplée à cette mémoire passive[15], transformant les anciennes habitudes en de nouvelles, et engageant une transformation de l'être du sujet. Or ces deux formes de mémoire renvoient à la question de l'identité : suis-je le même qu'hier ? Si la pensée est fondement, avant même qu'on l'on prouve l'existence de Dieu, comment rendre compte de mon stade fœtal dont je n'ai aucun souvenir, sinon par le biais de témoignages externes, autrement dit, en biffant la voie internaliste, seule pourtant en accord avec le principe du cogito comme fondement ?

La question que nous posons est celle de la temporalisation de la pensée et donc de la continuité à soi. Continuité à soi dont les deux figures que sont les enfants et les fous, eux-mêmes *topoï* de la philosophie

---

15 On retrouvera cette partition dans le très beau texte de Ferdinand Alquié, *Le désir d'éternité*, au début du chapitre III, où il lie passion et mémoire : « ...la mémoire, si elle semble parfois être la cause des passions, paraît aussi pouvoir en être le remède. Il faut en effet distinguer, en ce qu'on appelle mémoire, deux opérations bien différentes et opposées, dont l'une est passion et l'autre action spirituelle. La mémoire est ce par quoi le passé revient et ce par quoi nous le reconnaissons et le localisons. Elle comprend nos souvenirs et notre attitude vis-à-vis de nos souvenirs. Elle est ce qui conserve le souvenir et nous le présente, elle est ce par quoi nous le rapportons au passé. La mémoire suppose, à titre de matière, un retour involontaire du souvenir que nous ne pouvons expérimenter que comme passion. Mais la reconnaissance et la localisation, loin de prolonger le rappel, s'y opposent. Ici la mémoire rejette l'image présente dans le passé, la juge souvenir. Cette mémoire est action, elle est le signe de l'esprit, elle est l'œuvre du jugement qui nous libère. » p. 27-28, P.U.F, Quadrige, 1re édition 1943, 7e édition 2008.

généralement utilisés pour en définir les limites, incarnent l'obstacle épistémologique. Or Descartes, jamais n'abandonne ces figures à l'altérité, à l'ailleurs, à l'impensable et à l'impensé. Le fou comme l'enfant est entièrement homme.

Il semble alors qu'à interroger ces figures limites, nous pourrons mettre à l'épreuve la coexistence des deux principes – cogito, Dieu – sans abandonner l'un au profit de l'autre ; mais aussi, si l'on parvient à penser en cohérence la figure de l'enfant et celle du fou dans la philosophie cartésienne – ce qui est fortement attaqué d'une part par les naturalistes, d'autre part par les foucaldiens – on pourra alors aménager un espace théorique pour une pratique d'un certain type de psychanalyse, l'analyse des psychoses, qui en retour s'en trouverait fondée.

La pensée peut-elle se saisir dans une temporalité propre, c'est là le champ de la métaphysique ; l'homme peut-il ressaisir une identité à lui-même, de son origine (prise ici comme stade fœtal[16]) au moment où le cogito surgit ? C'est là le champ de l'individu, ou du sujet pris dans son individuation et son incarnation – ce que nous appelons le niveau anthropologique. Nous articulerons les deux champs, car c'est dans la pensée métaphysique de Descartes que nous pourrons fonder le déploiement anthropologique.

Comment alors rendre compte d'une mémoire subjective qui assure la continuité à soi-même du point de vue du sujet, autrement dit en tant que conscience de soi ressaisie dans une temporalité, et ce, aussi bien au niveau métaphysique – le je suis peut-il se déployer dans une épaisseur autre que la seule fulgurance de l'acte ? – qu'au niveau anthropologique – le sujet incarné dans son évolution, peut-il se définir en premier lieu comme pensée, tandis que la pensée ne se peut évidemment concevoir de manière généalogique chez Descartes ? Comment préserver la définition de la pensée cartésienne, la temporalisation de cette pensée en son essence même, et l'existence de l'homme qui mûrit, change, apprend à conduire sa pensée, et recherche la sagesse ?

---

16 *cf.* ci-dessus, la lettre à Hysperaspistes d'août 1641 : « l'âme humaine, quelque part qu'elle soit, pense toujours, même dans le ventre de nos mères », parmi d'autres références et notamment dans la correspondance avec Arnaud, ainsi que dans les *Réponses aux Cinquièmes Objections*.

UN TROISIÈME ORDRE ?

Il est d'usage de distinguer chez Descartes l'ordre de l'analyse et l'ordre de la synthèse[17]. Pourtant, un troisième ordre semble surgir, révélé par une phrase de la troisième Méditation, fort étrange au regard des deux seuls ordres revendiqués :

> [...] et partant, que j'ai en quelque façon premièrement en moi la notion de l'infini, que du fini, c'est-à-dire de Dieu que de moi-même.

Ce qui retient ici notre attention est le « en quelque façon premièrement » : qu'est-ce qu'être premier, en quelque façon ? Nous avons affaire à deux commencements : le cogito issu du doute hyperbolique, et Dieu, issu de la démonstration de l'idée d'infini. Ce « en quelque façon » met en cause ces deux ordres. Il y aurait donc une forme de présence-absence, de cette idée d'infini déjà-là et pour autant non dévoilée, c'est-à-dire non consciente. Que peut alors signifier d'avoir une idée sans l'avoir pourtant ? C'est ce « en quelque façon » qui va nous intéresser, et qui nous permet d'émettre cette hypothèse d'un ordre du dévoilement, dont nous chercherons à dégager la portée dans le champ anthropologique : car cette présence-absence ne concerne pas exclusivement l'idée d'infini, et a sa pertinence dans d'autres champs que celui de la démonstration de l'existence de Dieu. Ce qui ouvre la question de la continuité de la pensée comme identité à soi distincte de la permanence dans le temps de la conscience. La « découverte » au sens de dévoilement, doit alors être entendue à la fois comme ce qu'il y a à découvrir, et comme la découverte en acte (objet de la découverte / acte de la découverte). La découverte, en tant qu'acte d'appropriation d'un objet jusqu'à alors non aperçu, s'inscrit dans une temporalité que l'on peut saisir en termes de subjectivation. La temporalité est le fondement d'une ressaisie subjective d'une idée qui était là sans être là pourtant (présence-absence). Et cette temporalité, Descartes lui-même semble l'admettre comme allant de soi : comment articuler cette présence-absence de l'idée avec la thèse cartésienne de la transparence de la pensée à elle-même ? Comment comprendre cette

17 *cf.* AT VII, 155 et AT II 582.

temporalité par laquelle le sujet s'approprie une idée qui était déjà là sans qu'il l'ait aperçue comme telle ? Comment concilier le cogito avec cette forme d'in-conscience de la pensée ? Cette in-conscience est-elle de même nature que celle de l'enfance ou du stade fœtal, qui relève de la pensée non-consciente (ou « pensée directe », suivant la terminologie cartésienne et la distinction pensée directe / indirecte : *cf.* Lettre à Arnauld juillet 1948) ?

S'il est bien un ordre du dévoilement, cela implique, par ailleurs, que la question de la création continue ne nous permet pas de résoudre tous ces problèmes : la temporalité objective ne permet pas de rendre compte de la temporalité subjective. Seule la temporalité subjective est à même de fonder une pensée. La création continue n'est pas en mesure de rendre compte de l'épaisseur temporelle de l'ego méditant. Elle rend compte de l'identité du sujet de sa naissance à sa mort, mais non de la conscience qu'il a de lui-même. Il y a donc quelque chose de l'ordre de la temporalité de la conscience qui excède radicalement la théorie de la création continue, et qui se suffit à lui-même : il semble qu'il ne soit pas besoin d'une théorie substantialiste ou de la création continue pour rendre compte de la durée de la conscience : la conscience se déploie dans la durée mais on ne peut pas rendre compte de ce déploiement par une objectivation. Et si cela est vrai pour René Descartes, cela doit être vrai pour le fou, cela doit être vrai pour l'enfant. Comment échapper à leur objectivation ?

UNE PREMIÈRE RÉPONSE AU PROBLÈME
Locke et la question de l'identité par la mémoire

Cette question de la mémoire comme fil conducteur de l'identité a été thématisée à l'époque même de Descartes par un philosophe qui naît en 1642, quand Descartes meurt en 1650 : disciple hérétique de Descartes, John Locke a mis en rapport très naturellement la problématique de l'identité et celle de la mémoire, en leur apportant une réponse qui sans être cartésienne, permet par sa critique de montrer en creux ce qui demeure irrésolu chez Descartes.

Il s'agit pour Locke, dans le chapitre XXII du livre II de *l'Essai philosophique concernant l'entendement humain* – ajouté à partir de la 2e édition (1694) à l'ouvrage que Locke avait publié en 1690, de résoudre le « problème de l'identité personnelle ». Ce chapitre « Of Identity and Diversity » semble avoir été rajouté après coup pour répondre aux objections soulevées par sa critique d'une âme substantielle (critique adressée à Descartes), et constitue une sorte de traité dans le traité, ce qui justifie par exemple aux yeux d'Étienne Balibar d'en dresser une édition bilingue indépendamment du reste de l'ouvrage[18]. Locke va faire de la conscience, ou *consciousness*, en tant que « mémoire », le critère de l'identité personnelle, ce qui va le mener à révolutionner le concept de subjectivité par rapport au cogito cartésien. Une note de son journal datée du 20 février 1682, résume sa position, douze ans avant qu'il ne développe sa conception de l'identité personnelle :

> *Identity of persons lies not in having the same numirical body made up of the same particles, nor if the mind consists of incorporeal spirits in their being the same. But in the memory and knowledge of one's past self and actions continued on under the consciousness of being the same person, whereby every man own's himself*[19].

Pour Étienne Balibar comme pour d'autres philosophes[20], c'est Locke et non Descartes qui invente la conscience moderne, sous le vocable difficilement traduisible – du fait même du primat de la « conscience » cartésienne chez les disciples de Descartes, qui introduisent le mot de conscience fort peu utilisé dans l'œuvre et jamais dans les Méditations[21]

18 John Locke, *Identité et différence*, « L'invention de la conscience », présenté, traduit et commenté par Étienne Balibar, Points Seuil, septembre 1988.

19 « L'identité des personnes ne réside pas dans le fait d'avoir numériquement le même corps fait des mêmes corpuscules, ni, si l'esprit est constitué d'esprits incorporels, dans leur conservation. Mais dans la mémoire et la connaissance du soi passé et de ses propres actions qui est continûment soumise à la conscience d'être la même personne : par où tout homme se possède et s'avoue lui-même. » *Cf.* Rogers 1997 ; Ayers 1991, vol. II., p. 254-255 ; et Marshall 1994, p. 153.

20 *cf.* Francis Jacques, préface à la traduction du livre de Ryle, *la notion d'esprit*, éd. Payot, 1978, p. VI.

21 Excepté dans la version latine, où l'adjectif « *conscius* » apparaît dans la troisième Méditation, mais que le traducteur n'a pas rendu par « conscient » : A.T., IX, 39 : « car, puisque je ne suis qu'une chose qui pense (….), si une telle puissance résidait en moi, certes je devrais à tout le moins le penser, et en avoir connaissance (*si quae talis vis in me esset, ejus procul dubio conscius essem*)… » Les seules occurrences en français du mot de « conscience » se trouvent dans la lettre à Gibieuf, du 19 janvier 1642 : « je ne le tire que de ma propre pensée ou

– de *consciousness*, *self* ou *self consciousness*, et c'est à lui qu'en revient la paternité plutôt qu'au cogito cartésien. Le fait est que la conscience en français désigne tout autant la conscience morale que la conscience réflexive, au contraire de la langue anglaise qui les distingue par les termes de *conscience* et de *consciousness*.

Or Locke a d'emblée articulé « conscience », temps et mémoire, pour s'attaquer à la « substance » et aux idées innées cartésiennes. On pourrait se dire, de prime abord, qu'il résout la tension que nous avons exprimée, entre le cogito et la « chose » qui garantit la pérennité et l'identité à soi. Il est d'ailleurs logique que ce soit précisément ce point qu'attaque Locke. Il est également signifiant que dans son attaque des idées innées, il fasse référence aux Enfants et aux Idiots :

> Car premièrement, il est clair que les Enfants et les Idiots n'y pensent en aucune manière [aux idées innées][22].

Autrement dit, l'argument censé invalider les idées innées, est précisément que les enfants et les fous ne les « ont » pas, ou plus précisément, ne les perçoivent pas. Où l'on voit que ce topos est utilisé contre toute forme d'universalité abstraite indépendante d'une construction, d'une progression, d'une genèse.

Étienne Balibar, introduisant la pensée de Locke et la question cruciale de la mémoire, rappelle la position cartésienne telle que Locke la combattra :

---

conscience. » G. Rodis-Lewis, dans *L'œuvre de Descartes*, Vrin, 1971, p. 240, commente en note : « d'après une copie manuscrite, alors que l'édition Clerselier, peut-être par scrupule de puriste, a omis "ou conscience" ». On retrouve le terme dans les *3e Réponses*, A.T., IX, 137, sur les « actes intellectuels qui ne peuvent être sans pensée, ou perception, ou conscience et connaissance », les deux mots rendant le seul *conscientia* de A.T. VII. Quant au latin, les occurrences majeures de *conscientia* et *conscius esse* apparaissent dans les *Definitiones* I et II, dans l'Exposé Géométrique des *Réponses aux Deuxièmes Objections* et dans l'article I, § 9, des *Principes de la philosophie*. Or dans aucun de ces cas, les traducteurs, Clerselier et l'Abbé Picot, n'ont employé « conscience » ou « être conscient », la traduction ayant été revue par Descartes. En revanche, on trouve le terme de « conscience » dans le *Système de Philosophie* du cartésien Pierre-Sylvain Régis, paru en 1690 comme l'*Essay* de Locke : « Je suis donc assuré que j'existe toutes les fois que je connais ou que je crois connaître quelque chose ; et je suis convaincu de la vérité de cette proposition, non par un véritable raisonnement, mais par une connaissance simple et intérieure, qui précède toutes les connaissances acquises, et que j'appelle *conscience*. » (*Système de Philosophie, contenant la Logique, la Métaphysique et la Morale*, 1690, Tome Premier, p. 63 *sq.*)

22 Locke, *Traité…* I.i. 4-5.

> dès lors qu'une âme existe, elle ne cesse de penser aussi longtemps qu'elle existe, en d'autres termes, l'âme pense toujours. Mais ce fait n'implique aucunement qu'elle se souvienne d'avoir pensé précédemment quand elle pense (et d'avoir existé quand elle existe !), que ce sont en rêve, quand son corps était en gestation, dans l'enfance, ou tout simplement dans l'instant d'avant...[...] En d'autres termes, thèse radicale (et psychologiquement malaisée), la pensée qui est l'essence de l'âme n'a rien d'essentiel à voir avec la mémoire, elle existe et doit être pensée hors de tout temps écoulé, mais toujours « actuellement », c'est-à-dire dans l'acte même de penser (et dans sa durée propre)[23].

C'est très précisément contre cette assertion que nous allons tâcher de développer la thèse suivant laquelle la pensée chez Descartes est mémoire, non pas réceptacle passif des objets de pensée sédimentés (ce dont elle doit précisément se débarrasser pour s'atteindre), mais en tant qu'activité même de l'esprit qui s'identifie à la pensée, mémoire pas toujours nécessairement consciente d'elle-même. Certes, la solution lockienne permet de contourner toute forme de substantialisation, on peut néanmoins donner raison à Judith Butler lorsqu'elle se demande dans « Of personal identity[24] », si, plutôt que de dire que la personne existe pour autant qu'elle se souvient, il n'est pas plus plausible d'assigner la continuité de la mémoire à l'existence continue d'une âme-substance. Autrement dit, les apories que lève la notion lockienne de conscience au profit d'une mémoire qui dit l'identité de la personne, ne sont pas moindres que celles de la notion d'âme-substance.

Il nous faut alors revenir à ces grands paradigmes de l'altérité à soi, par lesquels nous avons commencé : la folie et l'enfance, mais aussi dans un tout autre registre l'idée de Dieu comme modélisation même de toute transcendance immanente, transcendance immanente qui est une autre figure du temps. L'ordre du « dévoilement », ou la troisième voie, induite par ce « en quelque façon premièrement » de la IIIe Méditation, viendrait lever l'aporie énoncée par Locke s'agissant des idées innées – du moins en faisons-nous l'hypothèse :

> Car dire qu'il y a des vérités imprimées en l'Âme que l'Âme n'aperçoit ou n'entend point, c'est, ce me semble, une espèce de contradiction, l'action d'imprimer ne pouvant marquer autre chose (supposé qu'elle signifie quelque

23 Étienne Balibar, *op. cit.* p. 41.

24 Judith Butler, « *Of personal Identity* », *The Analogy of Religion* (1738), repris *in* J. Perry (éd.), *Personal Identity*, Université of California Press, 1975, p. 99-105.

> chose de réel en cette rencontre) que faire apercevoir certaines vérités. Car imprimer quoi que ce soit dans l'Âme, sans que l'Âme l'aperçoive, c'est, à mon sens, une chose à peine intelligible. [...] Dire qu'une Notion est gravée dans l'âme, et soutenir en même temps que l'âme ne la connaît point, et qu'elle n'en a eu encore aucune connaissance, c'est faire de cette impression un pur néant[25].

Il pointe là la contradiction qu'il y aurait à penser une chose sans la penser, quand la pensée signifie percevoir – définition qui reste cartésienne. Et en effet, comment rendre compte d'idées qu'on a sans les avoir, d'idées oubliées, non susceptibles de revenir à la conscience, parce qu'elles auraient été formées à un stade de la vie inaccessible à une mémoire claire ?

Or nous savons que chez Descartes, il y a au moins trois types d'idées que nous avons sans les avoir : les idées innées (nous ne naissons pas polytechniciens), l'idée de Dieu, qui est en quelques façons première, alors que je ne l'aperçois que dans la troisième Méditation, et dans un autre ordre, toutes les idées que j'ai bien dû avoir étant nourrisson, ou les mille idées qui me traversent l'esprit et que je ne retiens pas. Difficulté majeure que de penser une pensée sans conscience chez le promoteur de la conscience : mais c'est précisément qu'il nous faudra introduire une certaine dimension d'in-conscient dans la pensée cartésienne, très clairement identifiée dans la manifestation de l'idée de Dieu au troisième jour des Méditations. Certes, Descartes apporte une réponse, notamment en ce qui concerne les idées innées, et qu'il appelle l'attention : elles ne sont que l'aboutissement de l'analyse et de l'attention, mais dans leur clarté manifestent aussi leur indépendance, en tant qu'elles n'ont pas été produites par mon esprit, mais plutôt en constituent ce qu'on pourrait appeler la structure, si l'on voit là la préfiguration d'une philosophie critique.

C'est donc dans les différentes modalités d'altération à soi, que nous pouvons éprouver la solidité du principe du cogito, comme fondement mais aussi comme principe inclusif qui définit l'humanité en l'homme. Autrement dit, notre enquête se déploiera sur deux lignes : l'identité à soi à travers le temps de l'enfant devenu homme ; l'identité de l'humanité en l'homme, que l'on soit enfant ou fou, et la rupture ontologique avec ce qui ne pense pas (dont les animaux).

---

25 Locke, *Essai philosophique concernant l'entendement humain* I, i, 5.

LES DÉBATS CONTEMPORAINS

Pour ce faire, nous allons convoquer les critiques à nos yeux paradigmatiques à l'encontre de Descartes, dont les deux pôles sont celles d'un côté de Michel Foucault qui identifie le sujet cartésien au sujet de la simple connaissance (connaissance par l'entendement s'entend), ce qui l'empêcherait structurellement de se transformer dans son être ; de l'autre, celles du naturalisme et autres néo-positivismes, qui « anthropologisant » le sujet cartésien, posent néanmoins la question d'une identité à soi dans le temps, quand le cogito est nécessairement irréductible à l'évolution de la pensée, de l'enfance à l'âge adulte ; ils interrogent en creux la possibilité de rendre compte d'une continuité à soi, quand rien ne viendrait prouver que les nourrissons pensent, sinon à reconduire les notions aristotéliciennes d'acte et de puissance. Deux registres donc, où la question de l'identité à soi est posée : celui de la quête de l'esprit dans la Méditation, qui interroge une continuité essentielle à soi-même ; et celui de la continuité de l'esprit dans le temps naturel.

Mais si nous les convoquons, c'est aussi parce qu'eux-mêmes, on l'a dit, ont convoqué Descartes pour le révoquer, et très précisément à travers la figure paradigmatique du fou. D'un côté, Foucault impute à Descartes la décision pour la Raison d'exclure ses autres. De l'autre, il y a le courant naturaliste assez majoritaire aujourd'hui, qui oppose à la méthode « internaliste » de Descartes, des expériences psychiatriques dont le cogito serait incapable de rendre raison – privilégiant de ce fait une méthode objectiviste, autrement dit, une méthode où le sujet est le scientifique, qui travaille sur un objet, le fou. Le tiers, l'observateur, en saurait plus que le fou lui-même.

Ces deux types d'objections se retrouvent donc dans la critique du cogito, comme l'obstacle épistémologique, sociologique et philosophique pour penser la folie.

Convoquer des auteurs contemporains, c'est aussi réinscrire notre problématique dans un horizon qui n'est pas celui de l'histoire de la philosophie, mais très résolument de la décision spéculative : angle spéculatif qui met de côté l'historiographie lourde et complexe, passage obligé de tout travail sur l'un des auteurs sans doute les plus commentés, et ce, dès son époque[26]. Ce sont les conflits spéculatifs que nous entendons mettre en avant, et ce, à travers le dialogue des philosophes mentionnés, avec Descartes. Nous voulons donc assumer cette démarche, dans un geste lui-même cartésien, qui consiste à partir avant tout du texte et de l'incessante relecture du corpus à l'aune de cette question.

Ce dialogue philosophique a par ailleurs des conséquences pratiques très concrètes, et principalement s'agissant du cadre théorique où s'inscrit le traitement de la folie. Choisir l'un contre l'autre, Descartes contre Foucault ou Descartes contre Damasio ou Schaeffer, c'est très clairement opter pour la possibilité d'une analyse des psychoses, telle qu'elle est pratiquée, par exemple, au centre psychiatrique Austen Riggs Center, ou telle qu'elle a été élaborée par les apports de la médecine des traumas de guerre, et telle enfin qu'on la voit transmise dans les travaux de Françoise Davoine et Jean-Max Gaudillière : analyse des psychoses qui suppose l'idée d'un inconscient retranché (et non refoulé), d'une douleur sans sujet (chose que l'on peut retrouver chez Wittgenstein, philosophe anti cartésien s'il en est), et qui pourtant montre que le psychotique – le fou – demeure le « sujet » de sa guérison, de sa délivrance. « Sujet » dans un sens plus cartésien qu'on ne le croit.

Enfin, si les deux figures de l'enfant et du fou avancent souvent de conserve, accolées en une expression unique « les enfants et les fous », elles engagent évidemment, dès lors qu'elles sont investies pour elles-mêmes, des analyses tout à fait différentes. Pourra-t-on sauver l'une comme l'autre sans pour autant renoncer aux principes cartésiens ?

Si Descartes est le philosophe qui refuse d'abandonner les enfants et les fous, mais qui inaugure aussi le cogito, il semble important de pouvoir réconcilier ces deux positions qui de prime abord paraissent contradictoires.

Dans un premier temps, nous reviendrons sur le fondement de la science et la différence ontologique entre le fondement et ce qu'il fonde. Nous avons en effet l'obligation d'en repasser par la métaphysique, pour ensuite explorer les conséquences anthropologiques, car elles sont liées non seulement à l'épistémè, mais encore à la question de sa

---

26 Sans compter l'excellent ouvrage de J.-M. Beyssade, *La philosophie première de Descartes*, qui interroge précisément la mémoire et le temps, mais dans une optique différente de la nôtre.

fondation. Or il apparaîtra que les naturalistes comme les foucaldiens vont réduire la pensée cartésienne à l'entendement, ignorant ce qui le fonde ; ignorant l'idée même de fondement ; évacuant le subtil travail de distinction des évidences que mène Descartes pour qu'elles reposent en dernière instance sur une « expérience métaphysique ». La volonté ou le choix stratégique d'ignorer le rôle de l'expérience métaphysique chez Descartes est symptomatique d'un parti pris soit scientiste soit anti scientiste : mais on sait, grâce notamment au très beau livre de François Azouvi[27], que Descartes a servi les intérêts philosophiques, politiques, et historiques de chacun, sans souci de la contradiction. C'est pour cela qu'une mise au point semble nécessaire, car sans revenir à la question métaphysique du fondement dans son articulation avec une subjectivité (d'où l'expression d'« expérience métaphysique »), nous ne pourrons établir le dialogue entre Descartes et ces auteurs que sur un malentendu.

Dans un second temps, nous nous pencherons plus spécifiquement sur la question de l'enfance, à la fois comme âge de la vie, et comme structure épistémique. L'enfance questionne directement la possible continuité à soi du sujet, lequel pense certes toujours, mais ne se ressouvient pas. Or comment penser l'enfance de l'homme sans réintroduire les concepts d'acte et de puissance ? Comment penser la temporalité dans une œuvre philosophique qui privilégie le fondement, mais qui le fait à travers un récit lui-même temporalisé ? Comment par ailleurs savoir quelque chose de l'enfance, alors qu'on n'en a point de souvenir, mais que l'on se refuse l'étude externaliste au profit d'une lecture internaliste ? Comment fonder la continuité à soi du point de vue du sujet ?

La question de la continuité à soi du sujet nous mènera à interroger l'autre paradigme de l'altération à soi : la folie. Là encore, l'hypothèse de la folie attaque de plein fouet l'idée d'une lecture internaliste de l'identité à soi dans le temps. D'abord parce que la folie est en quelque sorte une crise du temps subjectif, ensuite parce que la pensée elle-même dans son déploiement suppose que ce temps subjectif soit fondé. Dès lors se pose la question de savoir si le fou est encore un homme, étant entendu que l'homme se définit par la pensée. Non pas telle ou telle pensée, mais par la possibilité de dire « je pense ». Si le fou peut dire « je pense », ce

27 François Azouvi, *Descartes et la France, Histoire d'une passion nationale*, deuxième partie, « Lumières et anti-Lumières », collection l'esprit de la cité, éd. Fayard, 2002.

« je pense » peut-il se temporaliser ? La folie est-elle « l'incondition » de la pensée ? Ou peut-on envisager une pensée de la folie ?

Dans le texte cartésien, la folie côtoie le rêve. Nous plongerons au cœur du débat qui oppose Foucault et Derrida sur la place de la folie dans l'œuvre de Descartes et sur son rapport avec l'hypothèse du rêve. C'est ce rapport qui sera en effet déterminant.

Enfin, et puisqu'il est question de temporalisation – attaquée certes par deux figures en marge du temps, mais questionnant incessamment le temps – nous aborderons la possibilité du récit. Possibilité mise en acte par le texte philosophique lui-même, que ce soit le *Discours de la méthode* ou les *Méditations Métaphysiques* ; mais possibilité qui requiert néanmoins que l'enfance ne soit pas séparée ontologiquement de l'âge adulte, et que le rêve soit récupéré par le sujet éveillé. À moins que ce soit le récit lui-même qui dans sa performance, fasse lien entre des âges différents, des états hétérogènes de l'individu.

Et pour ce faire, le récit met en œuvre une dialectique fine entre la structure et l'histoire, laissant sa place à l'acte en tant qu'acte, qui s'inscrit pourtant dans une continuité. Comment dire les sauts et solutions de continuité à l'intérieur d'une narration ? Telle est peut-être l'une des grandes créations de l'écriture cartésienne. Nous verrons alors que l'écriture philosophique dans son épaisseur même et sa performance fait œuvre de philosophie autrement qu'en s'effaçant au profit de son dire.

Je remercie pour leurs conseils avisés et bienveillants Jean-Pierre Marcos, Stéphane Douailler et Pierre-François Moreau.

TEMPORALITÉ
ET ALTÉRATION DE SOI

LE CERCLE MÉTHODOLOGIQUE
Une décision méthodologique qui ferme la question

Il existe deux types (plus en réalité) d'interprétation contemporaine du cogito cartésien, l'une que l'on attribuera à Foucault et à son *Histoire de la folie*, l'autre, diamétralement opposée à celle de Foucault : celle des naturalistes. Or il apparaît qu'elles sont fondées sur le même réquisit, à savoir l'identification de l'entendement et de l'esprit. À partir du moment où l'on rétablit la distinction, la critique foucaldienne tombe et celle des naturalistes également.

CONNAÎTRE ET COMPRENDRE : LA DÉCISION FOUCALDIENNE D'IDENTIFIER CES PROCÉDURES DE PENSÉE

Foucault réduit la conception cartésienne de la vérité à ce que l'entendement pourrait en dire. Stratégie ou lecture authentique, toujours est-il que cette réduction assumée par Foucault, a une portée considérable pour la suite : décider que la vérité cartésienne n'est que d'ordre rationnel – et d'une rationalité technique – va en effet empêcher d'admettre que chez Descartes, il puisse y avoir une pensée de l'enfant comme une pensée des fous. Si les enfants et les fous figurent dans un premier temps les limites de la pensée, rabattre la pensée sur une raison raisonnante, c'est sans doute les exclure hors de la limite.

Nous allons donc partir de la critique de Foucault à l'endroit de Descartes, reformulée p. 183 de *L'herméneutique du sujet*[1]. Foucault, dans son cours au collège de France de 1982, développe l'idée que l'on

1 Michel Foucault, *L'herméneutique du sujet*, Seuil-Gallimard, Hautes Études, mars 2001.

ne « peut avoir accès à la vérité si l'on ne change pas son mode d'être ». Il postule

> qu'en prenant Descartes comme repère, mais évidemment sous l'effet de toute une série de transformations complexes, il est venu un moment où le sujet comme tel est devenu capable de vérité. […] Il suffit que le sujet soit ce qu'il est pour avoir, dans la connaissance, un accès à la vérité qui lui est ouvert par sa structure propre de sujet. […] Et par conséquent l'idée d'une certaine transformation spirituelle du sujet, qui lui donnerait enfin accès à quelque chose à quoi précisément il n'a pas accès pour l'instant, est chimérique et paradoxale[2].

Pour Foucault, le moment cartésien qui inaugure la modernité et avec elle le rapport du sujet à la vérité, se caractérise par la connaissance. Autrement dit, l'accès du sujet à la vérité ne transforme ni n'altère le sujet. La connaissance exige certes quelques conditions, dont aucune ne relève de la spiritualité. Des conditions internes : conditions formelles et objectives, comme le sont les règles formelles de la méthode. Des conditions externes, notamment « il ne faut pas être fou pour connaître la vérité » ; des conditions culturelles, il faut avoir fait des études, avoir une formation (on peut d'emblée mettre en question ces conditions chez Descartes qui se méfie tant de l'érudition, de la culture et des petits maîtres), des conditions morales (« il ne faut pas tromper son monde ») : autant de conditions qui ne concernent pas le sujet dans son être. Elles ne concernent, dit Foucault, « que l'individu dans son existence concrète[3] » et non la structure du sujet en tant que tel. Peut-être songe-t-il, outre la méthode comme voie d'accès à la vérité, à la tentation d'une « langue universelle », dont Mersenne avait soumis à Descartes, les principaux articles[4], et qui semble paradigmatique de cette réduction à la simple connaissance en tant que procédure de penser, à laquelle Foucault voudrait renvoyer Descartes. Langue universelle qui a pu faire penser à un art combinatoire, tel que Leibniz l'élaborera, ou encore à la Caractéristique universelle, qui est la perfection de la logique, et fait de l'entendement une machine à raisonner. Projet abandonné par le philosophe, et pas seulement pour des raisons contingentes.

---

2 Michel Foucault, *L'herméneutique du sujet*, *op. cit.*, p. 183.

3 *Ibid.*, p. 19.

4 Lettre à Mersenne, 20 novembre 1629, A.T., t. 1, p. 76 et *sq.* *Cf.* là-dessus les remarques de Sirven, in *Les Années d'apprentissage de Descartes*, Vrin, Paris, 1928, p. 134 et *sq.*

Pour répondre à Foucault, il importe déjà de distinguer l'individu et l'être du sujet. Ou d'interroger chez Descartes cette dualité qui n'en est peut-être pas une. Car si Descartes « met en scène » son moi d'individu dans le *Discours de la méthode*, il dit bien, et là, le détour trouve toute son importance, que ce n'est qu'une histoire qu'il faut considérer comme une fable. Inscrire l'existence concrète et individuelle dans le statut de fable, c'est d'emblée lui retirer l'importance qu'elle pourrait revêtir du point de vue de la vérité. Et pourtant, c'est cette inscription dans une existence concrète qui fait du *Discours de la méthode* un nouveau genre de philosophie. Car chez Descartes, c'est précisément parce que l'esprit est incarné, chemine, a une histoire, qu'il va parvenir à lui-même puis à Dieu – certes à travers un parcours guidé, volontaire, élaboré par la pensée. Ce parcours néanmoins subit des accidents et nécessite un véritable entraînement. Or l'entraînement n'est pas rationnel. Première incursion dans l'épaisseur de l'être du sujet : non seulement Descartes atteint un « âge mûr » pour entamer la méditation authentique, afin d'employer « beaucoup de temps » à faire amas de plusieurs expériences, « pour être après la matière de [ses] raisonnements[5] », mais encore, il reconnaît la nécessité de s'entraîner, c'est-à-dire de la temporalisation nécessaire de certains principes, en l'occurrence les règles de la méthode, pour qu'elles deviennent habitus. Il s'agit pour lui d'inscrire dans une forme d'inertie ces mécanismes de l'entendement qui sont neufs au regard des anciennes habitudes – à savoir la perception sensible héritée de l'enfance.

> Mais, ayant pris garde que leurs principes devaient tous être empruntés de la philosophie, en laquelle je n'en trouvais point encore de certains, je pensai qu'il fallait avant tout que je tâchasse d'y en établir ; et que, cela étant la chose du monde la plus importante, et où la précipitation et la prévention étaient le plus à craindre, je ne devais point entreprendre d'en venir à bout que je n'eusse atteint un âge bien plus mûr que celui de vingt-trois ans que j'avais alors ; et que je n'eusse auparavant employé beaucoup de temps à m'y préparer, tant en déracinant de mon esprit toutes les mauvaises opinions que j'y avais reçues avant ce temps-là, qu'en faisant amas de plusieurs expériences, pour être après la matière de mes raisonnements, et en m'exerçant toujours en la méthode que je m'étais prescrite, afin de m'y affermir de plus en plus[6].

5 *Discours de la méthode*, 2e partie, A.T. VI, 21-22, l. 30-15.

6 *Discours de la méthode*, A.T. VI, 21-22, l. 30-15. Il y a là évidemment de la reconstitution, et la datation est sans doute trop précise pour ne point cacher une élaboration métaphysique contemporaine des recherches scientifiques, mais qui ne prend pas encore l'autonomie d'un écrit à elle seule consacrée.

Si l'esprit n'était qu'une machine à calculer, aurait-il besoin de se transformer par une pratique assidue ?

Mais laissons à Foucault le bénéfice du doute, et accordons lui la tentation de réduire le Je du *Discours* à cet individu, sujet de connaissance. Il semble pourtant que le Je des *Méditations* mobilise d'autres hypothèses d'interprétation, puisqu'il se déploie sur six jours, et se transforme au fur et à mesure des trois premières méditations – d'où l'obstacle de la nuit et du temps naturel, qui séduit l'esprit et le ramène à ses anciennes habitudes, mais contre lesquelles il faut précisément lutter, convoquant toutes les forces d'attention et de volonté à disposition : il s'agit pour l'esprit de se transformer.

Quand Foucault parle de vérité, et identifie la vérité chez Descartes à un exercice rationnel, il méconnait les différents ordres présents dans la méditation cartésienne : c'est même leur différence qui permet à l'esprit de rencontrer en chemin – chemin rationnel – un fondement. Fondement qui lui n'est pas rationnel, sans quoi le cercle méthodologique se refermerait sur lui-même. La distinction de ces ordres permet alors précisément de ne pas réifier la connaissance scientifique et de la maintenir dans les limites strictes d'une impossible prétention à l'ontologie. Descartes a fondé, en même temps que l'idée du progrès technique, sa circonscription à des sphères qui ne participent pas de l'être, et empêché théoriquement que le discours scientifique n'envahisse la sphère de l'existentiel, de l'expérience, de tout ce qui se soustrait justement au connaissable en tant que procédure intellectuelle, mais s'expérimente – ce qui est une autre forme de la connaissance, mais une connaissance non intellectuelle qui fonde justement l'entendement[7]. L'évidence elle-même en tant qu'intuition est reçue, affection d'existence et épreuve du caractère vrai, qui fonde le vrai : le vrai ne se fonde pas lui-même, il n'est fondé que par son épreuve, raison pour laquelle la régression à l'infini n'a pas lieu d'être. Par cette distinction entre deux types de connaissance, Descartes soustrait l'homme à toute emprise scientifique en tant qu'il échappe aux lois du monde et du déterminisme. L'homme foucaldien ne peut prétendre à une pareille liberté, autre que la simple connaissance de son déterminisme. Descartes comme Kant, au contraire de Spinoza, s'ils ont mis un cran d'arrêt aux conditions spirituelles pour

---

7 *Cf.* la distinction que fait Gouhier entre comprendre et entendre, *intelligere* et *comprehendere* in *La pensée métaphysique de Descartes*, Vrin, 1962, 4e édition, 2e tirage 1999, p. 214.

accéder à la vérité, ont réinscrit l'homme dans sa finitude mais aussi et précisément ont sauvé sa liberté.

Devant la remarque d'un étudiant, Foucault va lui-même devoir nuancer son propos et distinguer trois types de vérité : « Oui, vous avez tout à fait raison », répond-il à l'objection suivante :

> Ces deux régimes de vérité dont vous parlez, entre lesquels le moment cartésien opère le partage dans l'histoire (le premier exigeant toute une transformation du sujet, etc., et le deuxième dans lequel le sujet est de lui-même capable d'accéder à la vérité), est-ce de la même vérité qu'il s'agit dans les deux cas ? C'est-à-dire une vérité purement de l'ordre de la connaissance, et une vérité qui entraîne tout un travail sur le sujet lui-même, est-ce de la même vérité[8]... ?

Foucault répond plus longuement et néanmoins de façon insatisfaisante, reprenant très vite le cours de sa pensée sur la notion de salut dans la pensée hellénistique et romaine :

> parmi toutes les transformations qu'il y a eues, il y a eu celle concernant ce que j'appelle la condition de spiritualité pour l'accès à la vérité. Deuxièmement : transformation même de cette notion d'accès à la vérité qui prend la forme de la connaissance, avec ses règles propres et ses critères propres. Et enfin troisièmement : la notion même de vérité. Car, là encore, prenons les choses très grossièrement, avoir accès à la vérité, c'est avoir accès à l'être lui-même, accès qui est tel que l'être auquel on a accès sera en même temps, et par contre-coup, l'agent de la transformation de celui qui a accès à lui. Et c'est ça, le cercle platonicien, ou en tout cas le cercle néo-platonicien : en me connaissant moi-même, j'accède à un être qui est la vérité, et dont la vérité transforme l'être que je suis et m'assimile à Dieu[9].

Or cela renvoie très exactement à la distinction entre la connaissance d'un domaine d'objet, et l'expérience même de l'être, ou l'expérience métaphysique, qui ne nous rend pas semblables à Dieu puisqu'il nous demeure incompréhensible : en même temps qu'on en éprouve l'immanence transcendante, on éprouve notre finitude. Autrement dit, l'expérience de Dieu c'est l'expérience de notre limite par l'idée d'infini qui est en nous sans être de nous. Pour autant, il serait erroné de dire que cette expérience métaphysique ne change pas l'être du sujet, à moins de dire qu'une expérience – prise de conscience et

---

8 In *L'herméneutique du sujet*, p. 184.
9 *Ibid.*, p. 184.

épreuve de cette prise de conscience – n'ait aucune incidence sur l'être. Cette expérience, c'est la coïncidence du sujet en tant que pensant, en tant qu'actif, et du sujet en tant que passif, être qu'il est et qu'il sait être, mais qu'il ne produit pas. On peut appeler cette expérience, « existence » : ce qui met dehors, hors du domaine d'objets, et qui transforme le sujet du double point de vue de la connaissance et de l'épreuve de soi : le sujet se sait désormais fini. Il se sait être créé par un Dieu qu'il connaît. Mais cette connaissance serait imparfaite si elle n'était pas expérimentée, si elle ne coïncidait pas avec l'être dont elle est la forme subjective. Et cette vérité va rejoindre la vérité du sujet, dans la mesure où il peut connaître par ses propres moyens, mais surtout dans la mesure où il a une volonté infinie qui le rend à l'image de Dieu, et que l'usage de cette bonne volonté, fonde potentiellement l'égalité entre les hommes : cette possibilité d'user de sa volonté bonne, c'est l'humanité même de l'homme en l'homme. Mais pour qu'elle devienne actuelle, le sujet doit transformer son être, et il ne le peut que par une résolution, une volonté temporalisée, qui fonde le choix de la volonté. Cette volonté temporalisée, c'est très précisément une transformation de l'être. Et cette transformation peut être identifiée au souverain bien.

Revenons alors un instant sur la séparation entre ces deux types de connaissance que fonde Descartes et ses conséquences philosophiques, qui définissent la question de l'homme moderne. Tout au moins son cadre. Cette séparation permet de trancher avant son essor, la difficile problématique du déterminisme, et notamment du déterminisme qui par les sciences nouvelles, touche l'esprit.

« RUPTURE ONTIQUE » ET EXCEPTION HUMAINE

Nous allons alors nous tourner vers l'autre courant contemporain, celui qui s'appuie lui aussi sur une identification du sujet et des procédures de connaissance, en évacuant la question de l'épreuve subjective, voire de « l'épreuve métaphysique ». C'est ce qu'on appellera pour faire simple et sans rentrer dans les nuances pour en rester aux principes, le néo naturalisme. On peut aussi l'appeler positivisme, scientisme, autant de mots en « isme » qui ont fait de la science, non plus une branche des humanités, mais l'explication totale, pour ne pas dire totalitaire, des phénomènes humains[10]. Pour ce faire, nous nous appuierons sur la synthèse fort complète qu'en fait J.M. Schaeffer dans son ouvrage, *La fin de l'exception humaine.*

Il y résume les différentes critiques naturalistes que l'on peut adresser au cogito cartésien, identifié comme la racine du mal, la source d'un courant de pensée dont Husserl sera l'autre grand représentant, radicalisant la geste cartésienne, et empêchant toute approche externaliste ou naturaliste d'enrichir la connaissance de l'homme. L'exception humaine renvoie à cet arrachement hors de la nature du cogito, qui place l'humanité sur un piédestal, tout à la fois fondement et fin. Or cette exception humaine, que Schaeffer appelle « la Thèse », exemplaire dans le passage du doute radical au cogito, drainerait avec elle quatre types de présupposés comme de conséquences.

Pour Schaeffer,

> la force principale de la théorie de l'exception humaine est liée à une thèse épistémologique. Cette thèse, ségrégationniste, prétend immuniser la théorie de l'exception humaine contre toute objection formulée au nom des connaissances externalistes que nous pouvons par ailleurs élaborer concernant l'être humain[11].

Autrement dit, toute philosophie fondée sur le cogito, interdit aux sciences humaines de déployer un savoir sur le sujet. Nous allons montrer que si le naturalisme reproche au cartésianisme et affidés l'éminence d'un sujet absolu, c'est qu'il oublie la dimension « objectale » du sujet pourtant présente dans la philosophie cartésienne. Le sujet cartésien n'est pas seulement cette conscience transparente à elle-même, mais une « matière » en tant que moi constitué par une épaisseur temporelle, une

10 Ce que pourtant de grands scientifiques comme Schrödinger ont condamné, par exemple dans sa conférence « Science et humanisme », publiée dans le recueil *Physique quantique et représentation du monde*, Points Seuil, mars 1992, dont je cite quelques extraits : « Le développement de la connaissance dans un domaine étroit a-t-il quelque valeur en lui-même ? La masse totale des résultats obtenus dans les différentes branches d'*une seule science* – par exemple la physique, ou la chimie ou la botanique, ou la zoologie – a-t-elle quelque valeur en elle-même ? » p. 22 et il répond p. 25 : « Il faut le dire, bien que cela paraisse clair et évident : la connaissance isolée qu'a obtenue un groupe de spécialistes dans un champ étroit n'a en elle-même aucune valeur d'aucune sorte ; elle n'a de valeur que dans la synthèse qui la réunit à tout le reste de la connaissance et seulement dans la mesure où elle contribue réellement, dans cette synthèse, à répondre à la question : "qui sommes-nous ?" »

11 J.M Schaeffer, *La fin de l'exception humaine*, Éditions Gallimard, 2007, p. 67.

vie, mais aussi en tant qu'objet créé par Dieu. Aussi permet-il d'être interrogé en tant qu'objet d'évolution, à condition de ne point oublier que celui qui l'interroge est précisément le sujet. Descartes serait coupable, dans la mesure où « c'est le cartésianisme, et plus précisément l'argument du cogito, qui est le lieu d'instauration de cette prétention ségrégationniste. » Aussi le tenant lieu d'un nouveau positivisme, que nous convoquons en ce nom, va-t-il mener une analyse quelque peu « technique », prévient-il, afin de « faire sauter le formidable verrou du cogito qui prétend enfermer la connaissance de l'être humain dans la réflexivité autofondatrice de la conscience de soi[12]. » Avant d'entrer plus avant dans cette « technicité », il faut faire état des quatre grandes conséquences de la Thèse, telles que les a soulignées Schaeffer, et dont nous utiliserons la terminologie pour inscrire un débat qui oppose la prétention des sciences humaines et la philosophie cartésienne.

En premier lieu, « la Thèse » affirme qu'il existe une différence de nature entre l'homme et tous les autres êtres vivants. C'est ce que Schaeffer nomme la « rupture ontique » à l'intérieur de l'ordre du vivant.

Deuxièmement, la Thèse implique une interprétation très particulière du dualisme ontologique, entre le plan matériel et le plan spirituel. Le dualisme ontologique est le corrélat de la rupture ontique. Schaeffer qualifie ces deux points de « ségrégationnistes ».

Troisième point, la Thèse implique une « conception gnoséocentrique de l'être humain », autrement dit, elle affirmerait que seule la connaissance est ce qu'il y a de proprement et d'exclusivement humain.

La première conséquence et le quatrième point, est que la connaissance de ce qui est proprement humain dans l'homme

> exige une voie d'accès et un type de connaissance qui se distinguent radicalement des moyens cognitifs qui nous font connaître les autres êtres vivants et la nature inanimée. À travers ce quatrième aspect, la Thèse débouche sur un idéal cognitif anti-naturaliste[13]. »

On voit déjà ici se déclarer silencieusement le parti pris de Schaeffer : la connaissance de soi empêche la connaissance scientifique de soi. Et il semble en effet évident que la pensée de soi-même n'est pas celle du reste du monde, de même que le corps vécu n'est pas le corps machine.

---

12 *Ibid.*, p. 67.
13 *Ibid.* p. 29.

Mais Schaeffer voit en cette voie internaliste le grand ennemi des disciplines qu'il a clairement choisies comme mode explicatif : la biologie, la psychologie, la sociologie, ou l'anthropologie[14]. Il semble oublier que sans l'exception humaine et la constitution de l'idée d'humanité, ces disciplines n'existeraient pas.

De cette Thèse, Descartes semble donc être le « père », comme il est qualifié « père » de la philosophie moderne[15]. Et s'il doit en assumer la paternité, c'est pour trois raisons ou plutôt trois déplacements qu'il opère.

Dans l'inversion hiérarchique, selon l'ordre des raisons, entre ontologie et épistémologie. Selon Schaeffer, la thèse ontologique serait dépendante de la thèse épistémologique qui consiste dans la conception d'un Sujet se fondant lui-même dans la certitude de soi. Certes, selon l'ordre des raisons, l'épistémè est première, ne serait-ce que dans la méthode mise en œuvre dans les *Méditations*. La méthode que suivent les *Méditations* n'est pas encore fondée en elle-même, il faudra que certaines des raisons la transcendent pour la fonder en retour. Mais précisément, cette première raison est le cogito, lequel n'est pas auto-fondant, puisqu'il ne se suffit pas à lui-même, il ne fonde que son évidence. Certes, tout ce qui relève désormais de l'expérience objectale, notamment le savoir scientifique, présuppose le cogito. Et dès lors qu'une expérience cognitive nous renvoie à une source extérieure, elle est seconde par rapport à ce que la conscience découvre à l'occasion d'une démarche réflexive purement immanente. Ou encore :

> dans la mesure où toute expérience « objectiviste » est elle-même le résultat d'une activité de la conscience, et dans la mesure où cette dernière est

14 On songe ici à la critique véhémente de J.L Nancy dans *Ego sum* : il identifie la nouvelle *épistémè* à une anthropologie générale : « ...notre actualité consiste, et insiste, dans l'expansion prolixe du sujet anthropologique » (*Ego sum*, Flammarion, 1979, p. 13), celui-là même que prennent comme objet les néo naturalistes. Son geste philosophique sera de « manifester combien la profusion anthropologique du sujet, recouvre, étouffe la question [...] de quelqu'un ; ce quelqu'un, ni un sujet, ni le Sujet, nous ne le nommerons pas, mais ce livre voudrait le laisser s'appeler : *ego* » p. 13. Les diverses façons d'anthropologiser le sujet ne s'inquiètent pas de « l'ineffectivité de ce sujet (de sa provenance métaphysique) », « C'est que la philosophie comme nouveauté se fait, au sens strict et au sens vague à la fois, elle-même prophétie : elle parle-au-nom-de et elle vaticine. Au nom de qui ? comme par hasard, au nom du même sujet, du sujet anthropologique... » *ibid.* p. 16.

15 JM Schaeffer, p. 68 : « c'est le cartésianisme qui a mis au point la stratégie d'immunisation épistémique dont la Thèse se réclame encore aujourd'hui. »

> auto-fondatrice, aucune expérience « objectiviste » ne saurait être utilisée comme argument pour ou contre le cogito[16]

c'est ce que Schaeffer appelle l'immunité de la Thèse. On sait pourtant que la conscience ne fonde pas les « expériences objectivistes », puis qu'il faudra pour cela en passer par la preuve de l'existence de Dieu, preuve immanente mais qui ouvre la dimension d'une transcendance et d'une altérité, autrement dit permet de renvoyer au réel, lui-même transcendant et autre. Cette altérité du réel eu égard à la conscience est l'une des grandes découvertes de Descartes. Schaeffer la néglige au profit d'une connaissance objectiviste qui viendrait mettre en échec le privilège du cogito.

Le deuxième déplacement concernerait le gnoséocentrisme. La pensée cartésienne s'oriente non plus sur la connaissance de la nature divine, comme c'est le cas dans la pensée médiévale, mais sur des objets profanes que sont l'auto-élucidation de la conscience et la connaissance de la nature conçue comme « autre » de cette conscience. Ceci construit le cadre des philosophies gnoséocentriques à venir : dualité complémentaire de la nature et de la conscience, de la conscience réflexive et de la conscience objectale.

Troisième déplacement : Descartes aurait transféré le « ségrégationnisme épistémique » du champ de la théologie vers celui de la philosophie. Le fondement du savoir doit logiquement être absolument premier et qualitativement différent de ce qu'il fonde. La conséquence en est que

> chaque fois que le savoir philosophique se voudra fondateur pour le savoir comme tel, il prétendra aussi se distinguer des autres savoirs non seulement par son caractère originaire ou par une plus grande certitude, mais par des procédures cognitives propres échappant par définition à toute éventuelle mise en question énoncée à partir du socle épistémologique régissant ces savoirs[17].

Ce qui suppose une irréductibilité entre l'esprit et l'organisme vivant qu'on appelle le cerveau. « Cet anti-naturalisme est d'abord un anti-externalisme[18]. »

On peut souscrire à ces deux derniers déplacements, le problème étant qu'aux yeux de Schaeffer, ils enferment la science dans une impossibilité

16 *Ibid.* p. 69.
17 *Ibid.* p. 71-72.
18 *Ibid.* p. 72.

à la fois logique, et épistémologique, interdisant toute évolution ontogénétique et phylogénétique des sciences biologiques qui prennent pour objet l'homme.

Autrement dit, ce qu'il va critiquer chez Descartes, et qui fait en effet problème, est l'impossibilité de penser la « vie ». Et d'ajouter que la perplexité ne diminue pas si l'on considère que Descartes distingue bien entre l'expérience du cogito et la vie mentale de l'homme concret que je suis, union d'âme et de corps. Selon Schaeffer, le cogito, malgré cette distinction entre moi vécu et cogito, ou entre moi et je, est inconciliable avec notre « acquiescement en acte à notre statut d'êtres vivants, qui constitue l'axiome fondamental du "calcul des chances" régissant nos façons de vivre[19] ». La pensée ne vit pas, comment le pourrait-elle si elle transcende la nature ? Si elle n'a pas de commune mesure avec la nature ? Mais comment alors penser l'évolution de la pensée et des sciences biologiques et neurologiques si la pensée ne vit pas, au même titre que le reste des organes ?

LE CERCLE MÉTHODOLOGIQUE : RÉPONSE À J.-M. SCHAEFFER

Il s'agit ici de revenir à Descartes pour montrer que la thèse naturaliste fait cercle. Malgré tout, et c'est ce en quoi elle nous intéresse, elle pose effectivement la question de la continuité à soi.

Descartes empêche-t-il réellement cette analyse externaliste ? Le fait qu'il distingue le moi constitué du cogito ne permet-il justement pas de faire la part entre le moi évoluant et l'instance d'une conscience réflexive qui le pense, et qui peut éventuellement le penser comme un objet à disséquer ? Certes, le problème de la vie de l'esprit se pose. Mais la vie, on la retrouve à un certain niveau dans l'idée que l'esprit partage différentes temporalités : la sienne, essentielle, qui est sa « vie propre », celle du corps, auquel il est si lié que les maux physiques influent sur le psychique, si l'on en croit un grand nombre de lettres envoyées à la Princesse Elisabeth. Et cette interaction permet d'entendre une « vie de l'esprit », en tant qu'évoluant en fonction de l'évolution du corps, sans remettre pourtant en cause l'idée que la réflexivité en tant qu'elle est vécue échappe à cette évolution, puisqu'elle ne fait que la redoubler. Par ailleurs, rien n'interdit que le cerveau soit élevé à l'objet d'une

19 *Ibid.* p. 74-75.

science, qui prenne en compte la dimension ontogénique. Pour autant, la dimension explicatrice ne recouvrira jamais la dimension réflexive, précisément parce qu'elles appartiennent à deux dimensions différentes.

Schaeffer reconnaît le caractère indubitable du cogito restreint en tant qu'il est une évidence performative. Mais sa seule démonstration montre en quoi l'existence n'apparaît que comme un donné impliqué dans un acte d'énonciation, et non comme une expérience :

> l'assertion « Je suis, j'existe » exemplifie toujours l'existence de l'instance énonciative qui émet cette phrase[20]

« L'instance énonciative » ne peut être identifiée au Je qui se pense. En quoi implique-t-elle en effet la singularité du Je qui fait l'épreuve de son existence ? Sans compter que cette remarque s'applique à tous les actes de pensée, comme l'a d'ailleurs fort bien vu Descartes dans les *Réponses aux Objections*, où il substitue à je pense je suis, je marche donc je suis.

> toute énonciation d'une proposition est – indépendamment non seulement de son statut vérifonctionnel mais aussi de son contenu – une preuve performative de l'existence de celui qui l'énonce, parce que toute énonciation est une exemplification de l'existence de celui qui l'énonce

écrit Schaeffer[21]. Mais c'est ici substituer l'expérience métaphysique que met en œuvre Descartes à une analyse logique et à la seule transcendance que celle-ci permet, à savoir l'implication existentielle du sujet d'énonciation. Autrement dit, c'est d'emblée oublier le doute qui met entre parenthèse les sujets d'énonciation, avant de se découvrir lui-même comme indubitable. Le je pense ne prouve pas l'existence des autres, et ce n'est pas parce qu'ils disent « je pense », que leur existence est prouvée. Une fois l'existence de Dieu et la véracité divine établies, l'existence d'un autrui est attestée. Mais elle n'est attestée que parce qu'il y a eu médiation par cette unique transcendance, et non parce qu'il parle. Autrement dit ce n'est pas sa parole qui atteste de son existence : la parole d'autrui prouve seulement qu'il est un homme, c'est-à-dire qu'il pense. Ce serait confondre à nouveau le niveau des étants et le niveau ontologique. L'autre homme est un autre étant, qui à ce titre appartient

20 *Ibid.* p. 75.
21 *Ibid.* p. 75.

au reste du monde soumis à l'épochè. Seule la voie internaliste accède au niveau ontologique. Cette confusion entre les deux plans est le point de départ de toute philosophie naturaliste ou positiviste. Elle en est un préalable inconscient, à partir duquel Descartes ne peut qu'être réfuté, lui qui précisément interdit ce nivellement. L'autoréférentialité du cogito, qui confère sa validité à la formulation, n'en est pas tout à fait une, car en elle se dédoublent précisément ces deux plans que sont la pensée et l'être, dédoublement à l'intérieur duquel se loge la réflexivité. Certes, la pensée, c'est l'être, mais la pensée se redouble en sachant qu'elle est. Et il n'y a pas là redoublement à l'infini, comme le dénonçait déjà Gassendi : il appartient à la pensée de pouvoir se dédoubler, comme il appartient au sujet d'être à la fois objet et sujet. En l'occurrence, il est ici doublement objet : le moi constitué qu'il pense, et le moi comme être, au sens de cette épaisseur ou matière métaphysique, qui néanmoins se connaît comme fini. Le pôle subjectif qui demeure est précisément la conscience comme simple attention tournée sur soi-même. Au moment du cogito, le Je se découvre objet ou être fini, et non pas moi constitué qui est encore mis en doute. C'est ici que naît la confusion, accrue par la substantialisation de la pensée. Or le moi constitué, tel qu'il se déploie dans le *Discours* n'est pas une substance, ou tout au moins n'est pas la substance pensante, mais « la substance[22] » de l'union de l'âme et du corps. L'union est première. Ce qui se découvre dans son analyse et sa mise en suspens, c'est la substance pensante, en tant que premier principe. Le naturaliste semble oublier que le sujet est union d'âme et de corps, ce qui l'empêche de penser la distinction entre cette union et la pensée seule qui accède à l'expérience métaphysique, laquelle en retour fonde la pensée de l'union.

Et Schaeffer de dénoncer l'élargissement du cogito restreint au cogito élargi : en effet, dit-il, « la capacité de penser » certaines « notions simples », telles que les notions de « pensée » ou « d'existence », font « partie du socle présuppositionnel » qui invalide l'absoluité du cogito et la pureté de la démonstration. Et plus loin « Selon Descartes, ces notions sont innées et échappent au doute hyperbolique[23] », citant à juste titre Descartes lui-même : elles relèvent d'une

22 Jean-Luc Marion, *Sur la pensée passive de Descartes*, P.U.F, « Épiméthée », 2013 : « tout finit par aboutir à une troisième substance »

23 *Ibid.*

> connaissance intérieure qui précède toujours l'acquise, et qui est si naturelle à tous les hommes, en ce qui regarde la pensée et l'existence, qu'[...] il est [...] impossible que nous ne l'ayons point[24].

Mais la pensée, plus qu'une idée est un acte, et en tant qu'elle se redouble, elle est expérience. Le début des *Réponses aux sixièmes Objections* s'inscrit dans une réfutation de l'argument de cercle ou de régression à l'infini. Reprenons le texte dans la traduction d'Adam et Tannery :

> C'est une chose très assurée que personne ne peut être certain s'il pense et s'il existe, si, premièrement, il ne connaît la nature de la pensée et de l'existence. Non que pour cela il soit besoin d'une science réfléchie ou acquise par une démonstration, et beaucoup moins de la science de cette science, par laquelle il connaisse qu'il sait, et derechef qu'il sait qu'il sait, et ainsi jusqu'à l'infini, étant impossible qu'on en puisse jamais avoir une telle d'aucune chose que ce soit ; mais il suffit qu'il sache cela par cette sorte de connaissance intérieure qui précède toujours l'acquise, et qui est si naturelle à tous les hommes, en ce qui regarde la pensée et l'existence, que, bien que peut-être étant aveuglés par quelques préjugés, et plus attentifs au son des paroles qu'à leur véritable signification, nous puissions feindre que nous ne l'avons point, il est néanmoins impossible qu'en effet nous ne l'ayons[25].

On pourrait tout d'abord et de façon polémique adresser à Schaeffer le même reproche que Descartes adresse à ceux qui ne veulent pas entendre son argument, à savoir qu'il est plus attentif aux paroles qu'à leur véritable signification. Les mots qui font obstacle sont sans doute ici ceux de la pensée et de l'existence. Et plus encore « connaître la nature de la pensée et de l'existence ». Or ici connaître la nature n'est pas une connaissance objective ou objectale : il ne s'agit pas de connaître un concept, ce qui serait en effet présupposer une science alors même que la science a été mise en doute afin d'être fondée par cette science même qui a été présupposée. Bref, l'argument du cercle surgit. Mais Descartes précise bien que la connaissance de la nature de la pensée et de l'existence n'est pas le fait d'une science, sans quoi, c'est l'argument de la régression qui prévaudrait. Cette connaissance intérieure précède toujours l'acquise, dans le sens où elle est première principiellement, où elle ne s'apprend pas, où elle ne s'acquiert pas : elle fonde. Et la connaissance est en l'occurrence ici une expérience première, irréductible à toute autre connaissance. Elle

24 *Réponses aux sixièmes Objections*, A.T., IX, p. 225.
25 *Réponse aux sixièmes Objections*, A.T., IX, p. 225 (357-358).

est première au sens où lorsqu'on la découvre, son évidence est en effet la première sur le chemin du doute. Elle peut être « latente », on l'a vu, chez le nourrisson par exemple. Mais dès lors que la conscience surgit, qu'elle tourne le regard sur la pensée et l'existence, elle reconnaît aussitôt leur caractère originaire. On comprend en passant pourquoi l'attention est l'autre mot pour ce genre de connaissance : elle met en lumière, ce qui sous-entend que cette connaissance lui préexistait mais demeurait dans l'ombre. L'attention est la porte d'entrée de l'évidence. L'évidence est la marque de reconnaissance de quelque chose qui est toujours déjà là. Il y a surgissement dans une continuité. Le surgissement c'est la conscience, et la conscience de son être en même temps, la continuité, c'est celle de la pensée qui n'avait pas encore tourné l'attention sur elle-même, divertie qu'elle était par le spectacle du monde. Schaeffer joue donc avec les mots lorsqu'il dénonce ce présupposé d'une connaissance qui n'a pas été soumise au doute. Et pourtant, elle l'a bien été, par l'hypothèse du malin génie. La « connaissance de la nature de l'existence » n'a aucune commune mesure avec la connaissance des idées, ou la connaissance des choses. Elle est expérience, il n'y a pas un sujet de connaissance et un objet connu, il y a identité de la connaissance et de son objet, identité du sujet et de l'objet au moment même où il fait l'expérience de son être. C'est à ce moment-là que le sujet sait qu'il a toujours connu l'existence et la pensée, même s'il n'y avait pas porté son attention. Ce savoir du « toujours », traduit par « si naturel », montre bien la complexité de la conscience chez Descartes en tant qu'elle fonde, mais aussi apporte une première solution au problème de la continuité identitaire du Je : la conscience est une question d'éclairage. Je sais depuis toujours que je pense et que j'existe même si ce savoir est obscurci. Autrement dit, on n'a pas ici besoin d'user du couple latent/patent, mais seulement de s'en tenir à l'analyse, radicalisée par le doute. L'analyse purifie et éclaire, ce qui était confusément toujours déjà là. Le texte que nous venons de citer a précisément pour but de montrer la différence de nature entre l'existence, la pensée et les autres idées. Le « naturel », c'est la continuité de l'identité du sujet. Le cogito, c'est le surgissement de la conscience de cette continuité. Le saut qui distingue le naturel de la conscience du naturel est précisément l'abîme qui sépare la science de l'être. C'est cet abîme que le courant naturaliste, déjà du temps de Descartes, veut combler. Mais un abîme ne se comble pas.

Par ailleurs, la première Méditation a mis en œuvre un doute contre nature, dont le but était précisément de traquer tout ce qui pouvait relever de la certitude naturelle, à savoir celle des mathématiques que même l'hypothèse du rêve n'était pas à même de contrecarrer. C'est bien que le doute a mis en échec tout ce qui pouvait semblait « naturel » par l'élévation au doute métaphysique, lequel révèle par la possibilité même de sa formulation cette liberté de négation sur fond d'infini de l'être. L'existence de la pensée résiste au doute métaphysique. Si Descartes parle dans les *Réponses aux secondes Objections* d'une connaissance naturelle de l'existence et de la pensée, il faut accepter que ce « naturelle » n'a pas le même statut que les évidences naturelles du *Discours* que le doute naturel lui aussi met en cause. Car ces connaissances naturelles sont issues du doute métaphysique qui n'a donc rien de naturel, et qui a pour fonction de les fonder tout en les découvrant en tant que fondement. Le fondement ici a valeur d'éclaircissement ou de mise en lumière, d'une connaissance sans doute naturelle, mais qui a eu besoin du doute contre nature pour venir au jour.

Schaeffer part de la clôture de la conscience pour invalider la possibilité de déduire à partir du cogito les opérations logiques :

> il semblerait bien que la validité du principe d'implication, et plus généralement des opérateurs logiques, soit présupposée, puisqu'elle ne saurait être co-expérimentée avec le cogito restreint.

Il va de soi que le cogito découvert à l'issue du doute hyperbolique ne garantit pas les opérateurs logiques, ni les essences naturelles. Dès lors, Schaeffer ne croit pas si bien dire tandis qu'il poursuit :

> Mais ceci signifie que la conscience, loin d'être cognitivement close sur elle-même comme l'exigerait le rôle fondateur du cogito, est sous la dépendance de compétences mentales qui fonctionnent comme des règles constituantes

ce qui selon lui remet en cause la prétention du cogito à fonctionner comme principe originaire absolument non-présuppositionnel de toute connaissance. C'est là dénier aux *Méditations* et au doute hyperbolique toute signification et toute efficience. Encore une fois, Schaeffer est lui-même prisonnier d'un cercle, celui des naturalistes ou des positivistes, qui ne peuvent concevoir le saut entre doute naturel et doute hyperbolique, entre les vérités essentielles et l'infini qui les fonde. Car le cogito n'est pas à même en effet de fonder à lui seul ces vérités éternelles, pas plus que les opérateurs logiques qui relèvent de la structure même de son entendement (et notamment la règle générale), et qui déploient dans le temps les relations entre les essences mathématiques. C'est bien là l'originalité de Descartes que de montrer l'insuffisance fondatrice du cogito, ou l'insuffisance ontologique des sciences, puisque seule la preuve de l'existence de Dieu permettra de garantir la véracité des essences ainsi que leur existence. On doit bien sortir de la clôture du cogito pour fonder les vérités ou les évidences dernières de l'entendement. Le cogito ne peut pas à lui-même fonder sa propre rationalité. Et c'est à ce niveau de la démonstration que l'affirmation cartésienne des degrés dans l'évidence est nécessaire : en effet, ce qui garantit l'évidence des idées claires et distinctes est bien une autre évidence. Or on échappe à la menace du cercle, dans la mesure où cette autre évidence appartient à un registre autre : c'est une évidence métaphysique, qui fonde l'évidence naturelle[26]. Schaeffer ignore résolument la distinction des deux plans quand il écrit :

> Mais qu'est-ce qui fonde la validité de ce critère ? Cela ne peut pas à son tour être une évidence, puisque dans ce cas on se trouverait pris dans un cercle vicieux

La distinction entre ces deux évidences est d'expérience, aussi toute analyse externaliste comme celle de Schaeffer ne peut-elle qu'en réduire la différence. Sur ce point, nous prenons le parti d'Alquié contre Gueroult :

> le cartésianisme est, selon lui, la philosophie non pas de l'évidence, mais des évidences[27].

De fait, la philosophie cartésienne va d'évidences en évidences, le préjugé naturel donnant lieu à des évidences fausses qui se dépassent au profit d'évidences vraies. Par définition, l'évidence a un caractère subjectif. Le critère de distinction sera l'évidence première du je pense, mais elle est elle-même suspendue à l'existence de Dieu dont l'évidence est d'ordre ontologique. Ainsi, conclut Alquié, les évidences mathématiques ne

26 Alquié répond remarquablement à l'argument naturaliste : « Mais nul ne sut mieux que lui [Descartes] que la science est doublement limitée, par l'Être qui fonde ses vérités et par l'être qui en prend conscience, et donc que ni Dieu ni l'homme ne peuvent, par la science, être connus à titre d'objets. » *La découverte métaphysique de l'homme chez Descartes*, *op. cit.*, p. 212.

27 Alquié, *La découverte métaphysique de l'homme*, p. 170-171.

pourront reposer que sur des évidences ontologiques. Ce qui revient à dire que l'évidence scientifique ne tient sa qualité de vérité que sur fond d'être. Autrement, elle serait une évidence appartenant en son plan, et insuffisante en elle-même[28]. Une autofondation qui renverrait au cercle. Or la validité des sciences, au contraire de la réduction kantienne qui la fait reposer sur la structure même de notre entendement, est chez Descartes uniquement fondée sur l'être qui est expérimenté. La limite de notre esprit ne se saisit en vérité que sur fond d'une positivité qui la fonde, mais qui permet aussi de la saisir[29]. Comment fonder des sciences sur une limite, comment entendre une limite, si l'on n'entend pas la positivité qui permet de penser la limite ? Descartes se déplace des essences vers l'être, sans quoi les essences représenteraient en effet la limitation universelle de nos esprits ainsi nivelés, mais ne permettraient pas de faire ce retour sur l'esprit qui n'est possible que parce que lui-même a entrepris la démarche réductionniste. Et s'il a entrepris cette démarche réductionniste, c'est parce qu'il néantise sur fond d'être, c'est parce qu'il est lui-même être, et qu'à ce titre il peut introduire du néant. Ce n'est pas sa limite qui fonde les sciences, c'est son être et son accès à l'être infini qui fonde la limite.

Ainsi, Alquié note que Descartes a lui-même parlé de degrés d'évidence[30]. Les vérités métaphysiques sont plus évidentes que les autres (et cela n'est pas qu'une question d'attention) :

> Au moins pensé-je avoir trouvé comment on peut démontrer les vérités métaphysiques d'une façon qui est plus évidente que les démonstrations de Géométrie[31] [32].

---

28 *Ibid.*

29 *Ibid.*

30 Ce que conteste Gueroult, mais à notre sens il a tort.

31 Lettre à Mersenne du 15 avril 1630.

32 Notons que J.-M. Beyssade, lui aussi identifie les niveaux d'évidence. Il cite cette même Lettre à Mersenne du 15 avril 1630 (A.T. I, 144) « On peut démontrer les vérités métaphysiques d'une façon qui est plus évidente que les démonstrations de géométrie », pour remettre en cause cette hiérarchisation : « Comment parler de hiérarchisation, voire opposer divers types d'évidence, si l'évidence cartésienne est ainsi ce dont l'ombre d'un doute ne saurait ternir l'éclat ? [...] L'inégalité que Descartes maintient entre les évidences dépend, selon les cas, de deux causes tout à fait différentes : elle tient ou bien à la nature de cet acte, ou bien au nombre des maillons antérieurs. [...] Mais l'enchaînement géométrique des raisons est exemplaire parce qu'il repose sur une pure intellection à laquelle souvent nulle image n'est adéquate ; la métaphysique commence par une vérité dont la nécessité n'excède point notre connaissance, *Je pense donc je suis*, et, même quand elle porte sur Dieu, pour conclure,

Et dans la lettre au même Mersenne du 25 novembre 1630 :

> J'ose bien me vanter d'en avoir trouvé une [démonstration] qui me satisfait entièrement, et qui me fait savoir plus certainement que Dieu est, que je ne sais la vérité d'aucune proposition de géométrie.

Il y a donc non seulement un ordre d'apparition des évidences, pour reprendre l'expression de Gouhier[33], mais aussi une hiérarchie des évidences, pour reprendre cette fois une expression d'Alquié. Ainsi l'idée de Dieu et l'idée de moi sont plus évidentes que l'idée du triangle, et c'est pourquoi la métaphysique est la seule à même de fonder : elle « se libère du doute par ses propres moyens » écrit M. Gilson, « ce que la mathématique ne peut pas faire[34]. » La mathématique et la science en général n'appartiennent qu'à un même plan, et ne se reconnaissent qu'à un même type d'évidence. Dès lors, si le doute reste sur ce même plan, il ne peut nous libérer du divertissement scientifique et pourquoi pas scientiste. En revanche, l'évidence mathématique ne peut résister au doute métaphysique, tout simplement parce qu'elle ne répond pas d'elle-même. La norme de l'évidence, c'est l'être, seul lui-même peut répondre de lui-même, et par là des autres évidences : la norme de l'évidence, c'est l'épreuve de l'évidence, or il n'y a pas d'évidence de l'évidence, il y a une immédiation de l'évidence : l'immédiation, c'est l'indice de l'être qu'on a aussi appelé expérience métaphysique ou existence.

Là-dessus, nous avons à préciser un point essentiel : « l'expérience métaphysique » se décline en effet selon deux voies. Il faut pouvoir

---

par exemple, selon le principe de contradiction, de son essence à son existence et à sa véracité, elle reste "cette connaissance finie et accommodée à la petite capacité de nos esprits" (*Réponses aux Premières Objections*, A.T., VII, 114, IX, 90). Une même règle les rassemble, sous le signe du clair et du distinct. Si donc la métaphysique est plus évidente que la géométrie, c'est seulement parce qu'elle est en droit première dans l'ordre de la connaissance intellectuelle : la pratique du doute hyperbolique empêcherait le mathématicien de fournir aucune démonstration, elle a fourni au métaphysicien occasion de découvrir les siennes. » Et de conclure : « Mais il faut toujours revenir là, l'évidence métaphysique n'est pas d'une autre espèce que l'évidence géométrique : il s'agit dans les deux cas de lumière naturelle, de l'intuition d'un esprit pur et attentif, d'intellection. » *Philosophie première de Descartes*, *op. cit.*, p. 11-12. Or il nous semble, et en cela, nous l'avons dit, nous suivons l'interprétation d'Alquié, que ces évidences ne peuvent être mises sur le même plan : l'évidence d'existence n'est pas la même que l'évidence de principes premiers, en tant que l'expérience en est différente.

33 Henri Gouhier, *Essai sur Descartes*, Vrin, 1937, p. 145.

34 Étienne Gilson, René Descartes, *Discours de la Méthode, texte et commentaire*, par Étienne Gilson, Vrin, 1925, p. 354.

distinguer l'expérience fulgurante et instantanée du cogito qui donne le modèle de l'évidence, de l'être du cogito qui s'expérimente dans la durée : tout le paradoxe est là. L'expérience de l'être, à travers l'évidence, n'est pas tout à fait l'expérience de l'être que propose la méditation : car dans celle-ci, l'être s'expérimente au sens où l'être du sujet se cherche et se transforme. Mais s'il s'expérimente, c'est aussi précisément qu'il n'est pas incessamment dans l'évidence : il en joue, il la cherche, il se transforme pour l'accueillir. Nous avons donc à faire à deux manières de parler de l'être : l'être en tant que pointe, que surgissement, qu'excès, qui donne lieu à une évidence dans l'expérience de l'instant, et l'être qui se déploie et se temporalise dans l'expérience de la méditation. Rencontrer l'existence à travers l'expérience du cogito, je pense je suis, dans un acte d'auto-référencement, permet de faire du cogito le premier fondement puisqu'il n'a besoin de rien d'autre, pour se sentir exister, qu'être en acte. Et certes, il y auto-référenciation, forme de performativité, qui est, nous l'avons dit, le paradigme de l'évidence : le cogito, point qui s'auto-référencie. La vérité mathématique ne se soutient pas elle-même, ne peut pas résister à l'argument sceptique de la régression à l'infini puisque pour la fonder, elle a besoin d'une vérité extérieure, ce qui fait qu'elle peut être fausse, qu'elle entre dans la dichotomie du vrai et du faux, ne s'atteste pas elle-même et donc ne résiste pas au doute érigé en méthode. L'évidence métaphysique est un fait, et en cela elle échappe à la dichotomie de la vérité et de l'erreur, et par là même au doute méthodique. En ce sens donc, et du seul point de vue de l'évidence comme modèle du vrai, l'être atteint, l'être connu ou rencontré dans la fulgurance, est celui de la pensée en tant qu'elle existe, et non celui de la pensée en tant qu'elle se déploie. Mais la pensée, en plus d'être auto-référente, peut s'auto-affecter[35] : ainsi passe-t-on de cette expérience instantanée et fulgurante de l'être, à l'être en tant qu'épaisseur métaphysique ; ou de l'expérience du « il y a » indépendamment de « ce qu'il y a », au « il y a » qui se temporalise comme expérience métaphysique.

35 Voir sur ce point l'interprétation de J.-L. Marion dans les *Questions cartésiennes II*. Interprétation qui corrobore l'interprétation d'Alquié quant à l'épaisseur du Je métaphysique, celle de Guénancia, ou encore de Beyssade, et autres commentateurs. Nul ne saurait réduire le Je cartésien à une instance transcendantale : les *Méditations métaphysiques* en sont le démenti, puisqu'il s'agit d'un ego méditant sur lui-même, ce lui-même n'étant précisément pas le Je empirique. La lecture de Marion nous intéresse pour sa précision et sa mise en regard avec le Je transcendantal kantien.

Ce qui nous permet d'aller plus loin : l'être est ce que je rencontre comme facticité. Il y a un fait de l'être dont je ne peux rendre compte, aussi doit-on déplacer l'auto-référencement, vers un référencement de la pensée sur l'être qui la déborde, en tant que la pensée est un mode de l'être, un mode en acte, mais que cette pensée à travers une idée qu'elle produit sans la causer, se révèle dans sa finitude, et révèle de ce fait une transcendance, l'être auquel elle s'adosse : Dieu. Autrement dit, il n'y a pas d'être s'il n'y a pas de sujet qui en fait l'expérience, du moins ne peut-on en parler. Mais il n'y a pas de sujet, s'il n'y a pas d'être, cette fois au sens de l'être infini de Dieu, c'est le « cercle » métaphysique que dévoilent les *Méditations*, cercle qui ne l'est que pour l'entendement assujetti à ses raisons, et que l'expérience permet de briser. Aussi le doute métaphysique parvient à remonter au fondement, comme il permet de douter de l'évidence mathématique, et donc de la fonder à terme. Les deux plans demeurent séparés, celui de la science et celui de l'être, les évidences n'auront donc aucune commune mesure, même si l'une fonde l'autre. L'esprit parce qu'il peut accéder à l'être sauve la science dont il est aussi le garant. Aussi conclurons-nous qu'il n'y a pas tant auto-fondation, qu'il y a ouverture sur l'être. Si l'on peut en quelques sortes dire que le cogito se soutient lui-même hors de toute référencialité à l'ontologie, c'est dans la pointe de l'évidence en tant que modélisation de la norme du vrai, mais si l'on se déplace, ce que l'évidence nous livre, en dehors d'elle-même, c'est bien l'être du sujet en tant qu'il « lui semble[36] », en tant que cela ouvre le champ de son immanence, et en tant que cette immanence est l'expérience de soi-même : dire que l'évidence nous livre l'être du sujet, ce n'est évidemment pas en tant qu'elle nous permet de le connaître, car ce que nous appelons être est précisément ce que nous expérimentons, et non ce que nous connaissons. Et c'est bien là qu'intervient à nouveau la différence entre l'évidence métaphysique et l'évidence mathématique : l'évidence métaphysique ouvre, l'évidence mathématique se referme sur elle-même.

Dès lors qu'on adopte le point de départ naturaliste, on s'interdit de penser la distinction entre une évidence métaphysique et une évidence

36 Le « il me semble que je vois » ou « *videre videor* » : *cf.* la lecture éclairante qu'en fait Michel Henry dans *Généalogie de la psychanalyse*, coll. « Épiméthée », P.U.F, 1985, où il remonte de la 2e définition de la chose qui pense, dans la deuxième Méditation, comme chose « qui sent », à ce « il me semble que je vois » dont le « je vois » ne serait que le complément d'objet du « il me semble », premier.

scientifique, et puisque l'on se situe sur le seul terrain de la science, il devient facile de rabattre toutes les démonstrations sur cet horizon sans fin et sans relief, et dès lors d'en manquer la spécificité, afin de donner encore et toujours, raison à la science. Le point de vue de la science ne peut sortir de lui-même, c'est la raison pour laquelle il lui est impossible d'atteindre l'être. Il faut pour cela accepter la discontinuité dont seule l'expérience métaphysique répond.

L'argument d'une méthode qui précèderait la fondation métaphysique relève du même préjugé de départ : certains critiques condamnent Descartes pour avoir fait intervenir des outils cognitifs non dérivés du cogito comme les quatre principes méthodologiques (évidence, division analytique, progression du simple au complexe, dénombrement). C'est bien mettre sur le même plan la science et son fondement, mais aussi partir du principe que le fondement doit aussi être le point de départ temporel : la méthode précède en effet le fondement, de même que la méthode est mise en œuvre dans les *Méditations* avant même d'être fondée. Mais c'est là la clé du cartésianisme qui dans le cercle découvre des raisons qui le transcendent et en retour le fondent : tel est le principe même des *Méditations* qui fondent l'ordre des raisons en les déroulant, et en découvrant en certaines d'entre elles, une transcendance à même de fonder la chaîne en retour. Si l'on ignore la discontinuité entre la chaîne des raisons et la transcendance de certaines d'entre elles – je et Dieu –, si l'on ignore volontairement les deux plans (parce qu'on se situe en l'un d'eux, en l'occurrence celui qui ne tient pas en lui-même sa raison ontologique), il est en effet impossible d'accorder à Descartes une validité quelconque à sa démonstration. Or Schaeffer est en quelque sorte un représentant tout à fait honorable du contre-courant cartésien qui veut annuler « l'exception humaine », au profit d'un plan scientifique identique à lui-même sur fond duquel interroger, explorer et dès lors réduire l'homme. Chose précisément contre quoi Descartes nous avait mis en garde.

CONSÉQUENCE, ÉLARGISSEMENT DE PERSPECTIVE : LA TENTATION DU DÉTERMINISME ET LA PRÉTENTION TOTALITARISTE DU DISCOURS SCIENTIFIQUE

Que tout soit d'une manière ou d'une autre déterminé, c'est le présupposé des sciences dures, mais aussi des sciences humaines. C'est le présupposé des sciences en général, sans quoi elles ne seraient pas science.

S'il n'y a pas de lois qui régissent la matière, le comportement économique des hommes, leur psychisme, qu'en dire ? Faire de la poésie ? Pourquoi pas ? Mais sans récurrence, il n'y a pas de discours scientifique. Tel est le credo de la science, qui s'aventure même dans le cerveau, postulant y découvrir les lois de l'esprit.

C'est pourquoi la science est le premier pas vers la philosophie, ou plutôt, l'esprit scientifique a à voir avec le besoin de comprendre. Mais le malentendu s'installe à la racine. C'est que comprendre n'est pas expliquer. La science n'expliquera jamais que le domaine qu'elle investit, un champ du monde, un lieu d'interprétation ; et si avancée soit-elle, elle n'en découvrira jamais la raison, de la même manière qu'elle ne peut se retourner sur elle-même avec ses propres outils pour expliquer le lieu d'où elle part : le lieu du discours. La science peut bien tenir un propos sur l'infini, comment pourrait-elle le comprendre ? La science peut schématiser, algébriser, interpréter en son langage propre, et créer une efficience, cette efficience ne sera que technique, on apprendra à construire des armes toujours plus puissantes et à découvrir des planètes, on apprendra à préserver l'ozone, à dériver des fleuves, à cloner des fœtus, tout cela ne sera toujours que technique. Le divorce a été consommé, et cela n'est pas d'hier. Le XXe siècle est celui de la technique, le XIXe avait déjà ouvert la voie, se fondant sur une épistémè née du XVIIe : la technique, cette formidable excroissance de la main de l'homme, qui outrepasse ses limites grâce à celles, sans fin de l'esprit. Mais il ne fait qu'agrandir sa maison. Ses salles de bain y sont toujours plus luxueuses et modernes, sa vie s'allonge et s'adoucit, tout s'inscrit dans une augmentation de la quantité, et le discours moderne, dont Foucault et d'autres prétendent qu'il est né de Descartes, est celui du calcul : ainsi des économistes, ainsi des financiers, ainsi des populations paupérisées qui cherchent l'eldorado en traversant des frontières d'eau qui sont autant de cimetières. La maison grandit mais n'est plus habitable. La vie s'allonge mais n'est plus vécue. L'espace lui-même gagne du terrain, l'humanité s'agrandit, mais elle se disloque. Gagner du terrain, comme dans une guerre coloniale, c'est l'objectif des scientifiques en tous genres, gagner du terrain sur l'ignorance. Et cela est bon, et beau. Nul ne saurait faire le procès du progrès scientifique, sinon quelques mauvais coucheurs. Le seul procès à faire n'est pas du côté des sciences en tant que telles, mais du monisme scientifique dans lequel nous vivons. La science est devenue le discours sur l'être, entre temps, l'être s'est absenté.

C'est pour cette raison que nous privilégierons ici et au rebours de la démarche naturaliste à laquelle nous venons de faire un sort, l'approche « phénoménologue », et plus précisément la lecture que nous livre Michel Henry dans son introduction à la *Généalogie de la psychanalyse*[37], intitulée « un héritier tardif ». Il aperçoit chez Descartes, la première apparition de la « conscience », dans la définition qui est la sienne, non pas celle d'une conscience morale, qui se rapporte à la façon de juger de l'homme et de sa dignité, à la façon d'évaluer sa place dans l'échelle des êtres et dans le cosmos.

> Avec Descartes au contraire, le concept de conscience reçoit la signification ontologique radicale conformément à laquelle il désigne l'apparaître considéré pour lui-même, non pas quelque chose mais le principe de toute chose, la manifestation originelle en laquelle tout ce qui est susceptible d'exister parvient dans la condition de phénomène et ainsi d'être pour nous[38].

Ainsi la découverte de la conscience fonde-t-elle la possibilité même de la phénoménalité, mais ne peut s'y réduire. Condition de l'apparaître, elle ne peut se manifester elle-même sous la forme de visibilité qu'elle a rendu possible. Or cette échappée hors du monde fut aussitôt recouverte par le discours de la science qu'elle fonde, aussi.

> Seulement Descartes a introduit le concept de conscience à un degré de profondeur tel que sa portée première n'a pu être préservée ni véritablement aperçue, pas même lors de sa reprise par la phénoménologie contemporaine qui prétendait cependant lui donner son plein développement – pas même, ajouterons-nous, par Descartes lui-même[39].

C'est bien cette dimension que nous voulons restituer, sans préjuger de savoir si Descartes l'a oubliée ou non, sans se mettre en quête de savoir si Descartes participe effectivement de cet oubli de l'être[40] au moment même où il le découvre. Toujours est-il que pour Michel Henry, ce que Descartes a recherché « passionnément » ne s'obtient ni comme « l'ouverture d'un Ouvert octroyée par une Nature originelle », ni sous la

37 Michel Henry, *Généalogie de la psychanalyse*, P.U.F, 1985.

38 *Ibid.* p. 6.

39 *Ibid.* p. 6.

40 Heidegger, *Être et Temps.*

forme des idées platoniciennes, ni à travers la représentation qui deviendra celle des Modernes (à partir de Descartes lui-même), mais précisément par leur rejet : ce que Descartes recherche, c'est précisément le « tout autre qu'elles », le tout autre de « l'ek-stasis », ce que dans la seconde Méditation, il appelait « l'âme ». Certes, le projet de fonder les sciences en leur donnant une assise certaine et en s'assurant de ses conditions, se superposèrent au projet initial. Ce qui selon Michel Henry, lecteur de Heidegger, détourna Descartes de ses buts véritables, et repoussa cette découverte dans l'oubli. Et si l'on suit la « dérive historiale » qu'analyse Michel Henry, mais qui corrobore le procès de la philosophie de la conscience, cet oubli du Commencement conduisit cette même « philosophie de la conscience » dans une direction opposée, vers le monde et le savoir, vers une théorie transcendantale de la connaissance et de la science, et comme corrélat, vers la maitrise des choses et l'univers de la technique. L'un des symptômes de cette dérive est la critique systématique que Kant alimente à l'endroit de l'âme cartésienne,

> interdisant définitivement à l'homme de notre temps l'accès à ce qui constitue à la fois son être le plus intérieur et l'essence originelle de l'être en lui[41].

Kant se serait engouffré dans la brèche ouverte par Descartes d'une ontologie de la représentation, c'est-à-dire de l'expérience entendue comme le rapport d'un sujet à un objet en général. Or ce que propose Michel Henry, approfondissant ou éclairant l'ambivalence heideggerienne vis à vis de Descartes[42], c'est de revenir à ce moment où l'essence originelle de l'être se dérobe au milieu de visibilité. Ce moment où la découverte de la

41 *Ibid.* p. 7.

42 Heidegger expose sa critique de Descartes dans les § 6 et 10 de *Sein und Zeit.* Il s'agit pour lui de « désobstruer l'histoire de l'ontologie ». Heidegger dans le § 6 prétend que Kant seul est entré sur la voie d'un rapprochement entre la temporalité et l'interprétation de l'être, mais qu'il n'est pas allé jusqu'au bout à cause de Descartes : « Pour avoir repris la position ontologique de Descartes, Kant laisse passer l'occasion unique d'entreprendre une ontologie du *Dasein.* Cette négligence, qui va dans le sens de la tendance la plus typiquement cartésienne, est décisive. Avec le « *cogito sum* » Descartes prétend munir la philosophie d'un sol nouveau et assuré. Ce qu'il laisse cependant indéterminé dans ce commencement « radical », c'est le genre d'être de la *res cogitans*, plus précisément le *sens d'être du « sum »*. Il va donc travailler à extraire les sous-entendus ontologiques qui sont à la base du « *cogito sum* », et tâcher de prouver que, non seulement Descartes a laissé de côté la question de l'être, mais aussi pourquoi ce dernier en vint à l'idée que l'absolu « être certain » du *cogito* le dispensait de poser la question du sens d'être de cet étant. Néanmoins, Heidegger continuera de travailler sur Descartes, sa position va de ce fait

conscience s'accompagne conjointement de la découverte de l'inconscient[43], dans la mesure même où l'inconscient demeure irréductible au champ de la phénoménalité, source et fondement de toutes manifestations. Dès lors, à cet inconscient, il donne le nom problématique mais qui nous semble incontournable, de vie. Ce terme est bien celui de Henry et non de Heidegger, et c'est celui que nous cherchons à reprendre à notre compte, en tâchant de différencier les différents régimes, de la connaissance comme acte qui se résout en son résultat et de la vie de l'esprit, qui se déploie sous nos yeux dans les *Méditations*.

> Dans une philosophie de la conscience, écrit-il, ou de la nature, qui réduit la phénoménalité à la transcendance d'un monde, l'inconscient est le nom de la vie.

Or cette vie est présente chez Descartes, recouverte certes par la visée scientifique, mais résistante néanmoins, sous le concept d'« âme ». Car c'est bien l'interprétation de l'être comme Vie, en tant que moment crucial de la culture moderne, qui nous offre la possibilité de faire retour à ce qu'Henry appelle le « Commencement ». La vie est le socle et le sol de la pensée, en tant que telle elle ne peut se penser mais se vivre, et s'incarner dans l'action, l'affectivité, le corps, qui en sont les manifestations. Ce qui nous intéresse ici, c'est ce « tout autre de la représentation », qu'il n'est pas question de rabattre sur l'irreprésentable, ou le noumène. Cet autre de la représentation ne peut jamais être aperçu en elle, par définition. Cet autre de la représentation s'identifie à l'être lui-même :

> N'est-ce point la vie elle-même en son invincible retrait du monde, en tant qu'elle se dérobe à la phénoménalité de l'extase où se meut toute pensée, qui égare celle-ci au point de la conduire à déclarer que tout ce qui ne se montre pas à elle ou n'est pas susceptible de le faire, tout ce qui ne vient jamais à nous dans l'ob-stance d'un ob-jet ou d'un « en face », n'est qu'Inconscient – le privé en soi du pouvoir de la manifestation[44].

Et en effet, la vie ne cesse de s'éprouver soi-même, mais ne peut se poser ou s'ek-stasier, s'objectiver dans un monde ordonné par la pensée. La vie

---

évoluer. Sur la figure dans le parcours de Heidegger, *cf.* J.L. Marion, *Réduction et donation, Recherches sur Husserl Heidegger et la phénoménologie, P.U.F*, 1989, Chap. III, L'*ego* et le *Dasein.*

43 Michel Henry, *op. cit.* p. 6 : « Quand donc le concept d'inconscient fit-il son apparition dans la pensée moderne ? *En même temps que celui de la conscience et comme son exacte conséquence.* »

44 *Ibid.* p. 13-14.

est au fondement de la pensée mais ne se laisse voir, ne peut apparaître dans le champ du monde, dans le champ de la pensée, puisqu'elle en est le fondement invisible. Et cette vie, nous l'appelons l'être ; le Commencement, la pointe, l'excès[45] hors du tout qui jamais ne pourra s'y réduire, et de ce fait être ressaisi par ce qu'il fonde. Si nous sommes en quête de cet être qui ne peut se manifester – si tant est que le verbe manifester ait ici quelque sens – que dans l'expérience, il nous faut reconnaître que c'est pourtant la science qui a pris le dessus en tant que discours totalitaire : le schéma explicatif scientifique a « reconquis ses droits », écrit Michel Henry, et il nous livre cette conclusion que nous reprenons à notre compte, et englobe l'histoire de la philosophie en tant qu'oubli de l'être, à partir de Descartes :

> La vie que nous vivons n'est qu'un effet de ce que nous ignorons. À la connaissance, à la science de nous délivrer, progressivement, de cette illusion que nous sommes : éternelle pensée de l'Occident[46] !

Si nous souscrivons à cette lecture, nous nous inscrivons pourtant en faux, lorsqu'il s'agit d'affirmer que Descartes a lui-même recouvert la cruciale découverte qu'il avait pourtant rendu possible par le doute ou pour reprendre la terminologie phénoménologique, par l'épochè. N'est-ce pas d'ailleurs une tendance des commentateurs que de réinscrire la démarche cartésienne dans des finalités qui lui sont extérieures, polémiques, scientifiques ? À cet égard, nous faisons écho à l'interprétation d'Alquié qui reproche à Gilson d'avoir expliqué la genèse de la première Méditation par ces motifs, et d'y voir « un succédané d'une physique défaillante » (défaillante parce que non publiée) « qui eût démontré mieux que quoi que ce soit la vanité des connaissances sensibles », et qui ne vit dans ce texte qu'une « machine de guerre dirigée contre les formes substantielles[47] ». Ce à quoi Alquié répond :

> des formes substantielles, la Méditation première ne dit pas un mot, alors qu'elle déclare fort explicitement que, pensée par rapport à l'Être, toute essence

45 Ces deux termes sont ceux de Derrida. Ils pourraient induire en erreur en privilégiant l'instantanéité ou la non temporalité de cette pointe : or nous cherchons à montrer depuis le début de ce propos qu'il y a une temporalisation propre à cette pointe, ce qui permet de reconnecter le cogito à la pensée en train de se faire et de se transformer.

46 *Ibid.* p. 11.

47 Étienne Gilson, *Études sur le rôle de la pensée médiévale dans la formation du système* cartésien, Vrin, 1930, p. 184, *cf.* pp 184-190.

> mathématique est incertaine. Le doute rencontrant, en son progrès, la science même de Descartes, l'atteint et le dépasse comme il avait fait du sensible. Sa démarche est donc absolument autonome, elle n'est point conduite par un souci de justification, mais par la pure exigence d'une pensée qui, en quête de l'Être, qu'elle ne saurait découvrir en nul objet, ne s'arrêtera que devant l'évidence de l'Infini[48].

La philosophie cartésienne s'enracine dans une volonté qui éprouve toute chose à la mesure de l'être, et qui de ce fait rend caduque la prétention de la science à avoir le dernier mot. Comme le dit Alquié, Descartes, à la fin de la première Méditation, manifestait l'effort qu'exige la métaphysique pour lutter contre « le sommeil de la connaissance objective » : sommeil dogmatique que représente la science, et qui constitue l'obstacle non plus épistémologique puisqu'il s'inscrit lui encore dans le champ de la science, mais obstacle à la métaphysique, constitutif de la conscience naturelle. La prétention de la science est l'obstacle à la découverte métaphysique de l'être.

C'est à notre sens cette lecture de Descartes qui aurait dû interdire cette dérive historiale et scientiste : la découverte métaphysique est un cran d'arrêt au tout représentationnel et à la réduction scientifique du monde. Descartes nous met en garde. Ce scientifique s'est tourné vers l'être par la reconnaissance du manque ontologique de la science.

Ce qui n'invalide en rien l'effective dérive historique et philosophique vers le schéma explicatif comme horizon ultime de la pensée. Il faut en effet reconnaître qu'il

> est difficile de vivre à la fois sur plusieurs plans, et de penser en distinguant divers ordres de vérités. Il est plus difficile encore d'apercevoir cette séparation même comme constituant l'authentique situation de l'homme. [...] Le Monde et l'Infini ne peuvent être connus que par l'homme, et distingués en ce que l'être de l'homme les sépare[49].

Certes, à condition de reconnaître cette séparation radicale, qui constitue la condition humaine, condition marquée par le tragique, la division, l'impossible unité et la finitude.

Cette ouverture sur l'être, pourquoi l'avons-nous refermée au moment même où la philosophie installait la possibilité d'une ère scientifique, à

---

48 Ferdinand Alquié, *La découverte métaphysique de l'homme chez Descartes*, P.U.F, p. 161-162.
49 *Ibid.* p. 135.

condition qu'elle s'en tienne à son espace propre qui est celui du discours et que ce discours ne prétende jamais se tenir sur l'être. Pourquoi nous sommes-nous privés de transcendance, quand le philosophe qui a mis à l'honneur la science moderne, avait averti en même temps que cette science ne garantissait en elle-même ni le vrai ni le faux, ni l'existence des choses dont elle s'occupait. Quand ce philosophe, René Descartes, dans ses recherches scientifiques en avait découvert la limite, une limite qui n'appartenait pas au terrain de la science, en lui-même illimité, mais une limite du terrain lui-même, puisqu'il ne se suffisait pas, qu'il était un champ parmi d'autres, un champ créé et non créateur, un discours parmi d'autres, qu'un autre champ avait pour charge de fonder. Terrain illimité en extension, mais terrain limité du fait qu'il n'était point le seul. La relation de la cause à l'effet est sans fin. Sauf à reconsidérer l'idée même de causalité : ce qui cause, ce qui produit, ce qui fait qu'une cause produit un effet. Ou si l'on veut, puisque c'est ainsi que la tradition l'entend, quelle est la cause première, celle qui contient toute la causalité, celle qui produit la chaîne ? La cause première n'appartient pas à la chaîne. Puisque c'est bien là qu'il faudra aller chercher pour trouver du sens. Or la causalité mécaniste est à ce point dénué de sens, chez Descartes, qu'il faut un créateur de chaque instant pour insuffler à la cause sa causalité, créateur lui-même découvert à travers le principe de causalité, mais d'une causalité ontologique : je ne peux avoir produit l'idée de Dieu, seul Dieu peut produire l'idée que j'ai de lui. La relation va de la substance à son mode, il s'agit bien là d'une causalité métaphysique. Mais le déplacement opéré change radicalement le sens de la causalité, puisqu'elle concerne le rapport de l'idée à son idéat, ou de la réalité objective de l'idée à sa réalité formelle. Autrement dit c'est bien dans le champ de l'immanence radicale, à travers l'analyse des idées, qu'on va trouver, et démontrer selon ce principe de causalité détourné pour définir un nouveau rapport entre l'idée et ce qu'elle représente, l'existence d'un être, qui ne soit pas moi, et qui donc me transcende.

Le neuroscientifique aura beau découvrir le gène de l'intelligence ou du bonheur dans le cerveau, son explication causale ne permettra jamais de rendre compte ni de l'intelligence ni du bonheur en tant qu'ils sont vécus, éprouvés, en tant qu'ils sont producteurs de sens.

Descartes est celui qui va faire jaillir l'être du plan de la science, incertain de lui-même. Descartes est celui qui de l'incertitude qu'il rencontre, incertitude qui est déjà d'ordre existentiel, va rencontrer la transcendance, ce qu'ici et dans un vocabulaire phénoménologique, nous appelons « l'existence » : c'est-à-dire une vie réfléchie, et de ce fait orientée en quête de l'être, une vie saisie du désir d'être, une vie qui ne s'en tient pas au régime du même et du déroulé horizontal d'une chaine causale d'événements, l'épreuve de l'être. Il ouvre la brèche, et il s'y engouffre. Descartes est celui qui va transformer sa vie en existence, tout en continuant de vivre. Celui qui va assumer le doute comme fondement de la science. Car la science, tant qu'elle croit être un discours sur l'être, est un discours qui pourra toujours être mis en doute. Elle ne comblera jamais le doute, même si elle est exacte. L'exactitude ne peut rien contre l'angoisse. L'illimité de la science ne peut rien contre la finitude. La science ne peut rien contre la mort. Seule l'expérience métaphysique affronte la mort et donne sens à la vie puisque soudain elle est vécue, et sort de cette horizontalité mécanique à laquelle une biographie pourra la réduire[50]. Le temps linéaire est celui du monde, pas celui de l'homme, s'il ouvre cette brèche vers un infini entrevu. D'autres moyens peuvent y parvenir. La musique ou la poésie, qui se déroulent elles aussi dans le temps, mais le transcendent. Le *Discours de la méthode* et les *Méditations Métaphysiques* sont comme un concerto de Mozart, un impromptu de Chopin, linéaires dans leur temporalité, bouleversant toute temporalité dans leur fulgurance, mais acceptant leur condition d'émergence, cette même temporalité. C'est l'histoire même de la création : elle se fait dans le temps, mais elle est surgissement irréductible à sa propre temporalité.

Descartes fait de la philosophie, la déroule dans une temporalité qui est celle de sa vie, mais la philosophie d'un coup se fraye un autre chemin, et ressaisit cette vie dans un sens qu'aucune temporalité n'aurait su lui conférer.

Et s'il demeure des contradictions chez Descartes, c'est qu'il préfère ne pas sacrifier la cohérence au système : seule l'évidence dit le vrai, si deux évidences s'avéraient contraires, il faudrait s'en tenir à cette aporie, marque de notre finitude dont le projet du philosophe est de l'accepter. Et l'accepter, c'est déjà à son égard une forme de transcendance : la

50 Certes nous verrons qu'il peut y avoir une certaine manière d'appréhender la biographie qui échappe au déroulé linéaire de la relation de fait, et que l'écriture précisément est cet ajout de sens qui transforme la vie en existence.

conscience de la transcendance, qui est un autre nom de la conscience de la finitude, contient en elle un rapport à la transcendance, rapport non explicable puisqu'il se fait entre deux termes incommensurables, relation de la non-relation, comme le dirait Levinas. La transcendance, c'est ce qui échappe au régime du même, c'est ce qui échappe à la pensée puisqu'elle ne peut s'en emparer, c'est l'impensable, ou précisément l'autre de la pensée, ce qui met en échec la pensée en la limitant, mais qu'elle pense d'une certaine manière, Descartes dirait qu'elle connaît sans comprendre, nous l'avons vu ; la transcendance c'est l'altérité, autrement dit l'autre que la pensée, mais aussi l'autre que le temps, qui ne peut être appréhendé que dans le temps, mais qui donne au temps sa possibilité d'un renouveau et d'une transformation : s'il n'y avait point de transcendance, alors le dernier mot de l'esprit serait effectivement la science.

C'est en tout cas dans la prise de conscience de son imperfection, que Descartes va dégager peu à peu de cette expérience négative et réflexive, une positivité toute puissante qui était là, inconsciente, depuis le début, mais qui explose devant lui dans son aveuglante luminosité, et qui donne sens à ces déceptions renouvelées, à ce doute permanent, à cette limitation de soi qu'aucune science ne peut dépasser : ma limitation est nécessaire, elle me définit, elle fait elle aussi mon humanité, dans la mesure où je la sais, la pense, et la mets à distance par une possibilité d'infini – entrevue. La science repousse quelques limites, mais elle n'aura toujours à faire qu'à des limites. Ma limite au regard de l'infini n'est plus quantitative, elle est essentielle : ma limite est mon essence, entre être et néant, elle est précisément ce non lieu, cette impossible frontière entre deux positivités qui ne peuvent se rejoindre. Je suis cette réunion des antithétiques, je suis la substance qui en réunit deux incompatibles, je suis le lieu d'une unité impossible, toujours à conquérir, car telle est bien ma mission : cultiver le courage pour faire tenir ensemble.

Pourtant, Descartes fut dans sa jeunesse porté par l'enthousiasme d'une science universelle et d'un progrès à même de fonder la morale ainsi que d'accroître les capacités techniques indéfiniment. C'est qu'il n'avait pas encore saisi la différence entre l'universel et l'infini[51]. Ce

51 Pourtant, déjà dans les *Regulae*, se profile le statut du modèle mathématique, qui n'est point impérialiste, mais se fait méthode sur fond de liberté. Il n'est donc pas besoin d'attendre les *Méditations* pour comprendre que l'expérience et la liberté sont les maîtres

sont sans doute ces deux catégories qui surgissent dans leur irréductible distance et distinction : l'universel de la raison, et le champ immense qui s'offre à la conquête de la science ; l'infini de l'être auquel la raison a accès non plus en tant que ce sujet conquérant, mais comme l'objet qu'elle est – créée elle aussi, au même titre que les autres objets, mais objet réfléchi, et dans cette réflexion l'infini est en œuvre. Dans la conscience fulgurante de son statut d'objet – je suis, j'existe, mais je ne saurais jamais intégralement et scientifiquement quel je suis, sinon que je pense, je m'aperçois que l'être m'est donné (je ne le produis pas), et que le cogito est un fait d'évidence : le fait fonde le droit, mais le fait révèle un autre fait, bien que j'en passe par une démonstration conformément à l'ordre des raisons, à savoir l'existence d'un être infini, et donc d'une transcendance que je ne peux penser, mais seulement « toucher » par la pensée ; cette rencontre avec l'altérité dit à la fois ma limite au moment même où elle me fait toucher l'infini.

L'universel sera la voie dans laquelle s'engouffreront la science, la politique, la morale, et une nouvelle anthropologie qui donnera lieu à un concept d'humanité. L'infini, ce n'est pas l'homme y compris dans son universalité, c'est la dimension qui le fait être, à laquelle il n'a qu'un accès restreint, qu'il ne peut pas comprendre et cette impossibilité vaut interdit, c'est l'au-delà de la raison, c'est la liberté. L'infini s'aperçoit dans l'existence, qui est la nouvelle expression de la transcendance à partir de Descartes, jusqu'à Levinas qui la thématisera comme telle[52]. Dans

---

mots non seulement de la métaphysique, mais encore de la philosophie cartésienne, y compris lorsqu'elle semble ne s'intéresser qu'à la science. Comme l'écrit très justement Jean Laporte, dans son ouvrage *Le rationalisme de Descartes*, P.U.F., 1945, rééd. en coll. Epiméthée, 1989, p. 42 : « Cette méthode est inspirée des mathématiques, nullement asservie aux mathématiques » Descartes déclare lui-même, dans l'*Entretien avec Burman*, A.T., t. V, p. 176, que pour entendre sa philosophie, on n'a pas besoin d'être mathématicien : « *ad ea autem quae auctor in Philosophia scripsit intelligenda, mathesi non opus est, nisi forte paucta quaedam in Dioptrica, quae mathematica sunt, excipias* », sauf pour le *Dioptrique*. Et Laporte de conclure : « Les mathématiques n'en contiennent que l'"enveloppe". Ce qu'on trouve dans l'enveloppe, ce sont les deux notions cardinales sur lesquelles s'appuie, à chaque progrès décisif, la pensée cartésienne : *l'évidence*, dont la géométrie ou l'algèbre fournissent des exemples, non le type exclusif, et qui s'applique à toute constatation "précise" d'un *donné* ; l'*attention*, prise comme cette orientation du regard mental qui préside à l'évidence, et qui consiste en des tendances naturelles susceptibles de s'ordonner, de se perfectionner et de se consolider en habitudes. Autrement dit : l'*expérience* et la *liberté*. »

52 *Cf.* Levinas, *Du Dieu qui vient à l'idée*, « de la déficience sans souci », Paris, Vrin, 1982, Livre de poche, 1992.

les *Méditations métaphysiques*, Descartes rencontre l'existence, mais il ne peut s'agir que d'une expérience, et non d'une connaissance. Et si l'on se penche plus avant sur les moteurs psychologiques qui le dirigent vers la recherche de la vérité, on décèle très vite ce sentiment d'inquiétude, certes propre à son temps, mais qu'il incarne – sans doute avec moins d'évidence que Pascal qui y ajoute la dimension du tragique – : néanmoins, Descartes est cet être inquiet, qui interroge son inquiétude et la transforme en aiguillon. C'est dans cette inquiétude primordiale, qu'on pourrait appeler, dans une terminologie contemporaine angoisse – ce sentiment par lequel on accède négativement à l'être, qu'il va d'une pierre deux coups trouver un fondement à la science et découvrir dans ce fondement ce plan inaccessible à la connaissance : l'être. Autrement dit, il va mener une expérimentation d'abord sur le plan de la connaissance de la désagrégation du réel, et accéder sur le plan de l'existence à cette angoisse en tant que vécue et expérimentée. Et ce mouvement sera la marque de la philosophie cartésienne : l'inquiétude le pousse à connaître, le cheminement de la connaissance passe par le doute à l'endroit de ce qui est connu, puis de la connaissance elle-même. Le sujet mis en danger par l'inquiétude qu'il ne maîtrise pas va transformer cette inquiétude en outil de connaissance par un tour de force volontariste, mais la volonté toute puissante du sujet et infinie dira Descartes, butte contre la découverte de Dieu, et le sujet se révèle objet à ses propres yeux : tout à la fois *ens creatum*, et capacité d'auto-affection. Être objet, c'est l'essence même de l'inquiétude. D'autant qu'il se révèle être objet contingent, puisque Dieu est comme un roi en son royaume, et qu'il a créé les vérités éternelles[53] : la contingence est déclarée absolue, il n'y a pas de connivence possible entre la raison rationnelle et la raison de la raison. La raison rationnelle peut bien élargir son empire, elle sera toujours suspendue à sa contingence essentielle, elle qui a été créée ainsi mais l'aurait pu être autrement. Le sujet cartésien auquel on reproche sa toute puissance et sa responsabilité dans l'ère de la technique, est en réalité un objet contingent qui n'accédera jamais à sa raison, sinon dans l'expérience métaphysique de la finitude. Le sujet cartésien est déjà cet homme déchiré, qui sans renoncer à son pouvoir le sait essentiellement limité. Le sujet cartésien échappe au monde par une transcendance

53 *Cf.* Lettre du 15 avril 1630, A.T., I, 143 et 145 ; lettre du 6 mai 1630, A.T. I, 147-150 ; lettre du 27 mai 1630, A.T., I, 151-153.

garantie par le cogito et l'expérience de l'infini, mais il est bien du monde, parce qu'il est créé.

Sujet, objet, Descartes a parfaitement saisi la structure duelle de ce qu'on appelle unilatéralement sujet, son statut entre le néant et l'infini, son pouvoir et sa dette, sa volonté, son entendement, et son existence. Et c'est son rapport à la temporalité qui le dit sans doute le mieux.

LA QUESTION DE LA FOLIE ET LA FOLIE COMME QUESTION (COMME MISE EN QUESTION)

Si les naturalistes ont donc ignoré cette séparation des plans, ils posent néanmoins une question épineuse, qui nous contraint d'y répondre, avec l'appareil interprétatif que nous avons mis en place : il s'agit de la folie, comme altération, qui attaque le présupposé d'une continuité à soi, et dont ne semble pouvoir rendre compte le cogito, ni toute forme de mémoire de soi comme gage d'identité. Dans un premier temps, nous allons voir comment l'appareillage méthodologique va déterminer la manière d'aborder la question de la folie comme altération de soi. La question de la folie est toujours déjà pré-déterminée par un choix méthodologique qui s'ignore et qui répond déjà à la question, c'est ce qu'on voit chez Foucault comme chez les naturalistes. La question de la folie reste béante chez Descartes, mais elle est néanmoins posée (ce que nient Foucault et les naturalistes), dans toute son acuité, c'est-à-dire justement dans son impossibilité.

L'INCAPACITÉ DE DESCARTES À RENDRE COMPTE DE LA FOLIE : FOUCAULT ET LES NATURALISTES

Nous allons voir qu'il existe une convergence entre Foucault et les naturalistes à partir de perspectives totalement différentes : convergence dans une même démarche qui consiste à « réduire » le cogito, que ce soit à l'histoire ou à la nature, en niant sa dimension « métaphysique ». Si l'un fait de la psychiatrie le paroxysme de l'enfermement et de la négation même de la folie en la constituant en objet, si les autres, à travers la revendication des sciences humaines, constituent le sujet en objet de recherches scientifiques, ils s'appuient tous sur l'argument de la folie pour rejeter le cogito cartésien.

Il est remarquable que deux types d'analyses fort différentes, que sont celle de Foucault et celle des néo naturalistes, se mettent d'accord pour critiquer Descartes à travers l'argument de la folie : Descartes serait le philosophe qui empêche de penser la folie. Certes l'expression de penser la folie est en soi une contradiction qu'a essayé de dépasser Foucault dans son *Histoire de la folie*. Derrida en a fait la critique du point de vue logique : le logos n'est-il pas toujours déjà une récupération de la folie dans le champ de la raison ? Il ne s'agit pas ici de revenir à la polémique[54], mais de constater que l'argument de la folie sert aussi bien Foucault qu'un Schaeffer par exemple, qui adopte une posture résolument naturaliste, pour rendre compte de certaines pathologies. Pour Foucault, on l'a vu à travers la lecture de *l'Herméneutique du sujet*, Descartes est celui qui a posé la raison comme ligne de démarcation, et la vérité comme accessible à tous les esprits selon des procédures identiques et simples, sans transformation interne à l'être du sujet. Pour Schaeffer, ou pour Damasio[55], qui a vulgarisé à travers ses ouvrages la relégation du cogito comme inapte à appréhender certaines maladies du sujet, la psychiatrie montre que la voie internaliste est sans issue, et qu'elle ne permet pas de rendre compte de certaines expériences de dépersonnalisation ou d'altérité inhérente au sujet lui-même. Seule l'observation extérieure peut décrire ce que le sujet dans son intériorité ignore. Deux positions opposées, donc, mais qui se rejoignent sur un point : le sujet cartésien ne peut pas être fou, sa philosophie ne peut rendre compte de la folie.

Les progrès de la médecine et notamment des neurosciences et de la psychiatrie sont, de l'avis de Damasio, la preuve de l'invalidation légitime du cogito. Schaeffer quant à lui en appelle aux différentes anosognosies, dont la manifestation principale est la non-reconnaissance d'un déficit

---

54 Ce qui sera l'objet d'une partie ultérieure.

55 Damasio, *L'erreur de Descartes : la raison des émotions*, Paris, édition Odile Jacob, 1995 ; *Considération du rôle des émotions dans le raisonnement et la prise de décision à partir de l'étude du cas Phineas Gage* ; *Le sentiment de soi : corps, émotions, conscience*, Paris, Odile Jacob, 1999. Enquête sur les mécanismes de la conscience au travers de l'étude neuropsychologique de cas de patients présentant des troubles de conscience ; *Spinoza avait raison : joie et tristesse, le cerveau des émotions*, Paris, Odile Jacob, 2003.

corporel avéré, et qui s'observe dans de nombreuses pathologies comme la maladie d'Alzheimer[56] ou la schizophrénie. Ces anosognosies sont

56 S'agissant de la maladie d'Alzheimer, à titre de modélisation, on est en droit de remettre en cause le prisme tout-puissant de la psychiatrie, comme le fait Jean Maisondieu dans sa préface de *Mémoire, souvenirs, oublis* de Sigmund Freud, Édition Payot et Rivages, 2010. Cette remise en cause va dans le sens de Descartes : si Freud a découvert que l'homme pouvait *abuser* sa mémoire, on peut en suivant son sillage s'interroger sur l'origine de la perte de mémoire à l'âge vieillissant et poser l'hypothèse d'une cause psychique et non seulement physique, permettant d'expliquer ce phénomène. Or Alzheimer l'a emporté sur Freud dans la façon d'envisager le rapport à la mémoire : Alzheimer n'a acquis sa notoriété qu'à partir des années 1970-1980, bien après la mort de Freud qui eut lieu en 1939. Les experts ont en effet estimé qu'il n'était plus nécessaire « de maintenir une distinction entre démences séniles et préséniles dans la mesure où il s'était avéré au fil des années que les lésions mises en évidence par Alzheimer se retrouvaient aussi chez des déments plus âgés. Associée au préjugé antérieur qui voulait que les personnes âgées fussent peu accessibles à l'approche psychanalytique, cette généralisation sur cet argument anatomo-pathologique a eu pour effet d'avaliser subrepticement la pertinence exclusive du modèle anatomo-clinique pour expliquer leurs troubles mnésiques » p. 21. Autrement dit, la description scientifique et externaliste l'a emporté sur l'analyse du sujet par lui-même à travers la médiation du psychanalyste. Cette médiation n'ayant aucun rapport avec le regard objectivant du scientifique ou du psychiatre. Ainsi Maisondieu explique-t-il comment Alzheimer est devenu La maladie de l'âge et du grand âge, et comment elle a vite été cataloguée comme une maladie du cerveau. Dès lors qu'arrivent les premières pertes de mémoire, au lieu de supposer la possibilité d'un conflit psychique inconscient (dont les manifestations sont décrites dans *Psychopathologie de la vie quotidienne*), on vérifie que le cerveau ne commence pas à être atteint par un « processus génératif primaire ». Celui qu'Alzheimer a découvert, grâce au microscope, le même que Freud avait abandonné une vingtaine d'années auparavant. On pourrait ériger le microscope comme le paradigme de la séparation entre la psychiatrie et la psychanalyse, mais aussi entre la voie externaliste prônée par les naturalistes, et la voie internaliste qui est celle de Descartes. Ainsi, il est impossible aujourd'hui d'échapper au modèle lésionnel ni à l'omniprésence de la menace d'Alzheimer. Autrement dit, si la mémoire des personnes âgées est altérée, ce serait uniquement parce que leur cerveau est altéré. Le symptôme perte de mémoire s'explique par ce « processus dégénératif primaire », mais on ne connaît pas les causes ultimes de cette maladie. Maisondieu, en freudien averti émet des hypothèses qu'on jugerait aujourd'hui fort iconoclastes : « Cependant, et quoi qu'il en soit de la nécessité d'établir précocement un diagnostic précis, rien ne devrait empêcher de se demander à propos des unes et des autres si elles ne sont pas troublées au fond d'elles-mêmes de savoir trop bien qu'elles vont vers une issue fatale maintenant qu'elles vieillissent. D'envisager l'hypothèse qu'elles voudraient oublier que leur vie va s'achever et que la mort les attend au bout du chemin sans échappatoire possible. N'est-ce pas aussi de savoir cela et de vouloir l'oublier qui peut faire souffrir leur mémoire ? Le refoulement n'a pas d'âge. Et tous les prétextes lui sont bons du moment qu'ils sont dérangeants. » p. 24 Ainsi confère-t-il du sens à la perte de mémoire, stratégie psychique pour oublier l'insupportable : « Leur oubli de ce qu'elles se proposaient de faire alors qu'elles savent qu'elles ne peuvent rien faire pour changer leur destin n'aurait-il pas quelque peu de sens ? » Les personnes âgées sont alors scindées entre la peur de la maladie d'Alzheimer, l'angoisse de ne pas se souvenir, et l'angoisse

en général la « manifestation d'un syndrome frontal, c'est-à-dire d'une lésion du cortex frontal[57] ». Or l'effet premier de ces pathologies est le

> remodelage de l'identité personnelle, au niveau de la vie émotive tout autant qu'à celui de la faculté de raisonnement, qui toutes deux exhibent de nombreuses anomalies[58].

L'important de la description nosographique est cette idée que le sujet « se vit comme n'étant plus lui-même. » Et Schaeffer de conclure que

> dans le cogito de l'anosgnosique la conscience réflexive se surprend elle-même – se donne à elle-même – en situation de défaut d'autonomie et d'impossibilité d'autofondation[59].

Dans certaines expériences schizophréniques, le sujet n'est plus capable de reconnaître que les pensées qu'il a ont été produites par lui ; il en va de même pour les actions, le sujet pouvant les vivre comme n'étant pas produites par lui, et pourtant comme lui appartenant. C'est donc le sens de l'agentivité qui subirait un grave dysfonctionnement. Schaeffer s'appuie sur cette description pour montrer que le cogito élargi n'est d'aucun secours pour rendre compte de cette expérience :

> Le cogito élargi n'est donc pas à l'abri du « malin génie », puisque le « Je pense » aurait toujours pu être inséré dans le « Moi » par un « autre », tout en étant expérimenté par le « Je »[60].

On ne peut s'empêcher de songer, dans un tout autre contexte, à la critique nietzschéenne du cogito, qui étend le doute jusqu'au discours lui-même, accusant de metalepsis le cogito cartésien : autrement dit, le cogito serait un effet et non une cause première, ce que la rhétorique masque

---

de se souvenir que le passé est révolu : désir désespéré de maintenir le passé à bout de bras pour ne pas sombrer dans l'oubli, désir désespéré (mais inconscient) de sombrer dans l'oubli pour oublier le passé. Qu'Alzheimer l'ait emporté sur Freud prouve à son tour très clairement comment la tentation scientiste l'a emporté sur Descartes – autrement dit comment une croyance a pris la place d'une recherche de vérité et de fondement. La bataille qui oppose Alzheimer à Freud épouse le même mouvement que celle qui oppose Schaeffer à Descartes dans l'ouvrage auquel nous faisons référence.

57 Schaeffer, *op. cit.* p. 85.

58 *Ibid.*

59 *Ibid.*, p. 86.

60 Schaeffer p. 87.

par cet effet de Verstellung, et de faire l'hypothèse d'un je multiple… là encore la question de « l'agentivité » est fortement mise en question, pour ne pas dire radicalement critiquée. Le discours généalogique et le discours scientiste se rejoignent dans leurs conclusions, qui mettent à mal l'identité du sujet.

La première réponse à apporter est introduite par Schaeffer lui-même afin de mieux l'invalider : le cogito pourrait tout aussi bien s'exprimer ainsi « je ne pense pas "je pense" », autrement dit le Je reste inattaquable et irréductible dès lors qu'on distingue le moi du Je, ou que l'on attribue la pensée au Je et non au moi, ce qui permet d'expliquer que le Je pourrait très bien attribuer sa propre pensée à quelqu'un d'autre – ce qui en soi ne ruine pas le principe du cogito. Mais, nous dit Schaeffer, « admettre cette possibilité-là reviendrait en fait à une autodestruction de la stratégie du cogito, qui n'a de sens que s'il peut y avoir un point de butée absolue[61]. », sans quoi il faudrait introduire l'idée de méta-cogito et ouvrir la régression à l'infini.

Comment répondre à cette objection, qui reprend par ailleurs la critique contemporaine de Descartes formulée dans les *Objections* qui suivent les *Méditations* ? Il faut d'abord noter qu'elle se place à l'extérieur du cogito et relate une expérience qui n'est pas vécue, mais observée, autrement dit qui n'est pas vécue par celui qui l'observe. D'autre part, elle questionne le principe d'identité, qu'assure le cogito, mais pas le cogito lui-même, puisqu'on l'a vu, le je pense ou le je ne pense pas, ou le je ne parviens pas à ramener mes représentations à moi-même sont autant d'exemplifications du cogito. Le problème n'est pas ici celui de la pensée mais du Je. Or dans le cogito, il importe peu de savoir d'où viennent les pensées du moment que je les produis, je sais que certaines sont causées par les choses extérieures, d'autres me sont données par Dieu : leur origine est diverse, mais j'en demeure le producteur. Il faut ici distinguer l'idée d'auctorialité de l'idée de production. Or toute la démonstration cartésienne tend à montrer que le cogito donne lieu à la première évidence métaphysique, mais ne peut garantir la validité de mes pensées. Si le cogito n'est pas à même de garantir la validité de mes pensées (et du point de vue de leur essence et du point de vue de leur existence), c'est bien qu'il n'en est pas l'origine absolue, et qu'il ne

61 *Ibid.*

peut constituer ce que Schaeffer a appelé le point de butée. Le point de butée du cogito n'est pas un autre cogito, mais l'expérience de l'être. Ainsi, il peut bien y avoir des dysfonctionnements qui s'installent entre le Je et le moi, mais ces dysfonctionnements, qui peuvent être localisés dans un endroit du cerveau, n'invalident en rien le cogito lui-même. Il est possible en revanche d'admettre que le cogito du fou ne peut fonder l'identité à soi. Mais le problème de la folie est à chercher du côté de la temporalité. La temporalité intermittente est une autre façon de dire la folie. Ne pas avoir la conscience de sa temporalité, ne pas pouvoir penser le temps de la pensée, sortir de cette temporalité pour sombrer dans une conscience intermittente, cela en effet empêche de se constituer en tant que moi. Par ailleurs, il est possible que le cogito du fou ne soit pas à même de fonder les sciences, de même que le fou ne peut pas se fonder en tant que sujet. Cela ne l'exclut pas de l'humanité, et c'est sans doute la démarche cartésienne qui permet de faire des fous et des enfants des hommes comme les autres, puisqu'il n'y a pas de degré dans l'humanité, même s'il y en a dans l'évidence et dans la liberté. Le fait que penser constitue l'humanité intègre les enfants (nous verrons ce point plus précisément dans la deuxième partie), et les fous : le « je pense » est gage d'humanité. Le « je pense mal » n'est pas discriminant de ce point de vue. Ce n'est pas parce que tout le monde ne peut accéder à la science que celle-ci n'est pas universelle. La possibilité du fou n'invalide pas le cogito comme première évidence : elle fonde la science quand celle-ci est possible, accessible. L'argument de la folie ne met pas en danger la science, c'est ce que Derrida a montré contre Foucault, puisque dans l'ordre des raisons, la folie était selon lui un argument pédagogique que le rêve généralise : c'est la perception sensible qui se trouve ébranlée, non la possibilité de la science.

En revanche, et là, Foucault a entièrement raison, la folie met en cause l'identité du Je :

> Pour la folie, il en est autrement ; si ses dangers ne compromettent pas la démarche, ni l'essentiel de la vérité, ce n'est pas parce que telle chose, même dans la pensée d'un fou, ne peut pas être fausse ; mais parce que moi qui pense, je ne peux pas être fou[62]

62 Foucault, *Histoire de la folie*, Gallimard, 1976, p. 57, ou encore « Il [Derrida] a tort surtout de dire hâtivement que la question de droit ici posée concerne "la vérité des idées" ;

Mais si l'identité du Je est en cause, c'est en tant que le Je est temps, et que la conscience doit pouvoir être une ressaisie de la temporalité : autrement dit la folie engage la temporalité de la pensée en tant qu'elle ne se peut ressaisir elle-même. Ici en effet, le Dieu parfaitement bon et non trompeur permet d'échapper au doute qui attaque l'esprit lui-même, c'est-à-dire le Je comme premier fondement. Le fou ne remettrait pas en cause le cogito, mais le Dieu non trompeur, et redonnerait sa chance au Malin Génie – et de ce fait ruinerait l'édifice métaphysique de Descartes. Certains hommes sont trompés, au cœur même de leur esprit, au cœur même de leur subjectivité. En eux se trouveraient différents sujets incapables de communiquer entre eux : mais ces sujets ne sont-ils pas des moi constitués, à partir desquels on pourrait à chaque fois remonter au cogito. Ainsi, le problème n'est pas tant celui du cogito (chaque moi du schizophrène est fondé par un cogito), que celui de la mémoire (qu'est-ce qui relie chacun de ces moi ? La pensée demeure en son acte, mais ne se peut rattacher à un Je identique à lui-même dans le temps. Il y a là en effet un problème de conscience, que seul le spectateur extérieur peut décrire. Ce sera là le sens même de la folie : elle ne peut se dire de l'intérieur, elle ne peut que se décrire. Dès lors, les seuls à mêmes de la décrire sont ceux qui ne sont pas fous, ceux dont le discours est fondé sur le cogito lui-même, ceux qui établissent les ruptures de conscience à l'aune de la leur : c'est-à-dire à l'aune de la continuité dont ils font l'épreuve et grâce à laquelle ils peuvent observer le phénomène de la folie, le décrire, peut-être le soigner. On retombe dans le cercle dénoncé chez Foucault : il n'y a pas de discours possible sur la folie à partir de la folie. Il n'y a de folie reconnue que du point de vue de la raison. Ce dérèglement de la conscience ne peut être observé que du point de vue de la conscience. La folie prouverait une fois de plus la fonction fondatrice du cogito, y compris dans les sciences humaines : la dépersonnalisation, les dysfonctionnements du sujet, l'altération de la conscience, en tant qu'ils ne peuvent se dire sinon dans un langage qui ne fait pas sens pour le sujet lui-même, ne sont identifiables que du point de vue du cogito. Le scientiste dira qu'ils sont identifiables par l'analyse de la matière (en l'occurrence les dysfonctionnements du cerveau), mais le scientiste ne

---

alors que, les mots le disent clairement, elle concerne la qualification du sujet » in « Mon corps, ce papier, ce feu », *Dits et écrits*, I, éditions Gallimard, 1994, nouvelle édition 2001, p. 1122.

peut fonder la causalité qui de ce dysfonctionnement matériel permettrait de conclure à une expérience subjective de laquelle il est radicalement coupé. Il peut décrire des parallélismes, comme le fera Descartes lui-même qui atteste qu'une altération physique du cerveau donne lieu à des altérations de la conscience. Mais il se garde bien de montrer un rapport de causalité direct entre l'altération de l'un et l'altération de l'autre, pour la simple raison que le dommage physique appartient à un autre plan que l'expérience subjective. On ne peut conclure d'une description externaliste à une altération de l'ordre de l'intime et donc de l'expérience : ne serait-ce que parce que la description est faite par un autre que celui qui se représente ou vit son altération. Le fou ne peut construire une théorie sur la folie. C'est ce que nous montre Descartes, et ce qu'ignorent résolument Schaeffer comme Foucault. La voie scientiste objective la folie, ce contre quoi s'érige Foucault, mais c'est en s'appuyant sur Descartes qu'on peut montrer en quoi il est impossible aussi bien qu'interdit, d'objectiver la folie. Au fond, la science ou le naturalisme comme l'entreprise foucaldienne se rejoignent dans leurs conséquences qui vont à l'encontre de leur point de départ – et ce précisément pour avoir mal interprété le cogito. Derrida s'en fait l'écho. « À aucun moment, écrit Derrida, la connaissance ne pourra [...] à elle seule dominer la folie et la maîtriser, c'est-à-dire l'objectiver[63]. » Pourquoi ?

L'acte du cogito ou la certitude d'exister échappent pour la première fois à la folie ;

> mais outre qu'il ne s'agit plus là, pour la première fois, d'une connaissance objective et représentative, on ne peut plus dire à la lettre que le Cogito échappe à la folie parce qu'il se tiendrait hors de sa prise, ou parce que, comme le dit Foucault, « moi qui pense, je ne peux pas être fou », mais bien parce que dans son instant, dans son instance propre, l'acte du Cogito vaut même si je suis fou, même si ma pensée est folle de part en part[64].

Le Cogito vaut même si je suis fou, car le sens du Cogito comme le sens de l'existence échappent à l'alternative d'une folie et d'une raison déterminée. La certitude du Cogito est atteinte « en la folie elle-même ». L'audace de Descartes est de faire retour vers un point originaire qui précède la partition entre raison et folie, « que je sois fou ou non, Cogito,

---

63 Derrida, « cogito et histoire de la folie », in *L'écriture et la différence*, Points Seuil 1967.
64 *Ibid.*

sum[65] » La folie est, comme le dit Derrida avec toute la polysémie du mot, « un cas de la pensée », mais un cas parmi d'autres. La pensée elle ne peut être un cas parmi d'autres, parce qu'elle est à l'origine de tous les cas, que ce soit celui de la science ou que ce soit celui de la folie. Elle les précède par sa dimension ontologique : elle échappe à la totalité des discours parce qu'en son point de fuite se situe l'origine du sens.

> Il est le point, écrit encore Derrida, où s'enracine le projet de penser la totalité en lui échappant. En lui échappant, c'est-à-dire en excédant la totalité, ce qui n'est possible – dans l'étant – que vers l'infini ou le néant : même si la totalité de ce que je pense est affectée de fausseté ou de folie, même si la totalité du monde n'existe pas, même si le non-sens a envahi la totalité du monde, y compris le contenu de ma pensée, je pense, je suis pendant que je pense[66]

et d'ajouter en note à propos du terme utilisé « point » forcément métaphorique :

> il s'agit moins d'un point que d'une originarité temporelle en général.

Le temps du Je se déploie à partir du Cogito, et que ce temps soit intermittent, expression même de la folie, il s'enracine néanmoins en cette originarité temporelle. Et de conclure qu'il n'est pas d'humain « au sens de la factualité anthropologique » – version naturaliste, thèse de Schaeffer qui en est une figure, et dont on voit qu'il ne peut que manquer la dimension métaphysique de l'homme – mais au sens « métaphysique et démonique ». C'est en réduisant en soi l'homme naturel que le sujet peut se mesurer au Malin Génie ou au démon, et en ce sens ce Cogito, dans son moment inaugural est tout sauf rassurant. Ce qui pointe dans le doute et le Cogito cartésien, c'est un projet d'un excès vers le « Rien ou l'Infini », d'un excès « débordant la totalité de ce que l'on peut penser », « la totalité de l'étantité et du sens déterminés », « la totalité de l'histoire de fait[67] » : dès lors, et notre analyse rejoint ici complètement celle de Derrida, l'entreprise de l'enfermer dans une structure historique déterminée (comme veut le faire Foucault, mais aussi comme veulent le faire les naturalistes et néo positivistes), en manque forcément l'essentiel. Et Derrida radicalise la conclusion, car ce

---

65 *Ibid.* p. 86.
66 *Ibid.* p. 86-87.
67 *Ibid.* p. 87.

qui menace, c'est bien une « violence de style totalitaire et historiciste qui perd le sens et l'origine du sens[68] ». Une philosophie sans excès qui la fonde, sans origine située avant le sens, avant le discours déterminé mais aussi avant la folie, est une philosophie objectiviste, retombe dans le naturalisme ou le scientisme qui manque l'essence humaine en l'enfermant dans la seule région de l'étantité, rendant impossible toute fondation du discours. La violence, c'est faire rentrer l'hyperbole, l'excès dans le monde : la violence, c'est la réduction à l'intra-mondanité, or cette violence, c'est ce qui « rend possibles toutes les camisoles de force ». Retour à l'envoyeur. Toute réduction de « l'exception humaine », pour reprendre l'expression de Schaeffer, de l'excès, de la source transcendante (au sens où elle échappe à l'étantité), ouvre la voie à l'objectivation de la folie. C'est donc la lecture de Descartes qui nous prémunirait contre le grand Renfermement. La violence, c'est la transgression de l'interdit cartésien. Si le cogito ne permet pas d'excéder la totalité, alors c'est la totalité qui a le dernier mot, or l'homme est un élément parmi d'autres de cette totalité, sans valeur propre, sans valeur excédante : cette pensée de la totalité a comme pendant ou comme penchant, le totalitarisme. L'erreur de lecture ne recèle pas seulement un danger, la résolution d'ignorer cet excès n'est pas seulement une violence, elles sont le corrélat de l'audace cartésienne, elles sont la conséquence de la trop grande peur qu'inspire cette ouverture sur l'être. Ce n'est pas une simple marque d'inattention à la lettre cartésienne, c'est un déni. C'est une volonté de puissance. C'est un penchant naturel à l'homme comme au philosophe, et c'est bien contre cette nature que s'élève le doute hyperbolique.

L'ARGUMENTATION DE DERRIDA. LE COGITO COMME EXCÈS HORS DU TOUT, CONTRE SA « RÉDUCTION » HISTORICISTE ET/OU NATURALISTE. LA CONFRONTATION À LA FOLIE À TRAVERS L'ARGUMENT DU MALIN GÉNIE

Derrida, avant d'entrer dans le vif de sa propre argumentation, rend manifeste la structure de celle de Foucault dans les questions de méthodologie préalables qu'il formule au seuil de son analyse.

Ces questions de méthodologie constituent la critique en creux adressée à Foucault, et à tout projet historiciste, particulièrement en ce qui concerne l'histoire de la philosophie elle-même.

68 *Ibid.* p. 88.

Son point de départ : les pages que Foucault consacre à Descartes au début du deuxième chapitre de l'*Histoire de la folie*. Il qualifie ce point de départ d'« infime », on peut aussi qualifier d'infime l'attention que Foucault porte à Descartes en terme de pages : mais en terme de symbole, ce passage sur la folie est considérable.

Point de départ apparemment infime, et qui pourtant selon Derrida recèle toute la philosophie foucaldienne : autrement dit contrer ces quelques pages de Foucault, c'est critiquer l'ensemble de l'œuvre. Ces pages seraient donc paradigmatiques des défauts de l'entreprise foucaldienne.

Hypothèse qu'avance Derrida :

> En prétendant – à tort ou à raison, on en jugera – que le sens de tout le projet de Foucault peut se concentrer en ces quelques pages allusives et un peu énigmatiques, en prétendant que la lecture qui nous est ici proposée de Descartes et du Cogito cartésien, engage en sa problématique la totalité de cette Histoire de la folie, dans le sens de son intention et les conditions de sa possibilité[69]…

L'enjeu est donc de taille : parvenir à montrer le lien entre l'analyse foucaldienne du texte des *Méditations*, et l'ensemble de l'entreprise foucaldienne. 1re étape de la démonstration. La 2e étape étant de critiquer cette lecture de Foucault, et par conséquent, d'atteindre, par cette critique, l'ensemble de l'*Histoire de la folie*. Reprenons donc la méthode que se propose Derrida. Démonstration en deux temps (qui seront mêlés, mais qu'il faudra dégager à l'intérieur de son texte en les mettant en regard du projet annoncé) :

- Montrer en quoi la critique foucaldienne de Descartes est emblématique de l'*Histoire de la folie* (mais à quel niveau ? Du point de vue de sa méthode ? De ses oublis ? De son parti pris ? De son impossibilité ? On est ici dans une discussion sur la structure même de la démonstration, nécessaire pour juger de la démonstration en elle-même).
- Montrer en quoi sa critique est légitime, en tant que telle : et si le point 1 est accepté, alors accepterons-nous d'étendre cette critique à l'ensemble de l'*Histoire de la folie* ?

69 Derrida, *op. cit.*, p. 52-53.

Voici la méthodologie proposée. À ce titre, Derrida met bien en place une démonstration d'ordre quasi mathématique, qu'il devra suivre. Sort-on du commentaire, ou n'est-ce qu'une méthode interne au commentaire ?

Derrida annonce deux séries de questions par lesquelles il va tenter de relever le défi ainsi posé :

> *l'interprétation* qui nous est proposée de l'intention cartésienne se justifie-t-elle ?

Première question dans laquelle deux termes sont à relever : d'abord « l'interprétation », souligné par l'italique, et que Derrida définit :

> un certain passage, un certain rapport sémantique proposé par Foucault.

Passage entre deux choses, dont on fera état dans un moment, mais qui évidemment suggère, aussi, en sa polysémie, le passage renvoyant à la rupture dont Descartes serait l'emblème, ou le paradigme, ou le précurseur : ce rôle de Descartes n'est pas non plus très clair, il faut se référer au texte de Foucault pour parler de ça. Rappelons ses termes :

> La Folie dont la Renaissance vient de libérer les voix, mais dont elle a maîtrisé déjà la violence, l'âge classique va la réduire au silence par un étrange coup de force.

Première expression, l'étrange coup de force. Tout de suite après, Descartes est nommé :

> Dans le cheminement du doute, Descartes rencontre la folie à côté du rêve et de toutes les formes d'erreur.

Rencontré en chemin, la folie est bien à côté. Puis plus loin, p. 57 :

> mais la folie est exclue par celui qui doute. Comme bientôt sera exclu qu'il ne pense pas, et qu'il n'existe pas. Une certaine décision a été prise, depuis les *Essais*.

Amusons nous à faire le même travail textuel à l'encontre de Foucault : la folie est exclue du doute, « mais quoi ce sont des fous ! », l'hypothèse est chassée au profit de l'argument du rêve. Elle serait exclue comme sera exclu le fait que je ne pense pas et que je n'existe pas.

Où voit-on cette exclusion, qui peut-être s'opère en creux, mais qui n'apparaît pas, sinon sur fond de l'évidence qui pose ce fait : je pense, je suis. Descartes n'a pas même à exclure le fait qu'il ne pense pas, puisqu'il y aurait contradiction à deux niveaux : première contradiction, la contradiction performative : je ne peux pas dire 'je ne pense pas', puisque dire 'je ne pense pas', c'est être et c'est penser. Je ne peux pas dire 'je ne dis pas', il y a contradiction entre l'énonciation, sa condition, et son contenu. Contradiction ontologique, si le langage est l'expression de la pensée et donc de l'être en tant que la pensée est être. Je ne peux dire je ne pense pas. Par conséquent, l'exclusion, si elle existe, a eu lieu avant. Elle peut bien en effet être logée dans l'exclusion première de la folie, qui inclut cette double exclusion (je ne pense pas, je ne suis pas), car la position de la folie pourrait s'exprimer en cette équation précise : je ne pense pas. Voilà le discours du fou, qui déréalise le sujet, qui montre l'éclatement du sujet. En effet, « comme expérience de pensée, la folie s'implique elle-même, et partant s'exclut du projet ». La folie en tant qu'expérience est folie et non plus pensée. La folie est au-delà d'une expérience, peut-être même est-elle à sa façon toute puissante, une totalité pleine, qui ne laisse pas de place à la raison. Cependant, le XVIe siècle dit Foucault faisait encore dialectiser folie et raison, et il n'était pas sûr que l'on ne soit pas fou ou en train de rêver. Les deux arguments étaient alors mis sur le même pied. Avec Descartes on a acquis une « certitude », et celui-ci la « tient solidement » : « la folie ne peut plus le concerner ».

Là est notre « passage », que signale Derrida :

> La problématique de la folie, écrit Foucault p. 58, – celle de Montaigne – est modifiée par là même. D'une manière presque imperceptible sans doute, mais décisive.

Modification, imperceptible mais décisive, passage. Autre expression employée par Foucault :

> Une ligne de partage est tracée qui va bientôt rendre impossible l'expérience si familière à la Renaissance d'une Raison déraisonnable, d'une raisonnable Déraison.

et plus loin :

> Entre Montaigne et Descartes un événement s'est passé : quelque chose qui concerne l'avènement d'une ratio.

Événement, avènement, quelque chose s'est passé, c'est ce quelque chose qui s'est passé qui définit le passage, ça s'est passé, c'est passé, c'est le passage.

Quant au rapport sémantique, il faut d'abord rappeler que la sémantique est une branche de la linguistique qui étudie les signifiés, ce dont parle un énoncé, et qu'on la distingue généralement de la syntaxe qui concerne le signifiant, ce qu'est l'énoncé. Sémantique est dérivée du grec *semantikos*, « signifié ». Les rapports sémantiques sont donc des rapports de sens, du sens des mots.

Passage et rapport sémantique articulent deux choses : – entre d'une part ce que Descartes a dit (et Derrida de corriger : ce qu'on croit qu'il a voulu dire), et d'autre part

> une certaine structure historiale pleine de sens, un certain projet historique total dont on pense qu'il se laisse indiquer en particulier à travers ce que Descartes a dit ou ce qu'on croit qu'il a dit ou voulu dire.

De quoi s'agit-il ? D'une part l'intention de l'auteur, qu'on ne peut que supposer à travers une étude serrée du texte, et d'autre part une structure historiale pleine de sens. Autrement dit la structure de l'histoire qu'on peut relever dans la préface de 1961 à l'*Histoire de la folie*[70], qui est faite d'exclusion inclusion, fondée sur une césure première ; et Derrida d'ajouter « un certain projet historique total ». Ici, ce qui nous intéresse est évidemment l'adjectif 'total', car dans l'économie du texte de Derrida, la question de la totalité est centrale, non seulement comme critique à l'encontre de Foucault, mais encore comme spécificité cartésienne, d'échapper à cette totalité. Autrement dit, si nous anticipons, le projet d'une histoire totale ou le projet total d'une histoire est le cadre dans lequel vient s'inscrire la lecture de Descartes, non seulement le cadre « total », à l'intérieur duquel le moment Descartes est par définition réduit à une étape, mais encore une idée de la totalité historique, au sein de laquelle nulle philosophie, et encore moins une philosophie de

70 *In Dits et Écrits* I, *op. cit.*, p. 187-195 ; Cette préface ne figure dans son intégralité que dans l'édition originale, *Folie et Déraison. Histoire de la folie à l'âge classique*, Paris, Plon, 1961, p. I-XI. À partir de 1972, elle disparaît des trois éditions.

la finitude, ne peut être interrogée originairement, ou naïvement, ou indépendamment de tout autre chose que d'elle-même. On sent pointer la critique : comment lire un texte avec non pas une méthode préalable, car la méthode après tout n'est qu'une forme vide, mais avec une idée générale, au sein de laquelle le texte doit venir s'inscrire ? C'est la raison pour laquelle Derrida appelle cela une structure historiale pleine de sens : structure préalable, et dès lors englobante, structure autre que celle du texte de Descartes, qui ne peut en être qu'un moment, qu'un exemple, enfin pleine de sens, c'est-à-dire un sens déjà décidé et à l'aune duquel interroger Descartes.

Quel est le statut de Descartes à cet égard ? Il est un indice, une indication : deuxième rabaissement du statut du texte cartésien, non seulement être un moment de l'histoire ou un révélateur de la structure, mais encore être un indice : ce projet historique total se laisse indiquer « en particulier » à travers ce que Descartes dit. Descartes comme trace, comme signe, comme emblème même pourquoi pas : ce qui semble empêcher une lecture authentique de Descartes, pour Derrida qui se revendique quelques lignes plus loin de la « lecture ». Et l'on sait déjà comment Foucault lui répondra dans « mon corps, ce papier, ce feu » : lecture fausse, invention de termes, présents uniquement dans la traduction et non dans l'original, « petite pédagogie » dont Derrida serait néanmoins le plus éminent représentant.

Une fois ceci posé, et avant même d'entrer dans le dialogue avec Foucault sur l'interprétation du texte de Descartes, Derrida déroule sa démonstration, en posant deux questions préalables, conséquences de ce qu'il vient d'affirmer. Si Descartes est le signe particulier de cette structure historiale, alors :

Si le signe n'est que signe, ne fait-il pas que corroborer l'hypothèse d'ensemble décidée au préalable et à l'aune de laquelle sera lu Descartes ? Autrement dit, que fait-on de ce signe ? Peut-on l'interpréter en tant que tel, ou par rapport à ce vers quoi il fait signe ou à ce de quoi il est signe ? « A-t-on bien compris le signe lui-même ? Autrement dit, a-t-on bien entendu ce que Descartes a dit et voulu dire ? » Comment comprendre un signe soi-même ? Cela semble déjà une forme de contradiction en soi. Dès lors qu'il est signe, il n'est plus lui-même, il a en tant que tel une figure d'extériorité inhérente à lui, une figure de renvoi à autre chose qu'à lui-même. Qu'est-ce que le signe en linguistique ? Tout simplement la réunion d'un signifiant et d'un signifié. Ici, on peut se demander s'il n'y a pas un petit glissement de sens sous la plume de Derrida : le passage de Descartes indique en particulier ce qu'il en est de la structure historiale, il est donc signe, mais il est aussi signe en tant que simple texte, ou ensemble de signes : c'est ce que Derrida entend lorsqu'il écrit, p. 53 :

> Cette compréhension du signe en lui-même, dans sa matière immédiate de signe.

Certes la compréhension du signe en tant qu'ensemble de signifiants et de signifiés c'est-à-dire en tant que texte autonome, est la première étape d'une herméneutique. Mais il faut revenir sur l'ambivalence du mot signe, juste après avoir parlé d'indication, ou du fait qu'à travers Descartes se laissait indiquer ce projet historique total. Le signe en tant qu'indication n'empêcherait-il pas la lecture du signe en tant que texte ? Il va de soi que c'est dans ce sens que va pencher Derrida, et que son travail littéraire aussi bien que philosophique, nous mène inconsciemment sur le chemin de cette interprétation. Passer ensuite à une herméneutique, c'est passer au signifié. Et de rappeler une lapalissade, mais qu'il revendique comme fondement de son travail philosophique – même si la formulation pourrait à première vue passer pour une provocation à l'égard de Foucault :

> Quand, d'une façon générale, on essaie de passer d'un langage patent à un langage latent, il faut qu'on s'assure d'abord en toute rigueur du sens patent.

et Derrida renvoie immédiatement à Freud, et cite Ferenczi :

> Le contenu latent d'un rêve (et d'une conscience en général) ne communique avec le contenu manifeste qu'à travers l'unité d'une langue ; d'une langue que l'analyste doit donc parler le mieux possible.

Et là Derrida aborde un point important, le point du langage, si crucial dans l'entreprise foucaldienne :

> l'insécurité ou l'insuffisance de l'analyse n'est-elle pas principielle ou irréductible ? Et l'historien de la philosophie, quels que soient sa méthode et son projet, n'est-il pas livré aux mêmes menaces ? Surtout si l'on tient compte d'un certain enracinement du langage philosophique dans le langage non-philosophique.

En effet langage ordinaire et langage philosophique utilisent les mêmes mots, ce qui en démultiplie la polysémie et donc l'imprécision, problème qui n'est pas étranger à Descartes qui en fait état à plusieurs reprises[71]. Mais on ne peut s'empêcher de songer à Foucault et à cette recherche d'un langage qui pourrait dire la folie qui lui est pourtant essentiellement irréductible : il exclut de ce fait et le langage familier et le langage philosophique qui appartiennent tous deux à la même branche, et sont la manifestation du primat de la raison sur la folie. Et pourtant, il semblerait que ce soit le langage poétique, c'est-à-dire entre le familier et l'étrange puisqu'il brusque le familier, un langage non philosophique, qui s'approche le plus d'une expression parfaite. Néanmoins le langage est déjà un piège, d'où sa préférence pour la peinture.

L'exemple que donne Derrida est intéressant :

> il faut par exemple, que l'analyste parle d'abord la même langue que le malade.

À ce propos, on pourra songer à de nouvelles formes de thérapies que sont l'ethno-psychiatrie : plusieurs psychanalystes d'origines différentes traitent ensemble des patients venant d'une autre culture. Néanmoins, le langage commun demeure celui de l'inconscient. À ce titre, on peut dire que la grille d'analyse est trans-culturelle, même si elle appartient de fait à une certaine culture, la culture occidentale où est née la psychanalyse.

Passons maintenant à la

> deuxième implication de la première question : l'intention déclarée de Descartes une fois entendue – comme signe – a-t-elle avec la structure historique totale à laquelle on veut la rapporter le rapport qu'on veut lui assigner ? A-t-elle la signification historique qu'on veut lui assigner ?

On sort ici en quelques sorte de la clôture du texte, pour lui assigner un sens historique, autrement dit une place dans une analyse plus globale. Mais dès lors qu'on assigne une place historique à un texte, n'en réduit-on pas la portée, en l'inscrivant dans sa simple historicité,

71 Par exemple A.T., IX, 25, où Descartes analyse le morceau de cire et écrit : « Cependant je ne me saurais trop étonner quand je considère combien mon esprit a de faiblesse, et de pente qui le porte insensiblement dans l'erreur. Car encore que sans parler je considère tout cela en moi-même, les paroles toutefois m'arrêtent, et je suis presque trompé par les termes du langage ordinaire… »

ou historialité, c'est-à-dire en épuisant son sens dans ce qu'il doit à la progression ou à l'évolution d'une pensée qui n'est pas seulement la sienne. Ou encore, n'est-on pas en train de lui assigner une place dans une chaîne causale globale, qui sans lui faire perdre sa spécificité en tant que place à l'intérieur d'une histoire, lui ferait néanmoins perdre sa singularité en tant que transcendant l'histoire. On a là deux points de vue qui vont s'affronter : le point de vue historiciste, auquel Derrida veut réduire Foucault, et le point de vue transcendant, qui tend à arracher de l'histoire une pensée, comme ne lui étant pas inféodée, et dès lors comme étant transhistorique. On remarquera encore une fois le parallèle avec la structure même des *Méditations* : elles s'inscrivent en effet dans une chaîne de causalité qu'on ne nommera pas histoire puisque cette causalité est entièrement rationnelle au sens d'une raison logique, (et non d'une raison de l'histoire), mais elles la transcendent par les principes que cette chaîne causale met au jour, et qui en retour la fondent. Il en serait de même pour Descartes au sein de l'histoire de la philosophie : certes il s'inscrit dans cette histoire, mais il la déborde par la découverte du cogito. Sa philosophie dogmatique sera en effet récupérée par l'histoire de la pensée : elle fait histoire, elle fait étape, mais son échappée hors du dogme par le cogito issu du duel avec le Malin Génie, c'est-à-dire aux yeux de Derrida de la folie la plus totale, est irrécupérable en tant que telle par l'histoire de la pensée. Elle est ce qu'on appelle un commencement. Un commencement absolu. Commencement absolu qui surgit de la déréalisation radicale du monde, de la possibilité d'une folie radicale. C'est ce que Badiou admirait chez Descartes, dans un texte où il s'insurge contre l'historicisme et le tribunal de l'histoire de la philosophie qui juge la philosophie, annihilant par là-même tout geste de renouveau, de refondation radicale. Badiou milite pour la fin de la fin de la philosophie :

> Je propose d'arracher la philosophie à cet impératif généalogique. Heidegger pense que nous sommes historialement régis par l'oubli de l'être, et même par l'oubli de cet oubli. Je proposerai pour ma part un violent oubli de l'histoire de la philosophie, donc un violent oubli de tout le montage historial de l'oubli de l'être. Un « oubliez l'oubli ». Cet impératif d'oubli est une méthode, et nullement, bien entendu, une ignorance. Oublier l'histoire, cela veut dire d'abord prendre des décisions de pensée sans se retourner vers un supposé sens historial prescrit par ces décisions. Il s'agit de rompre avec

> l'historicisme pour entrer, comme le faisaient un Descartes ou un Spinoza, dans une légitimation autonome du discours[72].

Ainsi, l'entreprise foucaldienne, aux yeux de Derrida, serait une entreprise historiciste, historisante, qui voile le sens du geste cartésien, et son unicité, à savoir d'être un commencement. On pourrait répondre qu'il s'agit bien d'un nouveau commencement pour Foucault, puisqu'il est concomitant avec l'exclusion des fous à l'hôpital général. Autrement dit, geste d'exclusion comme nouveau commencement. Mais aucune exclusion ne peut être authentiquement commencement dès lors qu'elle a besoin de ce qu'elle exclut pour se fonder. Il semble en être tout autrement pour le cogito cartésien selon la lecture derridienne. Le cogito n'est pas exclusion, il ne se définit par rapport à rien d'autre que lui-même, mais dans cette fulgurance, qui précisément ne le relie à rien. C'est ce fait de n'être relié à rien, ni à son autre, ni au tout, d'en sortir, de lui échapper, qui marque son caractère de commencement, son caractère an-historique. On retrouve la grande question cartésienne du commencement ; qu'est-ce que commencer ? C'est-à-dire qu'est-ce que se soustraire à une chaîne de raisons, ou à une chaîne d'événements, ou à une histoire, sans pour autant sortir de l'histoire ? C'est là la structure même du cogito, qui ne peut avoir lieu qu'au sein de l'histoire, d'abord de l'esprit cartésien dans le *Discours de la méthode*, ensuite dans la temporalité non historique mais essentielle des *Méditations*. Comment commencer dans le temps ? Tel est le défi que relève Descartes avec le cogito : il est hors temps, il est instant, qui ne se relie pas avec ce qui le précède. La question sera de savoir ce qui le relie avec ce qui suit. Et encore une fois cela engage toute le problème du temps chez Descartes, extrêmement problématique au vu de la théorie de la création continue, selon laquelle le temps serait insufflé par Dieu à chaque instant, chaque instant n'étant pas intrinsèquement reliés au suivant ni au précédent : seule la volonté de Dieu crée le lien entre les instants et fait temps.

Mais d'un autre côté, toute la philosophie cartésienne est une philosophie du temps, temps naturel et temps métaphysique, dans la ressaisie subjective de ce temps. Or le cogito, qui peut autrement être nommé conscience, est précisément la conscience de ce temps. On pourra alors s'interroger sur la structure objective du temps (discontinuité), et la

---

72 Alain Badiou, *Conditions*, éditons du Seuil, 1992, p. 59.

structure subjective du temps (conscience de la durée comme condition d'identité à soi-même), ce qui nous renvoie évidemment à la question de la folie, dont on a dit ici, en s'appuyant sur l'analyse de Foucault dans « Mon corps, ce papier, ce feu », texte qui nous occupera par la suite, qu'elle pouvait être conçue comme discontinuité, condition d'impossibilité de penser, c'est-à-dire condition d'impossibilité d'être identique à soi-même, c'est-à-dire, condition d'impossibilité d'être sujet. Cette condition de pensée, que serait la non-folie, dégage en creux l'espace d'une subjectivité consciente d'elle-même dans une temporalité subjective. Il faudrait donc s'interroger sur cette forme de contradiction qu'il y a entre ces deux approches de la temporalité. Une piste dès à présent : la question de la mémoire chez Descartes, qui n'est pas thématisée dans son œuvre, mais qui est partout présente (la pensée du nourrisson, le récit de la vie, la possibilité même de méditer sur six jours en reprenant le fil là où il a été laissé à l'issue de chaque journée de méditation). Si le cogito échappe à l'histoire, comment peut-il fonder une histoire, ne serait-ce que celle de la vie individuelle, l'auto-biographie, en cela radicalement autre que la biographie ? Si le cogito ne s'adosse à rien d'autre qu'à lui-même, comment penser sa temporalisation, son épaisseur, non seulement ce « toujours » de la chose qui pense, et qui pense toujours, mais la temporalisation d'un toujours qui ne soit pas seulement un présent répété ? Comment rendre compte de la continuité à soi de l'homme qui fut nourrisson ? Comment faire le lien entre cette pointe hors du tout, et ce qu'elle est à même de narrer, de raconter, de ressaisir : comment l'écriture philosophique de Descartes entretient-elle un lien à sa découverte, le cogito, qui semble se clore dans son auto-proclamation ? Quel lien tisser entre le cogito et l'histoire d'une pensée individuée, son cheminement ? Comment penser un cogito qui se temporalise et un cogito qui surgit dans l'instant ?

Le temps a évidemment ici à voir avec l'histoire, et ce qu'il en est de l'histoire. Au fond, on a ici dans le débat entre Foucault et Derrida, la manifestation même d'un point central mais problématique chez Descartes qui est celui du temps. Si Foucault a raison, alors la question du temps est réglée, il n'y a pas de transcendance au temps, pas de fondement du temps non plus, le sujet lui est inféodée. S'il a tort, la pensée cartésienne n'a pas qu'un sens historique au sein d'un projet total, elle a un sens qui transcende l'histoire.

Revenons alors au texte. La question que pose Derrida se divise elle-même en deux questions :

– A-t-elle (l'intention déclarée de Descartes) la signification historique qu'on veut lui assigner, a-t-elle cette signification, telle signification historique que Foucault veut lui assigner ?

Ici on admet donc qu'elle a une signification historique, et l'on se pose la question de savoir laquelle : celle que lui assigne Foucault est-elle légitime ? Mais cette question repose sur un réquisit que vient mettre en cause la deuxième question :

– A-t-elle la signification historique qu'on veut lui assigner ? Cette signification s'épuise-t-elle en son historicité ? Autrement dit, est-elle pleinement et de part en part historique au sens classique de ce mot ?

On comprend ici que le problème n'est pas tant dans un premier temps de savoir si l'interprétation de Foucault est juste, mais si le point de départ, le réquisit, le projet lui-même est juste. Or si le projet peut être remis en cause, c'est la lecture d'un point de vue historique du texte de Descartes qui peut être mise en cause. Cette lecture devient alors elle-même historique, c'est-à-dire inféodée à un sens qui la précède, à une vision globale dans laquelle elle s'inscrit, sans indépendance aucune. Le sens de l'histoire précède la lecture du texte, et le texte est intégré au sein de cette histoire même, dès lors, il y a un parti pris évident de lire ce texte comme historique. L'interprétation du texte de Descartes est commandée par le projet global, n'est-il pas alors inévitable qu'il en manque le sens ? Autrement dit, il y aurait une décision de Foucault, décision inconsciente, non formulée, de réduire le texte cartésien à son sens historique, et non pas à « son sens » historique pour reprendre les italiques de Derrida, mais à un « sens historique », c'est-à-dire qui le dépasse tout en en effaçant la singularité.

Derrida annonce plus loin, dans une nouvelle série de questions, qu'il abordera le cogito, non plus en soi, mais comme « l'index d'une problématique plus générale ». Ici, il faudra opposer sens historique global, et problématique plus générale. Comme on devra opposer l'indication que le passage de la folie semble être dans le texte de Foucault, et l'index qui est le mot utilisé par Derrida. Qu'est-ce que l'index d'une problématique ? Ce qui renvoie à d'autres mentions, autres mentions qui peuvent bien appartenir à l'histoire, mais qui comme telles ne sont pas historiques : déploiement anachronique de l'index, il indique, mais non pas en dehors de lui-même, il organise un système de renvoi trans-temporel, ce n'est pas un symbole, ni une simple flèche, ou un signe (et cette fois au sens non linguistique du terme), il fait toile, il crée un système d'échos au-delà de la trame historique. Ainsi, l'index n'empêcherait pas une lecture singulière, et au cœur même de la clôture du texte : au contraire, cette lecture en serait une condition de possibilité, cette lecture participerait de l'index dans la mesure même où c'est à partir d'elle que pourra se mettre en place le système de réseau. C'est pourquoi il ne semble pas y avoir contradiction entre la première série de questions et la deuxième qu'annonce maintenant Derrida :

> et ici nous déborderons un peu le cas de Descartes, le cas du Cogito cartésien que nous n'examinerons plus en lui-même, mais comme l'index d'une problématique plus générale) : est-ce que, à la lumière de la relecture du Cogito cartésien que nous serons conduits à proposer (ou plutôt à rappeler car je le dis tout de suite, elle sera d'une certaine façon la lecture la plus classique, la plus banale, même si elle n'est pas la plus facile), il ne sera pas possible d'interroger certaines présuppositions philosophiques et méthodologiques de cette histoire de la folie ?

Ici, changement de perspective, la lecture foucaldienne du texte de Descartes doit nous révéler en creux les présuppositions philosophiques du projet de Foucault, du projet de cette histoire de la folie, et à l'intérieur du projet, des décisions méthodologiques. Autrement dit, la lecture du texte de Descartes par Foucault doit à la fois nous révéler en ce qu'elle ne dit pas, la singularité du texte de Descartes ; et en même temps, nous révéler le projet de Foucault en ce qu'il tait, à savoir ses présupposés philosophiques et méthodologiques, autrement dit, le cogito est à la fois index pour d'autres échappées hors de la philosophie, échappées qui mettent à mal toute entreprise d'analyse historiale, et révélateur du texte de Foucault, en tant qu'analyse historiale, et donc historiciste. Analyse historiciste qui prétend pourtant faire l'histoire de l'an-historique, à savoir de la folie.

Néanmoins Derrida restreint aussitôt le champ de sa critique, ce qui revient à accorder à Foucault un excès d'analyse sur une simple entreprise historique totale, et par là, il rejoint par un autre biais le projet foucaldien qu'il réinsère sous l'égide de Pascal et de « son autre tour de folie », retrouvant sous le projet écrit, le projet originaire, auquel lui, Derrida, par sa lecture de Descartes, serait finalement plus fidèle[73].

Ainsi, que ce soit la critique foucaldienne de Descartes : je ne peux pas être fou, ou celle néo-naturaliste, de J.M. Schaeffer, je ne peux rendre compte de la folie qui ne peut qu'être étudiée de l'extérieur, l'étau semble se resserrer pour reprocher à Descartes de ne point pouvoir penser la folie, impossibilité qui remettrait en cause la validité du cogito lui-même. Mais l'argument scientiste se fonde sur un préalable qui a déjà exclu la possibilité du cogito, et qui pourtant en part, dans une ignorance parfaite de ses présupposés. Dès lors que c'est l'autre que le fou qui dit la folie, le cogito est confirmé. Encore une fois, tout discours scientifique qui voudrait invalider la philosophie cartésienne ne fait que révéler son originalité profonde et l'interdit dont elle a frappé le discours scientifique. La science se révèle à nouveau dans sa dimension totalitaire, ce que le cogito cartésien était pourtant censé empêcher aussi bien moralement que métaphysiquement. De l'autre côté, ressaisir l'argument cartésien au sein d'un projet historial, c'est aussi le réduire à un moment, et réduire la part an-historique du cogito, le réinscrire dans une stratégie, une volonté de puissance, une prise de pouvoir – celle de la raison en l'occurrence, et dès lors en manquer la singularité. Pour autant, nous n'avons pas fini d'interroger l'argument de la folie, dont on voit qu'il continue de résister à la démonstration cartésienne.

73 Jacques Derrida, « Cogito et Histoire de la folie », in *L'écriture et la différence*, 1967, éditions du Seuil, Points Seuil, p. 54-55 : « *Certaines* seulement, parce que l'entreprise de Foucault est trop riche, elle fait signe dans trop de directions pour se laisser précéder par une méthode ou même par une *philosophie*, au sens traditionnel de ce mot. Et s'il est vrai comme le dit Foucault, comme l'avoue Foucault citant Pascal que l'on ne peut parler de la folie que par rapport à cet "autre tour de folie" qui permet aux hommes de "n'être pas fous", c'est-à-dire par rapport à la raison, il sera peut-être possible non pas d'ajouter quoi que ce soit à ce que dit Foucault, mais peut-être de *répéter* une fois encore, dans le lieu de ce *partage* entre raison et folie, dont Foucault parle si bien, le sens, un sens de ce Cogito, ou *des* "Cogito", car le Cogito de type cartésien n'est ni la première ni la dernière forme du Cogito [où l'on voit l'explicitation de ce qu'il entend par *index*] ; et d'éprouver qu'il s'agit là d'une expérience qui, en sa plus fine pointe, n'est peut-être pas moins aventureuse, périlleuse, énigmatique, nocturne et pathétique que celle de la folie ; et qui lui est, je crois, beaucoup moins *adverse* et accusatrice, accusative, objectivante que Foucault ne semble le penser. »

INVALIDITÉ DE L'ARGUMENT SCIENTIFIQUE SUR LA FOLIE : DISTINCTION ENTRE CONNAISSANCE « SCIENTIFIQUE » DES CHOSES ET CONNAISSANCE DE SOI. DÉCOUVERTE DE L'INFINI ET DE L'INDÉFINI

Il y a un autre point qui permet de comprendre que Descartes distingue la connaissance des choses et la connaissance de soi. Ou pour reprendre la terminologie foucaldienne, la connaissance scientifique et la connaissance spirituelle. En effet, Descartes appartient à l'ère de la science moderne, le monde ne possède plus sa cohérence propre et s'il est rationnel, cette rationalité ne lui est plus inhérente. Dès lors, s'il y a vérité à connaître, elle n'appartient pas à un univers au point de vue duquel il faudrait se hisser. L'idéal stoïcien n'est plus de vigueur. Le christianisme a, avant même la révolution copernicienne et galiléenne, attaqué le principe de rationalité qui garantissait à l'homme antique son autonomie. Cette raison n'est fondée en dernier ressort que sur la grâce de Dieu, elle n'est pas l'ultime référent, le point d'Archimède, ni la garantie d'une connivence entre l'homme et le monde. Raison pour laquelle la connaissance scientifique est désormais scindée de la connaissance spirituelle, celle-ci pouvant fonder celle-là, mais celle-là n'ayant aucune homogénéité avec celle-ci. On comprend la double structure de la connaissance chez Descartes : la scientifique, dont le critère d'évidence trouve son modèle dans le cogito, mais qui n'en fonde pas la réalité ; la connaissance de l'être, qui opère en effet une sorte de conversion, et qui vient fonder la connaissance scientifique, mais de façon tout à fait contingente. L'examen de soi-même, cher aux Grecs, Descartes le déplace, comme il déplace la ligne de démarcation entre le monde et soi : il ne s'agit plus d'un extérieur et d'un intérieur. Il n'y a plus qu'intériorité, l'extériorité n'étant garantie que par l'expérience métaphysique, cette expérience qui précisément fait sortir de soi, et donc accéder à l'être. Pour se connaître soi-même, il faut sortir du monde, il faut faire sortir le sujet du monde, il faut que le sujet accède à son être, qui lui-même ne relève pas des lois mathématiques, des lois physiques, des lois du monde. Se connaître, pour Descartes, c'est sortir du monde, c'est sortir de soi-même comme être du monde, et c'est pourtant en se servant de cette connaissance de soi-même comme être du monde, en inscrivant son parcours dans cet être du monde, qu'il parviendra dans un retournement sublime, à montrer que le sujet comme être pensant, est celui-là même qui échappe au monde, et qui sanctionne le divorce définitif entre l'univers et lui-même. Le sujet, c'est le nouveau point d'Archimède d'un univers à la dérive. Or ce point doit nécessairement lui être extérieur[74].

On voit donc la subtilité de l'intrication entre un sujet incarné et un sujet qui le fonde, entre un esprit qui désormais échappe au monde, et un corps qui lui appartient mais qui est toujours déjà appréhendé par l'esprit qui perçoit. Le sujet du monde doit se transformer pour accéder à son être même. N'est-ce pas là l'une des conditions du « savoir spirituel[75] » ? Certes, cette connaissance ne concerne que l'être du sujet et non pas l'être des choses, et encore s'agit-il d'une connaissance non scientifique, mais bien éprouvée comme conjonction entre pensée et être. Mais c'est bien qu'entre les deux, la séparation est consommée. Le sujet n'a plus de place dans le monde. Il devient centre d'un univers sans centre, il se pose au dehors, c'est la révolution copernicienne déjà clairement à l'œuvre chez Descartes. Dès lors, un cran d'arrêt est mis à ce savoir spirituel qui implique que l'univers contienne une vérité, et que l'homme y ait sa place.

La vérité métaphysique n'est point en l'univers : Je échappe aux lois homogènes de l'espace. Mais il en est une autre, puisque Dieu aussi lui

74 On pense à la version pascalienne des *deux infinis* : dualité des espaces, en ce que le monde naturel est illimité et que tout point peut y être considéré arbitrairement comme centre ; il n'y a plus de privilège de lieu naturel dans la mesure où le point de référence se perd dans l'infinité de l'homogène, tandis que l'espace surnaturel est centré sur Jésus-Christ, qui nous rend notre assiette et notre repos. Chez Descartes, le lieu de référence, ou l'assiette, le point est aussi extérieur à l'espace homogène et géométrisé ; s'il n'est pas en Jésus-Christ, il est doublement dans le cogito et en Dieu. Le lieu, c'est l'être en tant qu'il est expérimenté. Cette dualité des principes permet d'asseoir la finitude de l'homme en ce qu'il est à la fois le lieu de l'immanence radicale et de la transcendance. C'est à ce point de jonction que se découvre l'être ou l'existence de Dieu, garant du cogito. Mais le cogito est un point hors du tout, indépendamment même de l'existence de Dieu, en ce qu'il se découvre une fois le tout mis entre parenthèse. *Cf.* aussi Michel Serres, *Le système de Leibniz et ses modèles mathématiques*, P.U.F, 1968, Troisième Partie, « le point fixe », p. 647-810.

75 Dans *L'herméneutique du sujet*, p. 295, Foucault résume les quatre conditions du savoir spirituel : le déplacement du sujet « soit qu'il monte jusqu'au sommet de l'univers pour le voir dans sa totalité, soit qu'il s'efforce de descendre jusque dans le cœur des choses. » ; la valorisation des choses à partir de leur réalité à l'intérieur du *cosmos* ; la possibilité pour le sujet de se voir lui-même ; la transfiguration du mode d'être du sujet par l'effet du savoir « l'effet de ce savoir sur le sujet est assuré par le fait qu'en lui, le sujet non seulement découvre sa liberté, mais trouve dans sa liberté un mode d'être qui est celui du bonheur et de toute la perfection dont il est capable. »

est extérieur : la théorie de la création des vérités éternelles et celle de la création continue en font foi. La transcendance est absolue, aucune commune mesure ne rapproche l'univers créé et Dieu le créateur, ni l'entendement divin et sa volonté. Dès lors, il ne s'agira pas tant pour le sujet de se transformer dans son être que de se convertir : la connaissance abstraite n'exige pas de conversion, en revanche, elle peut être elle-même mise en doute. La possibilité de douter des essences est la preuve la plus parfaite d'une scission fondamentale entre la connaissance théorique et la connaissance métaphysique. Il y a solution de continuité : la connaissance théorique des essences ne mène pas à la connaissance métaphysique qui sera expérience. Le doute des *Méditations*, contrairement à celui du *Discours* s'attaque à la sphère des essences, qui dans un pur idéalisme rationaliste, garantirait l'accès à la connaissance, la sortie de la caverne et la communauté avec les vérités éternelles. Or chez Descartes, il sera une évidence plus grande que l'évidence mathématique ou que l'évidence des essences : comme pour la liberté, il existe, nous l'avons vu des degrés dans l'évidence. Or cette différence de degré entre ces évidences trouve son expression cosmologique dans la réticence de Descartes à affirmer l'infinité de l'univers et à préférer au terme d'infini celui d'indéfini, pour préserver à Dieu seul l'infini positif[76]. Il n'y a pas, en effet, d'analogie entre Dieu et le monde. L'évidence de l'Idée d'infini sera autre que les idées claires et distinctes des essences mathématiques, ne serait-ce que parce que cette idée est claire, mais pas distincte, puisqu'il n'y a de distinction qu'entre des idées et que relativement à d'autres idées. Or l'idée de Dieu, c'est l'infini, l'infini ne peut être distingué d'autre chose, il englobe tout. Aussi cette idée est-elle absolument singulière, elle n'est le modèle de rien d'autre que d'elle-même, celle d'une transcendance de la pensée, puisque celle-ci ne peut que diviser, analyser : si elle peut analyser l'indéfini, elle ne peut logiquement analyser l'infini qui est premier et positif, raison pour laquelle l'infini ne peut être pensé,

76 Lettre à Morus du 5 février 1649 : « Ce n'est pas par affectation de modestie, mais par une prudence à mon avis, nécessaire, que je dis de certaines choses qu'elles sont indéfinies plutôt qu'infinies. De Dieu seul, en effet, je conçois positivement qu'il est infini ; des autres choses, comme de l'étendue du monde, du nombre des parties en lesquelles la matière est divisible, etc. si elles sont simplement infinies ou non, j'avoue que je l'ignore. Je sais seulement que je ne reconnais en elles aucune limite ; en conséquence, je dis qu'à mon égard elles sont indéfinies. », *in* Descartes, *Œuvres*, éd. A. Bridoux, Gallimard, Bibliothèque de la Pléiade, 1946, p. 1317, A.T., V p. 274.

est l'autre de la pensée, est l'échec de la pensée, et dans cet échec, est éprouvé, perçu, entendu, mais non compris. Dans l'épreuve de cette idée d'infini, le moi se saisit à la fois comme être capable d'entendre l'infini, mais incapable de le comprendre et dès lors comme sujet fini. La différence entre ces deux évidences est d'un degré : si l'évidence de Dieu est première, celle des idées claires et distinctes n'a de validité que dans la mesure où Dieu n'est pas trompeur, ce qu'il ne peut être puisqu'il est totalement, absolument – l'erreur ne venant que d'un manque d'être – elle passe donc par l'évidence du Dieu véridique. Ainsi, que le carré ne fut pas rond ou que deux et deux ne fassent pas cinq nous semble évident, mais cette évidence est contingente. Seul l'infini divin ne l'est pas : seule l'évidence de l'Infini divin contient en elle la marque même de sa véracité. L'infini de Dieu n'est donc pas comparable à l'infini de l'univers. Pourtant, Descartes est sans doute le premier à l'affirmer, conséquence de son rêve de *reductione scientiae ad geometriam*. Certes, cette géométrisation de l'univers était en marche dans l'œuvre de Galilée, lequel pourtant n'a jamais « pris le parti de rendre son monde infini[77] », mais Descartes la pousse à son terme (et sans doute au-delà), en faisant du monde un monde mathématique strictement uniforme, et identifiant l'espace et la matière, laquelle ne contient qu'étendue et mouvement. On peut se référer aux articles 21 et 22 des *Principes de la philosophie*, où jamais il n'utilise le terme d'infini et lui préfère celui d'indéfini :

> Nous saurons aussi que ce monde, où la matière étendue qui compose l'Univers, n'a point de bornes pour ce que, quelque part où nous en veuillons feindre, nous pouvons encore imaginer au-delà des espaces indéfiniment étendus[78]...

---

77 Alexandre Koyré, *Du monde clos à l'univers infini*, p. 115-155. Galilée aurait reculé devant l'affirmation d'un Univers infini pour différentes raisons : on peut en premier lieu supposer que la condamnation de Copernic en 1616, et sa propre citation par Bellarmin « l'aient incité à pratiquer la vertu de prudence. » (p. 126) « Mais il est également possible, et même très probable, que ce problème, comme d'une façon générale, les problèmes de cosmologie et même de mécanique céleste, ne l'aient pas trop intéressé. » « Il se peut donc que, comme Copernic lui-même, il n'ait jamais soulevé la question et partant n'ait jamais pris le parti de rendre son monde infini, bien que cette décision soit impliquée dans la géométrisation de l'espace dont il fut l'un des principaux promoteurs. Certains traits de sa dynamique, le fait qu'il ne put jamais se libérer entièrement de l'obsession de la circularité – ses planètes tournent autour du Soleil sans jamais développer dans leur mouvement de force centrifuge – semblent indiquer que son monde n'était pas infini. » p. 126-127.

78 *Principes de la philosophie*, § 21.

Le qualificatif d'infini s'applique à Dieu seul, quand l'univers est indéfini. Et Descartes de préciser « qu'il ne faut pas tacher de comprendre l'infini, mais seulement penser que tout ce en quoi nous ne trouvons aucunes bornes est indéfini[79]... ». Homogénéisation de l'espace, transcendance de l'infini : lorsqu'on parle ici de transcendance, il s'agit d'une sortie hors de la pensée, ce qui échappe à la pensée, son autre, l'altérité de la pensée, et dès lors ce qui est hors : hors de l'espace, hors de l'esprit.

À travers ce choix d'une distinction entre deux termes, s'expriment de façon éclatante non seulement la distinction radicale entre Dieu et l'univers (distinction qui est d'appréhension : je connais l'univers, la matière étant divisible à l'infini, je ne comprends pas l'Infini par essence indivisible), et par conséquent la contingence essentielle de l'univers même si on peut en connaître les lois dans la seule mesure où Dieu ne nous trompe pas ; mais encore la différence entre un infini conceptuel et un infini positif qui ne peut être saisi par l'entendement, qui ne peut être compris même s'il peut être connu. Cette connaissance définit un certain type de rapport à l'être qui ne passe pas par l'entendement pur, qui ne passe pas par la théorie, mais qui doit s'expérimenter. C'est cette évidence qui est première, étrange évidence en réalité que cette connaissance incomprise. Que connaissons-nous sans le comprendre et qui pourtant s'impose à nous dans sa positivité ? Précisément l'infini, précisément Dieu, précisément ce qui nous transcende mais doit être en quelque manière immanent, sans quoi nous ne le connaîtrions même pas. Quant à l'univers infini ou indéfini, il se règle sur des lois identiques qui en disent l'uniformité. Dès lors il n'y a rien à comprendre, ou plutôt ces lois sont aisément comprises, elles ne font pas mystères, elles sont claires et distinctes, elles abolissent la possibilité d'autres mondes, elles uniformisent le ciel et la terre[80]. Si tout ce qui est à penser, à connaître et à comprendre devient uniforme et relève d'une évidence par le biais des idées claires et distinctes, il existe un autre plan, qui ne peut faire l'objet d'une distinction, et dont l'infini n'a pas de commune mesure avec l'infini d'un univers créé, de la même manière que le Créateur n'a pas de commune mesure

79 *Ibid.* part I, § 26.

80 *Principes de la philosophie*, § 22 : « La terre et les cieux sont faits d'une même matière et il ne peut y avoir plusieurs mondes. »

avec sa Création – excepté par l'esprit[81]. L'infini de la science, c'est ce mauvais infini, ou plus précisément la mauvaise infinité qu'Hegel définit dans l'*Encyclopédie* :

> Quelque chose devient un Autre, mais l'Autre est lui-même un Quelque chose, donc il devient pareillement un Autre et ainsi de suite, à l'infini. Cette infinité est la mauvaise ou négative infinité en tant qu'elle n'est rien d'autre que la négation du fini, qui, cependant, renaît aussi bien, par conséquent, tout aussi bien n'est pas supprimé[82].

Mauvaise infinité que dénoncera Levinas dans *Du Dieu qui vient à l'idée*, immanence dans laquelle s'englueront scientisme, néo-positivisme, structuralisme, et que le désintéressement pourrait interrompre, en revenant à l'idée de Dieu, comme celle d'un idéat qui excède l'idée, comme celle d'une ouverture à l'infini qui vaut transcendance. Et usant de la métaphore de la découverte de la lune, symbole factuel du désarroi entrevu par Pascal mais identifié par Descartes dans l'uniformisation et la mathématisation de l'espace, il conclut :

> la nouvelle condition d'existence dans l'apesanteur d'un espace « sans lieu », est encore éprouvée par le premier homme qui y est lancé comme un ici, comme le même sans altérité véritable. Les merveilles de la technique n'ouvrent pas l'au-delà où naquit la Science, leur mère ! Point de dehors dans tous ces mouvements ! Quelle immanence ! Quel mauvais infini ! [...] Le mauvais infini procède d'une pensée incomplètement pensée d'une pensée de l'entendement. Mais la pensée d'au-delà de l'entendement est nécessaire à l'entendement lui-même[83].

Propos on ne peut plus cartésien.

On comprend qu'avec les *Méditations*, l'objectif ne soit pas scientifique, ne soit pas de compréhension ni d'appréhension des essences, mais bien d'une conversion du sujet. Et nous retrouvons notre dialogue avec Foucault :

---

81 Alquié le résume ainsi, dans *La découverte métaphysique de l'homme chez Descartes* : « l'indéfini, en effet, si, sur le plan de la représentation, il paraît dépasser la pensée, qui n'y aperçoit pas de bornes, lui est ontologiquement inférieur ; même sans limites, le Monde n'est pas Dieu. » p. 214.

82 Hegel, *Encyclopédie*, édition de 1827 et 1830, éd. Lasson, trad. B. Bourgeois, paragraphes 93-94, p. 357.

83 Levinas, *Du Dieu qui vient à l'idée*, Vrin, 1982, éd. Poche 1992, p. 25.

> Le contenu des *Méditations*, écrit Alquié, ne saurait donc être livré à une intellection purement abstraite, la difficulté est moins de comprendre que de convertir son esprit, ce qui ne se peut faire que par un effort prolongé dans le temps[84].

Alquié a cet art de la synthèse et la fulgurance de l'expression, réunissant en cette simple phrase les deux motifs qui nous occupent : distinction entre l'intellection comme connaissance et accès au vrai sans transformation de l'être, et une autre forme d'appréhension de l'être qui exige une conversion. C'est le troisième terme qui va nous intéresser dorénavant, et qui court en filigrane depuis le début de cette étude dans son rapport à la volonté : le temps.

On peut supposer que si Michel Foucault ne voit pas (dans certains textes à portée polémique, car il le voit dans d'autres – « Mon corps, ce papier ce feu », fin de l'*Herméneutique du sujet* – nous y reviendrons) que les *Méditations* sont un cheminement spirituel et non pas intellectuel, c'est qu'il privilégie la méthode du *Discours*.

> L'exercice spirituel [...] consiste précisément à laisser se dérouler spontanément le fil et le flux des représentations. [...]. La méthode intellectuelle va consister, au contraire, à se donner une définition volontaire et systématique de la loi de succession des représentations [...]. Le cheminement cartésien est de l'ordre de la méthode intellectuelle. [...] Le passage de l'exercice spirituel à la méthode intellectuelle est évidemment fort clair chez Descartes. [...] [C]e dont il veut se démarquer et se séparer, [ce sont] précisément ces méthodes d'exercice spirituel qui étaient pratiquées couramment dans le christianisme, et qui dérivaient des exercices spirituels de l'Antiquité et particulièrement du stoïcisme[85].

Foucault, et notamment dans *Les mots et les choses*, prend appuie sur les *Regulae* pour présenter ce qu'est la méthode cartésienne[86]. On comprend dès lors que la conception qu'il a de la méthode cartésienne s'éloigne en effet de l'exercice spirituel. Mais si elle s'en éloigne, c'est précisément parce que cette méthode est inventée dans le cadre de la recherche de la vérité scientifique, du progrès, et dans le *Discours* du fondement de cette vérité. Elle est donc très clairement inhérente à l'intellect scientifique, et ne se peut pratiquer que dans le domaine de la science et peut-être

---

84 Ferdinand Alquié, *La découverte métaphysique de l'homme chez Descartes*, P.U.F, p. 162-163.
85 Foucault, *L'herméneutique du sujet*, p. 281.
86 Foucault, *Les mots et les choses*, Gallimard, 1966, p. 65-71.

dans une certaine mesure dans celui de la morale. Mais dès lors que l'on quitte le monde de la science, cet univers indéfini, mécanique, insubstantiel, la méthode va s'infléchir, et ne plus suivre les lois extérieures de l'intellect, mais la temporalité même de l'esprit en tant qu'être. La méthode ne sera plus extérieure à l'esprit, elle sera sa temporalité essentielle. La volonté s'infléchira, gardant un rôle prédominant dans l'attention – qu'elle porte et supporte – de l'esprit envers lui-même. Un seul indice permet de voir que Foucault ne s'intéresse qu'à la méthode scientifique : il parle de « représentations ». Or avec les *Méditations*, nous avons quitté le champ des représentations, pour entrer de plain-pied dans celui de l'être. La conversion opère, et jusqu'à la troisième Méditation, les représentations n'ont de rôle que négatif à jouer dans la mesure où elles renvoient à l'être de l'esprit. Ainsi, on ne saura rien de la cire, mais l'on saura que l'esprit sent. Et de fait, dans son cours du 3 mars 1982, Foucault revient à Descartes sous le prisme de la *meditatio*, qu'il définit ainsi sous son deuxième aspect :

> La *méditation* n'est donc pas un jeu du sujet avec sa propre pensée, ce n'est pas un jeu du sujet avec l'objet, ou les objets possibles de sa pensée. Ce n'est pas quelque chose de l'ordre de la variation eidétique comme on dirait dans la phénoménologie. Il s'agit d'un tout autre type de jeu : jeu non pas du sujet avec sa propre pensée, ou ses propres pensées, mais jeu effectué par la pensée sur le sujet lui-même. C'est faire que, par la pensée, on devienne celui qui est en train de mourir, ou celui qui va mourir de façon imminente. Comprenez bien d'ailleurs que cette idée de la méditation, non pas comme jeu du sujet avec sa pensée mais comme jeu de la pensée sur le sujet, c'est au fond exactement cela que faisait encore Descartes dans les *Méditations* et c'est bien précisément le sens qu'il a donné à « méditation[87] ».

Foucault reconnaît bien, à la fin de son cours au Collège de France, et contredisant les propos du début, que la Méditation cartésienne échappe à la règle que le sujet se fixe lui-même, puisque c'est la pensée elle-même qui se déploie et s'impose au sujet. Et il l'avait déjà exprimé dans sa réponse à Derrida[88] :

> Une 'méditation' au contraire produit, comme autant d'événements discursifs, des énoncés nouveaux qui emportent avec eux une série de modifications du

87 Foucault, *L'herméneutique du sujet*, p. 340.
88 Foucault, *Dits et Écrits*, II., n° 102, p. 257.

> sujet énonçant [...]. Dans la méditation, le sujet est sans cesse altéré par son propre mouvement ; son discours suscite des effets à l'intérieur desquels il est pris ; il l'expose à des risques, le fait passer par des épreuves ou des tentations, produit en lui des états, et lui confère un statut ou une qualification dont il n'était point détenteur au moment initial. Bref, la méditation implique un sujet mobile et modifiable par l'effet même des événements discursifs qui se produisent.

C'est bien que la méditation se distingue d'une connaissance intellectuelle dont le sujet serait le garant, et que la vérité qui se manifeste est bien différente d'une vérité à laquelle le sujet aurait accès sans mettre en jeu son être, sans le payer d'une transformation ou purification qui en retour le modifierait. Revient-il alors sur ses propos, ou fait-il une part irréductible entre le *Discours* et les *Méditations*, le *Discours* l'ayant emporté dans l'histoire de la philosophie ? N'est-ce pas l'objet d'un préjugé voire d'une hostilité anti-cartésienne qui se révèle dans l'affrontement qu'il eut avec Jacques Derrida, et qui le conduisit à faire de Descartes le paradigme de l'institutionnalisation de la Raison ? Il ne s'agit pas ici de répondre à ces différentes questions, qui intéressent plus la lecture de Foucault que celle de Descartes, mais d'interroger le lien entre le *Discours* et les *Méditations*, et de réinscrire dans l'histoire de la pensée de Descartes, sa lente accession à la métaphysique. Si le projet initial était scientifique – ce qui donne raison en partie à la critique de Foucault, l'épiphanie de la philosophie cartésienne est bien métaphysique. Or il n'est pas indifférent que ce soit le projet scientifique qui mène à la métaphysique, que le souci de soi technique et la croyance en un progrès des sciences à même de rendre l'homme plus heureux, cède le pas à un souci de soi en tant qu'être. Que la physique soit le fondement de la morale, mais que la seule morale de Descartes soit la générosité, à savoir un bon usage de sa liberté – ce que la physique ne peut expliquer. Qu'il rencontre l'être en chemin, parce que la science marque son insuffisance. Que l'être ne soit plus le monde, ou l'univers puisqu'il l'en a vidé, mais Dieu, esprit infini, à l'aune duquel l'esprit humain mesure sa finitude. Que le mécanisme, projet scientifique, devienne le soubassement d'une recherche métaphysique, parce qu'il ne peut excéder son statut, et parce qu'à la science sont assignées des limites infranchissables. N'est-ce pas cela que Foucault ignore volontairement ? La distinction entre les *Regulae*, le *Discours*, et les *Méditations*, c'est la distinction entre la science et l'être. La science s'appréhende par la connaissance des concepts, l'être par l'expérience[89]. Le sujet n'a pas à transformer son être pour être un scientifique, précisément parce que la science est réduite à un simple discours sans autre réalité que celle que Dieu lui garantit. Mais le sujet doit éprouver son être, pour faire l'expérience et de sa finitude et de sa liberté. Il n'y a de sujet éthique que l'être du sujet.

Or même le projet scientifique, Descartes le réinscrit dans une histoire. Cette volonté d'historiciser la quête de la vérité, et d'essentialiser cette histoire, montre d'une part que l'accès à la vérité ne va pas de soi, d'autre part, que la vérité scientifique devra être dépassée par une vérité métaphysique. Ce serait en quelques sortes une histoire de dépassement : dépasser l'enfance pour accéder à la science, s'accoutumer à la méthode pour se désaccoutumer des anciens préjugés, dépasser la science pour la fonder[90], dépasser le fondement de la science pour interroger l'être lui-même qui la fonde. Et ces multiples dépassements font l'objet de temporalités différentes. C'est que Descartes a compris une chose essentielle : l'être du sujet a à voir avec le temps. La temporalité de la méthode n'en est pas une à proprement parler, et c'est sans doute ce que Foucault lui reproche. Mais cette méthode s'inscrit dans une temporalité plus globale, qui est d'abord celle de l'histoire individuelle du philosophe, ensuite, celle de l'être même dans laquelle elle se résorbe[91].

Se soucier de soi-même, c'est avoir confiance en l'être. Et on a vu que Descartes était dépourvu de cette confiance. Il lui faudra attendre quarante-cinq ans pour s'y aventurer[92]. Quarante-cinq ans qui sont en

---

89 *Cf.* Denis Kambouchner, *Les Méditations métaphysiques de Descartes*, P.U.F, 2005, p. 52 : « Mais c'est que, chez Descartes, le *dénombrement strict* des principes d'où l'on peut "déduire la vérité des autres choses", sera – peut-être à la différence de celui des notions simples qui servent à les connaître – une tâche tout à fait contingente par rapport à l'expérience qu'on en peut acquérir. C'est dire aussi qu'il n'est ni indispensable ni sans doute praticable de déterminer le programme de la philosophie première ou métaphysique avant de s'engager dans sa réalisation. Nous devons en être avertis : *en tant qu'expérience, la métaphysique de Descartes a son lieu au-delà de tout concept.* » (c'est nous qui soulignons).

90 La métaphysique cartésienne est presque contemporaine de ses premiers travaux de scientifique (*cf.* note 531). Il faudrait donc entendre ici le terme de dépassement dans un sens dialectique plus qu'historique.

91 Michelle Beyssade, présentation des *Méditations métaphysiques*, GF édition revue et corrigée 2011, p. 9 : « Le présent intemporel, qui convient à l'exposition des principes et à l'éternité de leur validité, fut d'abord le présent historique d'un cheminement individuel. »

92 Certes, la publication des *Méditations* n'est pas « l'entrée » de Descartes en métaphysique : par quatre fois déjà, il a commencé ce travail : de novembre 1628 à mars 1629,

quelques sortes la préparation spirituelle vers le grand saut dans l'être. Et la méditation a bien une finalité pratique, indépendamment de l'exercice spirituel qui est en lui-même sa propre fin. Descartes n'oublie pas que c'est dans le monde qu'on vit, dans le monde qu'on agit, dans le monde qu'on est libre. Et cette liberté n'est pas tant l'objet d'une connaissance que d'une volonté, ou plus précisément d'un usage. Certes, il définit une liberté métaphysique et ses degrés, pourtant, ce qui l'intéressera tout au long de sa correspondance et des *Passions de l'âme*, mais qui est déjà nettement présent dans le *Discours de la méthode*, c'est l'usage de la liberté dans le monde, c'est l'incarnation d'un esprit.

Ainsi, on pourrait répondre à Foucault que la découverte de Descartes n'est pas tant de se transformer dans son être que d'en montrer une double temporalité : celle de l'histoire et celle de l'être. L'une est incarnée, temporalité de la vie dont on peut se dégager, une fois le cogito découvert et temporalité essentielle, l'ordre analytique des *Méditations* qui est le même que celui de la chose même. Foucault s'est arrêté sur une autre temporalité qui n'en est pas une : la linéarité de la science. Or

---

au début de sa retraite aux Pays-Bas, il avait commencé un petit traité de métaphysique dont le texte est perdu. Mais la correspondance nous en livre quelques indications. Le 25 novembre 1630, en effet, Descartes confie à Mersenne son espoir d'« achever quelque jour un petit traité de Métaphysique commencé étant en Frise, et dont les principaux points sont de prouver l'existence de Dieu et celle de nos âmes, lorsqu'elles sont séparées du corps, d'où suit leur immortalité. » Descartes lui-même date de 1629 ses premières méditations métaphysiques, avec lesquelles il dit avoir « tâché de commencer ses études » (Lettre à Mersenne du 15 avril 1630, A.T. I, p. 144, 1. 8-9); ce qui correspond à ce que le *Discours de la méthode* désigne comme l'entreprise de chercher les principes d'une philosophie plus certaine que la vulgaire : DM, III, AT VI, 30, 10-14 : « Toutefois, ces neuf ans s'écoulèrent [après les journées passées dans le poêle] avant que j'eusse encore pris aucun parti, touchant les difficultés qui ont coutume d'être disputées entre les doctes, ni commencé à chercher les fondements d'une philosophie plus certaine que la vulgaire. » En 1637, il publie, dans la quatrième partie de son *Discours* introductif, un abrégé de sa métaphysique, qu'il présente comme le compte rendu des méditations conduites « il y a justement huit ans ». Et il répond à ceux qui lui reprochent d'avoir affaibli ces premières raisons métaphysiques en les abrégeant, qu'il va ajouter à une éventuelle traduction latine du *Discours* le commencement de sa métaphysique écrit en latin « il y a environ huit ans ». Le dialogue inachevé intitulé *La recherche de la vérité* qui expose sous une forme littéraire le début des *Méditations* a probablement été écrit avant 1635. Enfin, les lettres du printemps 1630 à Mersenne mettent en place la théorie de la création des vérités éternelles, sur laquelle les *Méditations* ne reviennent pas, mais qui en est l'un des fondements sous-jacents. Les *Méditations métaphysiques* rédigées en 1639-1640 seront donc une retraversée de ces premiers essais de métaphysique. Pour autant, ce sont elles qui en constituent l'aboutissement, aussi prendrons-nous leur date de publication comme un repère.

les *Méditations* s'engagent dans une temporalité qui est l'essence même de l'esprit, pour fonder une bonne fois pour toutes ce qui échappera à la temporalité, à savoir les sciences – à moins d'identifier l'ordre de la démonstration au temps, mais ce temps est identique en chaque démonstration, et pour chaque esprit. Or si la temporalité des *Méditations*, en son ordre peut être universalisable, elle échappe à la linéarité et à l'horizontalité du temps de la démonstration, dans la mesure même où elle exige un engagement total de l'esprit qui se déploie non seulement sur cette ligne horizontale et vectorielle, mais encore sur la ligne verticale de l'être, ce qui en retour fonde la non-temporalité de la science, et de l'ordre analytique des *Méditations*. Ce qui fonde la science, c'est le temps dans son essentialité même. Et ce temps est engagement. Raison pour laquelle connaître et comprendre se situent à deux niveaux différents, d'un point de vue ontologique comme d'un point de vue temporel. On peut dire que chez Descartes, l'expérience de soi comme déploiement de l'être de l'esprit, c'est le temps ou la pensée comme temps. L'idée de Dieu, en tant que telle, et ce qu'elle nous fait connaître ne relèvent certes d'aucune temporalité mais la fondent. Seule l'expérience ontologique échappe à la création continuée : l'existence est temporalité.

L'esprit est temporel, contrairement aux choses régies par les lois universelles et à Dieu, immuable. Cette temporalité, quelle que soit sa modalité est la marque de la finitude de l'homme, mais aussi de deux conceptions de la vie de l'esprit : la vie incarnée de l'esprit et la vie de l'esprit en tant que telle. Pour un philosophe qui n'interroge pas le principe de vie, pour une philosophie de la nature qui en est dépourvu, il semble bien pourtant qu'on retrouve le principe de vie au fondement de l'esprit. L'esprit vit. Temporalité de la vie, temporalisation de la connaissance, temporalisation de la morale, temporalité de l'essence : il faudrait tenter de lier ces différents niveaux pour montrer que la véritable universalité est celle d'une certaine temporalité, mais qu'on ne peut y accéder que par une temporalité contingente.

L'ENFANCE COMME CRISTALLISATION DES QUESTIONS MÉTHODOLOGIQUES

liées à la question de l'identité à soi et de l'altération de soi : la double temporalité et l'enfance comme son prisme

Nous allons donc étudier de façon précise la double temporalité chez Descartes : la temporalité comme histoire de l'esprit (l'esprit incarné), et la temporalité essentielle de l'esprit dans les *Méditations*[1]. Et pour cela, nous allons reprendre la question du commencement, ou la question à son commencement. Deux types de lecture sont possibles : le commencement historique, ou l'histoire de l'œuvre de Descartes, en commençant par ses premiers écrits jusqu'aux derniers. Cette étude serait une étude historique de la philosophie de Descartes, et nous renseignerait sur la jonction entre science et métaphysique, qui ont été menées de conserve, malgré ce que semble indiquer la date de parution des ouvrages qui furent rendus publics. Mais une autre lecture, plus de reconstruction, questionne à nouveaux frais cette historicité de l'œuvre de Descartes : elle interrogerait les différents âges de l'homme, incarnés à travers les différentes étapes de sa philosophie. Or ces âges, s'ils sont historiques sont aussi philosophiques, et parfois même épistémologiques. Cette étude permettrait d'essentialiser ce qui est de l'ordre de la biographie contingente, et d'interroger l'histoire d'un esprit, au-delà même de l'histoire de l'esprit de Descartes. Elle est justifiée, certes, par l'écriture du *Discours* qui relate cette histoire en l'incarnant. Mais elle est plus justifiée encore par la récurrence des textes sur l'enfance, qui ancrent l'histoire d'un esprit dans une temporalité qui lui est propre, indépendamment de l'enfance personnalisée du philosophe. S'il y a une philosophie première dont le commencement est l'esprit lui-même, tout au moins dans l'ordre des raisons et l'ordre analytique, il y a aussi une

---

1 *Cf.* Alquié, p. 165 et *sq.*

philosophie de la philosophie, ou une philosophie de la vie de l'esprit, qui avant de parvenir à lui-même, est pris dans un corps. Cette historialité de l'esprit propose un autre commencement, qui est déjà philosophique dans la ressaisie que le philosophe en fait. La vie incarnée de l'esprit nous mènera à la vie essentielle de l'esprit, mais l'une ne va pas sans l'autre. Or il n'y a d'incarnation que temporelle.

Descartes de façon récurrente traite de l'enfance comme du foyer de confusion qu'il s'agira de dépasser pour atteindre la science exacte. Foyer de confusion du fait de l'imbrication trop forte entre esprit et corps, et de leur mutualisation qui sous-tend le jugement spontané. Ce pourquoi l'analyse sera nécessaire comme instrument de connaissance : il ne s'agit pas encore de l'analyse au sens où les raisons s'enchaînent les unes après les autres, mais de l'analyse au sens premier d'une séparation, d'une décomposition, bref, d'une distinction. L'enfance ne trompe pas, elle renseigne : mais dès lors que l'on prend ses jugements pour vrais, elle devient l'obstacle épistémologique le plus difficile à combattre. Ce qu'il faut combattre, c'est son rapport spontané au monde, c'est l'habitude qui reprend ses droits à la fin de la première Méditation et contre laquelle la hauteur de la méditation comme la volonté de douter sont impuissantes. Nous disons, l'enfance ne trompe pas. En réalité, elle trompe dans la mesure même où les jugements qui se sont en elles formés comportent en eux et de façon quasi structurelle, un jugement d'existence. Dès lors, l'enfance contient les deux préjugés ou les deux sources d'erreur que le doute hyperbolique se chargera d'attaquer : les jugements faux sur les choses fondés sur l'imagination et la perception sensible. On pourrait presque ici employer la terminologie spinoziste qui à cet égard reprend la lettre cartésienne :

> Lorsque l'esprit humain considère les corps extérieurs par les idées des affections de son propre corps, nous disons alors qu'il imagine [...] ; et l'esprit ne peut dans d'autres conditions imaginer les corps extérieurs comme existant en acte. Par conséquent, dans la mesure où l'esprit imagine les corps extérieurs, il n'en a pas une connaissance adéquate[2].

Ou la proposition XXVII :

---

2 Spinoza, *L'Éthique*, II, proposition XXVI, démonstration, in Spinoza, *Œuvres complètes*, éditions Gallimard, Bibliothèque de la Pléiade, 1954, p. 384.

> L'idée d'une affection quelconque du corps humain n'enveloppe pas la connaissance adéquate du corps humain lui-même[3].

et

> Les idées des affections du corps humain enveloppent en effet, la nature tant des corps extérieurs que du corps humain lui-même[4]...

autant de formules synthétiques qui reprennent l'idée cartésienne que le rapport au monde immédiat ne nous livre pas les choses en tant que telles mais en tant qu'elles nous affectent. Dès lors, la perception sensible ne nous enseigne-t-elle aucunement ce qu'est une chose, mais seulement son usage. Premier degré d'erreur du point de vue de la connaissance scientifique ou du jugement : la perception sensible qui règle la relation de l'enfant et du monde, est la première source d'erreur, d'où la nécessité d'inventer des modèles pour étudier le monde, le corps humain, etc.... afin de les éloigner de la connaissance commune et de toute tentation de projection[5]. Descartes met fin à toute possibilité d'anthropomorphisme en tant que connaissance scientifique du monde, (mais aussi du point de vue théologique), tout en lui construisant un modèle : l'enfance.

Mais si l'enfance porte à projeter notre rapport aux choses sur les choses elles-mêmes (le feu brûle, la plume chatouille), elle contient en elle-même un préjugé plus difficile encore à déloger. Ce préjugé naturel est celui d'une croyance enracinée et première : celle de l'existence des choses. L'article 66 des *Principes de la philosophie* en fait foi :

> à cause que nous avons cru dès le commencement de notre vie que toutes les choses que nous sentions avaient une existence hors de notre pensée et qu'elles étaient entièrement semblables aux sentiments ou aux idées que nous

3 *Ibid.* p. 384.

4 *Ibid.* p. 384, proposition XXVIII, démonstration.

5 *Le Monde*, AT-XI-6 : « on passe doucement une plume sur les lèvres d'un enfant qui s'endort et il sent qu'on le chatouille : pensez-vous que l'idée du chatouillement, qu'il conçoit, ressemble à quelque chose de ce qui est en cette plume ? » et il n'y a « point de raison qui nous oblige à croire que ce qui est dans les objets d'où nous vient le sentiment de la Lumière soit plus semblable à ce sentiment que les actions d'une plume et d'une courroie le sont au chatouillement et à la douleur ». Lettre à Morus, du 15 avril 1649, A.T. V, p. 341 : « *Sensibilitas nihil mihi videtur esse in re sensibili, nisi denominatio extrinseca. Nec etiam rei est adaequata...* » – « La faculté d'être sentie me semble n'être dans une chose sensible rien d'autre qu'une dénomination extrinsèque. Elle n'est pas adéquate à la chose... » (traduction française in Descartes, *Œuvre et Lettres*, *op. cit.*, p. 1333)

> avions à leur occasion. Ainsi, lorsque nous avons vu, par exemple, une certaine couleur, nous avons cru voir une chose qui subsistait hors de nous, et qui était semblable à l'idée que nous avions. Or nous avons ainsi jugé en tant de rencontres, et il nous a semblé voir cela si clairement et si distinctement, à cause que nous étions accoutumés à juger de la sorte, qu'on ne doit pas trouver étrange que quelques-uns demeurent ensuite tellement persuadés de ce faux préjugé qu'ils ne puissent pas même se résoudre à en douter[6].

Autrement dit, si la science s'intéressera à la question : les choses sont-elles telles que je les perçois ?, la véritable question métaphysique et qui sera traitée dans les *Méditations* est la suivante : les choses que je perçois existent-elles ?

L'enfance est donc bien cet obstacle épistémologique dans la mesure où elle est constitutive, « parce que nous avons été enfants avant que d'être hommes… ». Ainsi, science et métaphysique, devront prendre en compte cet obstacle épistémologique (ce que fera le doute radical), pour asseoir leur légitimité : mais leur légitimité aura pour but de légitimer en retour le préjugé essentiel d'existence. Raison pour laquelle l'enfance occupe une place particulière dans l'œuvre de Descartes. Il ne s'agira pas tant de la dépasser (l'astronome verra toujours le soleil se lever et se coucher), que de la circonscrire, de s'en détacher, de la tenir à distance : mais l'enfance demeure dans l'âge adulte. Et ce, du double point de vue psychologique et épistémologique. L'enfance a raison, s'agissant de l'existence des choses, la métaphysique aura pour tâche de fonder le préjugé naturel ; elle a tort s'agissant de la science, mais la perception aura son utilité ; enfin elle forge des habitudes, des *habitus*, voire engage des répétitions à venir (l'amour des petites filles louches), là encore, il faudra l'analyser, pour récupérer un espace de liberté et échapper à la répétition qui trouve là, la source de son déterminisme.

Ainsi, on retrouve conjointement l'analyse à trois niveaux : métaphysique, scientifique, et psychologique pour ne pas dire psycho-analytique[7], ce qui serait redondant. Et ces trois niveaux, qui sont les trois

---

6 Descartes, *Principes de la philosophie*, article 66, A.T., IX, p. 55, l. 49.

7 *Réponses aux sixièmes Objections*, A.T., IX, p. 243 : « Tout au contraire, dès ma plus tendre enfance, j'ai conçu l'esprit et le corps (dont je voyais confusément que j'étais composé) comme une seule et même chose ; et c'est le vice presque ordinaire de toutes les connaissances imparfaites, d'assembler en un plusieurs choses, et les prendre toutes pour une même ; c'est pourquoi il faut par après avoir pris la peine de les séparer, et par un examen plus exact les distinguer les unes des autres. »

angles d'étude de l'enfance, ses trois domaines, correspondent à leur tour à trois temporalités différentes. On comprend donc que l'enfance n'est pas seulement un âge de la vie, mais un problème dont l'homme ne se séparera jamais : savoir où le situer et comment le circonscrire participe de la philosophie pratique de Descartes. La philosophie pratique de Descartes recouvre sa philosophie scientifique. L'enfance est à ce carrefour.

ENFANCE ET ERREUR

L'ENFANCE COMME STRUCTURE OU COMME ÂGE DE L'ERREUR ?

L'enfance est clairement identifiée comme la source[8] de l'erreur. Et l'erreur est associée au préjugé. Or cette erreur n'est pas le fait d'un défaut de savoir, mais d'une imagination qui se prend pour jugement. Si l'enfance est le temps où naissent et se forgent les préjugés, on peut supposer qu'il suffit de les dépasser pour accéder à la science exacte. Pourtant, il n'est pas si simple de s'en délivrer, pour la bonne raison que l'enfance est inscription première dans le monde. Or cette inscription première est un rapport au monde immédiat, non interrogé, spontané, qui situe l'individu dans une totalité qui le précède. L'enfant fait partie du monde, ce que le cogito se chargera de déconstruire, sa révélation coïncidant avec la sortie hors du monde. Qu'est-ce à dire ? Si le cogito surgit c'est parce que le reste du monde a été mis entre parenthèses, et qu'il pourrait aussi bien ne pas exister, tandis que le cogito qui le pense, le rêve ou en doute, existe bel et bien. La dimension d'existence métaphysique accompagne donc la révélation du cogito qui ne se situe pas dans l'ordre du monde, réservé à la physique et à ses lois universelles et homogènes, ou à la perception sensible, elle-même mise en doute. Dès lors, la dimension qui demeure est bien celle de l'être et non celle de la nature, laquelle a été vidée de son être, par la double opération

8 Source comme origine temporelle, et source comme cause structurelle. Ce sont ces deux dimensions, temporelles et structurelles qui font de l'enfance à la fois un âge de la vie et une catégorie épistémologique, et qui nous permettra de comprendre la continuité à soi, en tant que le temps se sédimente en une structure.

du doute radical et de la théorie de la création des vérités éternelles. Si Dieu a créé le monde ainsi et non autrement, c'est le fait de sa seule volonté et non d'un entendement qui l'aurait précédé, aussi n'a-t-il pas été nécessité à le créer ainsi, mais il a en revanche créé la nécessité. Autrement dit, la raison est elle-même suspendue à un fondement avec lequel l'homme n'a aucune commune mesure, qui n'est pas lui-même rationnel puisqu'il tient à une volonté et non à un entendement, et qu'il ne peut comprendre : ce qui permet de substituer au finalisme d'Aristote, le simple mécanisme comme facteur explicatif de l'univers désormais infini. Mais plus encore, si ce monde vidé de son sens, de sa substance, de son être, ne tient sa nécessité (et donc sa contingence) que de la volonté divine, il ne peut non plus se « tenir » lui-même, comme la substance spinoziste : Dieu est absent du monde, aussi doit-il le créer en continu pour que celui-ci « fonctionne ». De cosmos, il n'est donc plus, à la triple faveur de la révolution galiléenne, de l'affirmation cartésienne de l'indéfini de l'univers, et de l'impossible intelligence des raisons de Dieu. Aussi le cogito sera-t-il extérieur au monde sans quoi il serait à son tour soumis au régime de la nécessité mécaniste, et ne pourrait faire office de fondement. Seul ce qui tient sa raison en lui-même, ce qui est substance, peut prétendre fonder. Mais l'enfant est ce philosophe aristotélicien qui appartient au monde, y a une place définie, et croit à son existence, qu'atteste sa perception sensible. L'enfant fait partie de la nature, une nature qui lui ressemble, sur laquelle il projette ses affections, et qui fait immédiatement sens, même si ce sens est structurellement anthropomorphique. On comprend dès lors que ce rapport immédiat au monde est le même que celui de l'homme antique, habitant du cosmos, situé, et qui ne fait pas de différence entre lui et le monde. Autrement dit, ce qui qualifie le rapport spontané au monde de l'enfant est la confiance, pour ne pas dire la familiarité. Ces deux motifs, confiance et familiarité sont les prémices de la philosophie cartésienne en ce qu'elles ont été troublées très précocement. La méfiance légendaire de Descartes laisse ses traces dans chacun de ses écrits, le doute et la figure du malin génie en étant le paroxysme, mais aussi la transformation de cette méfiance en une méthode. La ressaisie d'une subjectivité inquiète en une entreprise fondatrice. Quant à la familiarité, il suffit de rappeler les lettres de 1631 à Balzac pour montrer que très tôt, Descartes fait l'expérience du dérèglement, de l'irréalité, du flou[9]. Ce sont cette méfiance et ce sentiment de doute, d'abord passif, qui vont engendrer la démarche cartésienne, méfiance qui s'explique aussi bien par le contexte scientifique, la prépondérance du nouveau pyrrhonisme, et la psychologie de Descartes. À cet égard, la question de l'autre est tout à fait édifiante, par son absence qui fait problème. Descartes, lorsqu'il voyage, va au devant des autres, mais il préfère se tourner en lui-même pour accéder à une vérité, de même qu'il préfèrera reconstruire l'édifice du savoir à partir de lui-même, plutôt qu'à partir des livres ou de la philosophie des autres. La lettre à Balzac du 5 mai 1631 est à cet égard exemplaire :

> Je veux bien que vous trouviez un canal, qui fasse rêver les plus grands parleurs [...]; mais mal aisément se peut-il faire, que vous n'ayez aussi quantité de petits voisins [...] de qui les visites sont encore plus incommodes que celles que vous recevez à Paris; au lieu qu'en cette grande ville où je fuis, [...] j'y pourrais demeurer toute ma vie sans être jamais vu de personne. Je me vais promener tous les jours parmi la confusion d'un grand peuple, avec autant de liberté [...] que vous sauriez faire dans vos allées, et je n'y considère pas autrement les hommes que j'y vois, que je ferais les arbres qui se rencontrent en vos forêts, ou les animaux qui y paissent. Le bruit même de leur tracas n'interrompt pas plus mes rêveries, que ferait celui de quelque ruisseau[10][11].

La solitude et sa joie s'accompagnent d'une non reconnaissance d'autrui, réduit à un décor, dans lequel le philosophe trône comme en son centre. La méfiance donnera lieu à la solitude, qui risque de donner lieu au solipsisme. Et si le monde est retrouvé dans la sixième Méditation, les autres n'ont pour autant pas changé de statut.

Toujours est-il qu'avant de douter, de se méfier, Descartes fut cet enfant au milieu du monde, en connivence avec lui, l'habitant sans séparation aucune. La séparation sera le mot d'ordre de sa science : idées claires et distinctes, c'est-à-dire analysées, c'est-à-dire séparées,

---

9 Descartes, lettre à Balzac, 15 avril 1631 : « Je dors ici dix heures toutes les nuits, et sans que jamais aucun soin me réveille, après que le sommeil a longtemps promené mon esprit dans des buis, des jardins, et des palais enchantés, où j'éprouve tous les plaisirs qui font imaginer dans les Fables, je mêle insensiblement mes rêveries du jour avec celles de la nuit ; et quand je m'aperçois d'être éveillé, c'est seulement afin que mon contentement soit plus parfait, et que mes sens y participent ; car je ne suis pas si sévère, que de leur refuser aucune chose qu'un philosophe leur puisse permettre, sans offenser la conscience.... » A.T, I, 473.

10 C'est nous qui soulignons.

11 Lettre à Balzac du 5 mai 1631, AT XXXIII, I. 474-475.

de même que la séparation sera pour lui la sortie de l'enfance, les deux coïncidant. Se séparer du monde, se séparer des perceptions sensibles et des projections naturelles que l'on fait sur les choses, séparer le corps de l'esprit pour atteindre la vérité des choses, autrement dit leurs lois. On comprend alors que ce chemin vers la séparation ne soit pas simple, et plus encore qu'il ne puisse être définitif : car si nous pouvons atteindre la science exacte, nous n'en vivons pas moins dans un monde où le feu brûle et où la plume chatouille. Ainsi, faire table rase de la scolastique, va rejoindre l'entreprise de dépasser cette enfance, en tant qu'elle est le paradigme d'un même rapport au monde. Et si Descartes s'inscrit dans une démarche classique de la philosophie qui consiste à s'élever de la doxa pour atteindre au vrai, il est beaucoup plus singulier en identifiant la doxa à l'enfance. Si l'on revient par ce biais à la critique foucaldienne, on notera que se délivrer de l'enfance engage une transformation profonde de l'être, mais que cette transformation trouve ses limites, dans la mesure même où l'on ne se délivre jamais complètement de l'enfance, où elle continue de vivre en nous, où elle constitue un rapport originaire au monde : s'en délivrer dès lors impliquera non seulement qu'on s'élève au-dessus de la perception sensible et du jugement qu'elle induit, mais encore qu'on temporalise cette élévation, qu'on la fasse *habitus*. Raison pour laquelle à l'issue de la méthode, Descartes insiste sur la nécessité d'un entraînement, nous en avons déjà fait état, mais aussi lors de la première Méditation, il avoue les limites de l'esprit lorsqu'il s'adonne à sa temporalité pure, c'est-à-dire à la méditation, et qu'il retombe dans l'habitude. Aussi doit-il se reposer et remettre au lendemain la suite de ses méditations, autrement dit sortir de cette temporalité essentielle de l'esprit pour rejoindre une temporalité de vie, où le corps reprend ses droits, et où l'esprit retrouve les repères forgés dès l'enfance. Or cette double temporalité présente aussi bien dans le *Discours* que dans les *Méditations*, celle de l'esprit et celle de l'union de l'esprit et du corps, Descartes y est constamment attentif, puisqu'il ne force ni l'une ni l'autre, et leur accorde la place qu'elles exigent. S'il échappe à la temporalité de la vie pour accéder à l'être et à la temporalité propre de l'esprit, il n'exige pas de sa volonté des efforts impossibles, parce qu'il sait – et ce savoir, on pourrait se demander d'où il vient – que la temporalité essentielle ne peut surgir que de la temporalité vécue, mais aussi qu'elle doit y retomber. L'une ne va pas sans l'autre, même si les deux ne sont pas du même ordre et qu'elles fondent deux types de temporalité auxquelles l'homme peut accéder. La finitude de l'esprit encadre la méditation métaphysique. Ainsi, même lorsque Descartes accède à l'idée d'infini, il a la conscience, dans cette échappée hors du temps, que cette échappée n'est possible qu'à l'intérieur d'une finitude première. Et cette pensée ne le quittera jamais. On ne médite que quelques heures par an. Il y a un temps pour chaque temporalité. Et c'est peut-être cette saisie originaire du temps qui est au fondement de toutes les entreprises cartésiennes, mais aussi de leur équilibre. Pourtant, étrangement, le temps n'est jamais abordé comme tel dans son œuvre : il la sous-tend.

PEUT-ON DÉPASSER L'ERREUR, PEUT-ON DÉPASSER L'ENFANCE ? L'ENFANCE ET L'ERREUR COMME STRUCTURES

L'erreur est donc au départ structurelle, d'où la difficulté à la corriger, puisque cela engage l'être tout entier dans son rapport au monde. Ainsi Descartes répond-il à Gassendi dans les *Réponses aux Cinquièmes Objections* :

> Vous dîtes que vous approuvez le dessein que j'ai eu de délivrer l'esprit de ses anciens préjugés, qui est tel en effet que personne n'y peut trouver à redire ; mais vous voudriez que je m'en fusse acquitté « simplement et en peu de paroles », c'est-à-dire en un mot, « négligemment et sans tant de précautions » ; comme si c'était une chose si facile de se délivrer de toutes les erreurs dont nous sommes imbus dès notre enfance, et que l'on pût faire trop exactement ce qu'on ne doute point qu'il ne faille faire[12].

Il y a bien une épaisseur entre le savoir, la certitude de l'action et l'action elle-même. Pour le dire vulgairement : on ne peut pas toujours faire ce que l'on veut, même quand on a acquis les principes d'une philosophie vraie. Il ne suffit pas de connaître le vrai pour le reconnaître partout et de prime abord, le vrai est toujours caché parce qu'il n'est pas visible, parce que la perception sensible ne le livre pas, et qu'il faut s'en séparer ou plutôt séparer la perception du jugement pour accéder à d'autres raisons, à savoir les essences. Certes, une fois que le vrai est connu, il est reconnaissable, c'est la mémoire intellectuelle qui reconnaît les pensées « qui n'ont pas toujours été en nous », lesquelles ne laissent

12 Descartes, Réponses aux cinquièmes Objections, A.T., VII, p. 257-258, traduction *in* Descartes, *Œuvres*, éd. A. Bridoux, Gallimard, Bibliothèque de la Pléiade, 1946, p. 475.

pas de traces, raison pour laquelle nous n'avons pas la mémoire de nos pensées enfantines, du moins n'en avons-nous pas une mémoire intellectuelle[13]. Une fois qu'une chose vraie est connue, elle est acquise. Et pourtant, si l'on parle ici de reconnaissance, c'est dans le processus même de connaissance : la perception du monde issue de l'enfance fera toujours barrage à la connaissance vraie. Aussi la connaissance vraie ne peut-elle être immédiate (sinon pour les mathématiques qui ne traitent pas d'objets extérieurs à l'esprit). D'autre part, même si l'on connaît le vrai, même si l'on sait que le soleil est à telle distance de la terre, on le voit toujours proche : il n'y a pas de coïncidence possible entre ma connaissance scientifique et ma connaissance sensible. Le monde est désormais clivé entre deux types de connaissance irréductibles l'une à l'autre. Ainsi, même si l'on sait qu'il faut dépasser ces erreurs en tant qu'elles se présentent comme des jugements vrais, alors qu'elles ne sont que des perceptions, il n'est pas simple de les dépasser : on ne peut le faire « simplement et en peu de paroles » parce qu'il ne s'agit pas seulement d'un problème épistémologique, mais d'un problème d'être au monde. Du point de vue de la science, cet être au monde fait problème. Du point de vue de l'ontologie au contraire, cet être au monde comme croyance au monde doit être fondé.

---

13 Lettre à Arnauld, 29 juillet 1648, A.T., V, p. 219-220, traduction in Descartes, *Œuvres*, éd. A. Bridoux, Gallimard, Bibliothèque de la Pléiade, 1946, p. 1306 : « Il ne suffit pas pour nous souvenir d'une chose que cette chose se soit offerte auparavant à notre esprit et qu'elle ait laissé dans le cerveau quelques traces à l'occasion desquelles cette même chose se présente à nouveau à notre pensée ; mais il est requis en sus que nous reconnaissions, lorsqu'elle se présente pour la deuxième fois, que cela se fait parce qu'elle a été aperçue auparavant par nous. Souvent ainsi se présentent à l'esprit des poètes des vers qu'ils ne se sont pas rappelés avoir jamais lus chez d'autres, qui cependant ne se présenteraient pas tels à leur esprit s'ils ne les avaient pas lus ailleurs. / D'où il suit évidemment que l'exercice de la mémoire ne s'accommode pas de toutes les traces qui ont été laissées dans le cerveau par les pensées précédentes, mais de celles-là seulement qui sont telles que l'esprit reconnaisse qu'elles n'ont pas toujours été en nous, mais qu'elles sont un jour nouvellement survenues. Or, pour que l'esprit puisse reconnaître cela, j'estime qu'il a dû lors de la première impression se servir de l'intellection pure, pour remarquer que la chose qui s'offrait alors à notre esprit était nouvelle, c'est-à-dire qu'elle n'avait jamais été aperçue auparavant ; car il ne peut y avoir aucune trace corporelle de cette nouveauté. C'est ainsi que si j'ai écrit quelque part que les pensées des enfants ne laissent aucunes traces dans leur cerveau, j'ai entendu parler de ces traces qui sont propres à l'exercice de la mémoire, c'est-à-dire de celles que lors de leur impression nous reconnaissons comme nouvelles par l'intellection pure. En même façon, nous disons qu'il n'y a point de traces d'homme sur le sable où nous ne voyons aucune empreinte d'un pied humain, encore qu'il puisse s'y trouver bien des inégalités faites par des pieds humains, qui par conséquent peuvent en un autre sens être appelées des traces d'hommes. »

L'enfance nous aliène, parce qu'elle nous constitue. Et l'enfance fait obstacle pour la raison suivante :

> la principale raison était que, dès ma jeunesse, j'avais fait plusieurs jugements touchant les choses naturelles (comme celles qui devaient beaucoup contribuer à la conservation de ma vie, en laquelle je ne faisais que d'entrer), et que j'avais toujours retenu depuis les mêmes opinions que j'avais autrefois formées de ces choses-là[14].

Or cet obstacle demeure :

> Toutefois je confesse que je ne fus pas pour cela pleinement persuadé, et qu'il m'arriva presque la même chose qu'aux astronomes, qui, après avoir été convaincus par de puissantes raisons que le soleil est plusieurs fois plus grand que toute la terre, ne sauraient pourtant s'empêcher de juger qu'il est plus petit, lorsqu'ils jettent les yeux sur lui[15].

Ces passages des *Réponses aux sixièmes Objections* nous livrent deux informations fondamentales : nous apprenons les choses naturelles dans l'enfance, or ces choses naturelles contribuent à la conservation de la vie. L'enfant fait bien partie de la nature, se conserve en tant que nature, est traversé par la nature. L'enfant n'échappe pas au monde, il l'habite, il y a communauté entre le monde et l'enfant, l'enfant croit aux formes substantielles. On pourrait faire un parallèle psychanalytique avec la relation qu'entretient l'enfant à la mère puis à la cellule familiale avant le processus d'individuation qui passe nécessairement par la séparation, la perte de repères, la méfiance, le doute, l'angoisse, la sortie d'un monde clos, finalisé, où la valeur participe de l'être. Séparation d'avec le corps maternel, découverte du corps propre, et de l'altérité, séparation d'avec la structure familiale, l'enfant pour devenir adulte se déplace, sort de sa « place », celle que lui octroyait une structure qui le précédait et qui faisait monde. La nature a cette fonction pour l'enfant cartésien. Il s'y sent chez lui, ce qui est nécessaire à sa survie : la survie est l'instinct naturel de l'enfant, ou la voix de la nature en lui, qui s'accorde avec la nature extérieure, mais qui n'a pas à proprement parler d'extériorité, elle est plutôt un englobant. Deuxième enseignement : ce rapport à la nature demeure, même une fois le sortilège mis

---

14 Descartes, *Réponse aux sixièmes Objections*, A.T. IX, p. 238.

15 *Ibid.* p. 239.

au jour[16]. Il y a eu fracture, séparation, vertige, puis ressaisissement dans la foi scientifique, première séparation qui pourtant engendrait une nouvelle homogénéité, un nouveau tout : l'esprit scientifique est en connivence avec la nature, non plus celle sensible et qualitative de l'enfant, mais celle mathématique du physicien. L'objet de connaissance est rationnel, l'objet de connaissance est objet de maîtrise, connaître, c'est s'approprier, c'est s'égaliser, s'homogénéiser, et mettre au rebus toute forme d'altérité. Si le scientifique s'en tient à sa science, c'est qu'il aura substitué à la connivence première du monde de l'enfance, la connivence seconde du monde de la science, et recréé un fantasme d'unité. Mais l'unité entre le monde et moi est bel et bien un fantasme, dont l'origine est l'unité première, et dont la nostalgie pousse dans les différentes voies d'une réconciliation avec les choses. Or la condition humaine que découvre Descartes est bien cette séparation irrémédiable et la nécessaire médiation de Dieu pour retrouver le monde qu'on avait perdu. Si l'homme est sorti de la nature, sa spontanéité l'y fait rentrer. Et cette spontanéité vient de l'enfance, ou plutôt cette spontanéité est l'enfance, ou l'enfance est le rapport spontané au monde, spontanéité qu'aucune connaissance scientifique et même métaphysique ne peut annuler. En revanche, il semble possible d'en analyser le processus. Or cette spontanéité tient toute entière dans l'union entre l'âme et le corps, telle que vécue dans l'enfance :

---

16 *Cf.* à ce propos Guénancia, *L'intelligence du sensible.* Et G. Lewis, *Le problème de l'inconscient et le cartésianisme*, P.U.F, première édition 1950, 2e édition 1985, p. 84-90. Elle rappelle que la plupart des préjugés viennent de ce que « nous avons cru dès le commencement de notre vie que toutes les choses que nous sentions…étaient entièrement semblables aux sentiments ou aux idées que nous avions à leur occasion » (*Principes*, I, 66), et parle de l'innéité des sensations, qui « comme telles se réfère seulement aux modalités subjectives qui découlent de notre "nature" psycho-physiologique ; et Descartes n'hésite pas à admettre, en fonction de cette constitution humaine, un certain "nativisme" dans la perception de l'espace. » (p. 90) et p. 84-85 : « Pour que notre âme puisse, à l'occasion de certains mouvements corporels, faire surgir en elle-même ces représentations concrètes, elles doivent également être innées […] de même qu'il [Descartes] affirme parallèlement à Regius l'innéité des idées des choses sensibles et celle d'axiomes comme : "Deux quantités égales à une troisième sont égales entre elles" » (A.T., VIII, B, 359), ainsi dès 1641, après avoir évoqué les propriétés géométriques du triangle, il écrivait des idées en général : « Enfin je tiens que toutes celles qui n'enveloppent aucune affirmation ni négation nous sont *innatae* » ; et il prenait alors comme exemple les mêmes que dans le fameux passage des *Notae in programma* : « Car les organes des sens ne nous rapportent rien qui soit tel que l'idée qui se réveille en nous à leur occasion, et ainsi cette idée a dû être en nous auparavant » (À Mersenne, 22 juillet, 1641, A.T., III, 418).

> Et d'autant que mon esprit ne se servait pas bien en ce bas âge des organes du corps, et qu'y étant trop attaché il ne pensait rien sans eux, aussi n'apercevait-il que confusément toutes choses. Et bien qu'il eut connaissance de sa propre nature, et qu'il n'eut pas moins en soi l'idée de la pensée que celle de l'étendue, néanmoins, par ce qu'il ne concevait rien de purement intellectuel, qu'il n'imaginât aussi en même temps quelque chose de corporel, il prenait l'un et l'autre pour une même chose, et rapportait au corps toutes les notions qu'il avait des choses intellectuelles[17].

Descartes, comme précurseur des Lumières, comprend que l'homme n'a pas de nature en tant qu'il est esprit, même si l'esprit est lui-même doté de lumières naturelles, et que l'enfance est une guise de nature humaine. Le processus de libération est donc un processus de dénaturalisation, et la dénaturalisation, encore une fois, se fait par l'analyse. Il faut noter toutefois, que cette dénaturalisation est nécessaire pour accéder à une connaissance des choses et à la conscience de soi. Pour autant, Descartes réfléchira sur cette nature dans les *Passions de l'âme*, et si elle n'est pas nécessitante, elle est néanmoins irréductible. Aussi la liberté sera-t-elle toujours déjà en situation.

La confusion vient donc de l'union de l'âme et du corps et de la difficulté à les séparer, ce dont se chargera la radicalité du dualisme cartésien, qui à cet égard a une utilité toute méthodologique. L'unité est première et c'est en quelque sorte cela, la nature de l'homme. Le dualisme est second du point de vue de la connaissance, d'où la difficulté, toujours du point de vue de la connaissance, de penser en retour l'unité. Mais elle est première aussi ontologiquement parlant : l'homme n'échappe pas à sa nature, même s'il échappe à la nature. Par ailleurs, ce texte pose par un autre biais la question de la finalité, résolue ici par cette temporalité propre à l'esprit qui en s'imposant échappe à la temporalité de la vie : à lire Descartes, on a l'impression qu'essentiellement, chez l'enfant, l'esprit est trop lié au corps pour qu'il puisse s'en distinguer, même si sont déjà en lui l'idée d'étendue, et la pensée de lui-même. Comment expliquer que ces pensées soient en lui sans être actuelles ? Le finalisme aristotélicien et son couple de concepts que forment l'acte et la puissance se réintroduiraient-ils subrepticement dans la pensée cartésienne ? Tout au moins dans la pensée de l'évolution de l'homme, de son déploiement, et donc dans l'inscription du processus de connaissance dans la vie ?

---

17 *Réponses aux sixièmes Objections*, A.T., IX p. 239-240.

ENFANCE, CONSCIENCE ET CONSCIENCE DE SOI

ENFANCE ET PENSÉE

Encore une fois, c'est le problème de la temporalité qui se pose dans son rapport avec l'essence de l'homme, et de la pensée. La pensée est-elle là de tout temps ? Oui, si l'on en croit la lettre à Arnaud du 29 juillet 1648, évoquée au seuil de ce travail, et qui propose une distinction très étonnante entre la pensée directe et la pensée réflexive :

> Enfin, de même que nous distinguons entre la vision directe et la vision réfléchie, parce que celle-là résulte de la première rencontre des rayons, celle-ci de la seconde ; de même, j'appelle les premières et simples pensées des enfants, (par exemple quand ils sentent de la douleur du fait qu'un vent gonfle leurs intestins, ou de la volupté du fait qu'ils sont nourris d'un sang frais), je les appelle dis-je des pensées directes et non réfléchies ; mais lorsqu'un adulte sent quelque chose et qu'il ne l'a pas senti auparavant, cette seconde perception, je l'appelle réflexion et je la rapporte à l'entendement seul, bien qu'elle soit tellement jointe à la sensation qu'elles ont lieu ensemble et ne semblent pas se distinguer l'une de l'autre[18].

Texte très singulier, où l'on voit que le nourrisson pense. Ceci n'est pas sans poser de problème. On sait que pour Descartes, la réflexion nécessaire à la prise de conscience n'exige pas une seconde intention, mais s'effectue dans un simple approfondissement, mené par l'attention qui permet de se dépouiller des obstacles sensibles. Et ce problème a déjà été soulevé par un autre philosophe, que Descartes semble avoir connu, puisque ses contemporains lui ont fait part de quelques rapprochements possibles, il s'agit évidemment de saint-Augustin. Descartes lui-même en fait état, dans une lettre à Colvius, du 14 novembre 1640[19], et dans la lettre à Mesland du 2 mai 1644, où il écrit :

---

18 Lettre à Arnauld, 29 juillet 1648, traduction française, *in* Descartes, *Œuvres*, éd. A. Bridoux, Gallimard, Bibliothèque de la Pléiade, 1946, p. 1306 et *sq.* A.T. V, p. 220-221.

19 A.T., III, 248 et X, 578 (qui complète la date, le nom du destinataire et l'expression : « un si grand personnage »).

> J'ai une très grande satisfaction de ce que mes pensées s'accordent avec celles d'un si grand saint et si excellent personnage[20].

Néanmoins, dans cette même lettre à Colvius, il tient à s'en démarquer : car si saint Augustin comme lui-même [s'en sert du cogito] pour prouver la certitude de notre être, ses développements sont théologiques », « au lieu que je m'en sers pour faire connaître que ce moi qui pense est une substance immatérielle », faisant référence au *De civitate Dei*[21]. Mais ce sera surtout Arnauld, qui attendra étrangement 1648 pour signaler à Descartes la quasi identité de certaines de ses phrases avec le livre X du *De Trinitate.* Or Arnauld connaît de près saint Augustin, indiquant à Descartes, tandis qu'il lit les *Méditations*, toute une série de références[22]. Pourquoi alors avoir attendu tout ce temps pour lui faire part de ces rapprochements ? Peut-être qu'une relecture approfondie de Descartes a fait surgir en lui ces liens, comme le propose Geneviève Lewis[23], en s'appuyant sur la lettre du 3 juin 1648[24] :

> *Quae de mentis a corpore distinctione disservisti, certa clara, perspicua, divina mihi videntur, atque ut veritate nihil antiquius, eadem fere a S. Augustino, toto pene libro 10 de Trinitate, sed maxime capite 10, luculenter esse disputat non sine magna voluptate percepi*[25].

---

20 A.T., IV, 113.

21 Par ailleurs, on sait que Mersenne lui avait signalé dès 1637 le « livre onzième du *De civitate Dei*, c. 26 », ce à quoi Descartes répond dans la lettre du 27 mai 1637 (A.T., I. 376) : « il ne me semble pas s'en servir à même usage que j'en fais. » Mersenne comme Descartes en ont pourtant perdu la référence, et c'est un lecteur des *Méditations* qui la lui indique à nouveau, afin qu'il consulte l'ouvrage à la bibliothèque de Leyde (toujours cette lettre à Colvius, A.T., III, 247). Pour ce qui concerne les autres passages, il n'a « jamais affirmé ni nié » les avoir connus auparavant. *Cf.* Gilson, *Commentaire sur le « Discours... »*, *op. cit.*, p. 297.

22 *Cf.* Descartes à Mersenne, 21 avril 1641, A.T., III, 358-359 : « Les lieux de saint Augustin cités par M. Arnauld sont, en la seconde page, *libri secundi de l. arb. C. 3* » (*cf.* A.T., VII, 197-198 sur le *Cogito*), « puis en la neuvième page il cite *De An. Quant., c. 15* et *Sol*, 1. I, c. 40 » (VII, 205 supériorité de l'entendement sur l'imagination), « Mais au principal passage qui est en la pénultième page, *Tria enim sunt, ut sapienter monet Augustinus, etc.*, il a oublié de citer le livre » (VII, 216, sur la distinction entre *intelligere*, *credere* et *opinari*, la référence étant *De util. Credendi* c. 15.) Dans la même lettre, à propos du Dieu non trompeur, Descartes écrit : « Ce qui est répété en tant de lieux dans saint Augustin, saint Thomas et tant d'autres. » (*ibid.* 360), ce qui fait conclure Espinas en faveur d'une connaissance de saint-Augustin par Descartes, voire d'une familiarité (*Descartes et la morale*, t. 1, p. 190-191)

23 G. Lewis, *Le problème de l'inconscient chez Descartes*, P.U.F, première édition 1950, 2e édition 1985, p. 35.

24 A.T. V, p. 186.

25 Arnauld à Descartes, 3 juin 1648, A.T., V, 186.

C'est donc par celui qui connaît fort bien saint Augustin que vient le questionnement sur l'enfant, questionnement auquel Descartes est sommé de répondre, tandis qu'Arnauld ressaisit sous une forme ramassée et précise cette objection courante chez les adversaires de Descartes :

> *Cum ea sit natura cogitationis, ut illius semper simus conscii, si semper acta cogitamus, debemus semper esse conscii nos cogitare ; at id experientiae repugnare videtur*[26].

Toujours est-il que la problématique s'annonce de façon à peu près identique, du moins saint Augustin se heurte-t-il au même problème : comment qualifier cette « co-présence de l'âme à elle-même lorsqu'elle était plongée dans les limbes de la petite enfance[27] » ? Or saint Augustin expliquait déjà l'apparente ignorance par une inattention due à l'entrave de l'esprit dans le corps, ou à son absorption dans les sensations extérieures[28]. Ainsi l'inconscience dans laquelle demeure l'enfant n'est-elle point insurmontable, on pourrait la qualifier de « subconscience[29] ». L'enfant ressentirait confusément la familiarité du *se nosse*, avant de pouvoir poser par une prise de conscience directe, le *cogitare se*[30]. C'est donc bien un effort d'attention qui sera requis pour accéder à cette conscience : *cognoscat ergo semetipsum… et se cogitet.* Il y aurait une science confuse qui

26 juillet 1648, A.T., V, 214. « Ce que vous avez écrit de la distinction qui est entre l'âme et le corps me semble très clair, très évident, et tout divin ; et, comme il n'y a rien de plus ancien que la vérité, j'ai eu une singulière satisfaction de voir que presque les mêmes choses avaient été autrefois agitées fort clairement et fort agréablement par saint Augustin, dans tout le livre dixième de la Trinité, mais principalement au chapitre dixième. », in Œuvres philosophiques de Descartes, vol. 4, GF., p. 12. *Cf.* 5e objections, A.T., VII, 246-247.

27 La formulation est de Geneviève Lewis, in *Le problème de l'inconscient et le cartésianisme, op. cit.* p. 28.

28 L.XIV, c. 5 : *Infantium mens an se noverit*, t. 42, (l'esprit des tout-petits a-t-il une connaissance de lui-même ?) c. 1040-1041 : *An etiam ipsa se nosse credenda est, sed intenta nimis in eas res quas per corporis sensus tanto majore, quanto noviore coepit delectatione sentire, non ignorare se potest, sed cogitare se non potest ?… Sed hanc aetatem omittamus, quae nec interrogari potest quid in se agatur, et nos ipsi ejus valde obliti sumus.* (Ou faut-il même croire à son sujet [au sujet de l'esprit des tout-petits] qu'il se connaît lui-même, mais qu'il est trop tourné vers les choses/objets qu'il a commencé à sentir par les sens corporels avec un plaisir d'autant plus grand qu'il est nouveau ? [Faut-il donc croire qu'] il [l'esprit des tout-petits] ne peut [donc] pas être ignorant de lui-même mais ne peut pas se penser lui-même ? Cependant laissons de côté cet âge de la vie que l'on ne peut interroger pour savoir ce qui se passe en lui, et qui ne nous laisse absolument aucun souvenir.)

29 G. Lewis, *Ibid.* p. 28.

30 *Ibid.* fin du § 7, qui renvoie à la distinction du l. X, c. 5, § 7 (c. 977) entre *se nosse* et *se cogitare.*

serait déjà conscience, dans la mesure où cet étrange « se savoir » n'est pas irréductible à la prise de conscience, et ne peut figurer comme un inconscient inaccessible à la conscience une fois qu'elle porte son attention sur lui. Ainsi, la prise de conscience se dégage progressivement au cours du développement temporel, et définit la pensée[31]. Il y a donc déjà un *scio* (qui correspond chez Descartes à la pensée directe), à partir duquel s'opère la réflexion : *scio me scire me vivere...et hoc me scire scio...et similiter in infinitum*[32]. Et en effet, cette pensée est si constitutive de l'essence de l'esprit, que saint Augustin se demande ce qu'il en serait si elle s'échappait à elle-même[33], et s'objectivait en quelque chose d'inaccessible au sujet, ou si l'on usait du vocable hégélien, en un soi inaccessible au pour soi. Démarche pourtant revendiquée des néopositivistes en tous genres, qui dans l'objectivation de l'esprit, l'aliènent et le coupent de lui-même (*quasi aliud ipsa sit, aliud conspectus ejus* écrit saint Augustin) : l'âme en son identité est présence à elle-même, et c'est ce que nous retrouvons chez Descartes, qui le premier introduit un nouvel usage du mot conscience, dans une perspective psychologique, en mettant

---

31 *Ibid.*, 1. XIV, c. 5, § 8, c. 1041 : *Hinc tantum certos nos esse sufficerit, quod cum homo de animi sua cogitare potuerit, atque invenire quod verum est, alibi non inveniet, quam penes se ipsum. Inveniet autem, non quod nesciebat, sed unde non cogitabat. Quid enim scimus, si quod est in nostra mente nescimus ; cum omnia quae scimus, non nisi mente scire possimus.* (Par conséquent, il nous suffira d'être certains seulement de ceci, le fait que, lorsque l'homme peut penser au sujet de son âme, et trouver [à ce sujet] la vérité, il ne la trouvera pas ailleurs qu'en lui-même. Et ce qu'il trouvera, ce n'est pas ce qu'il ignorait, mais d'où il ne pensait pas. Car quelle connaissance est la nôtre si nous ignorons ce qui est dans notre esprit, alors que toutes nos connaissances, nous ne pouvons les avoir autrement que par l'esprit ?)

32 *Ibid.* 1. XV, c. 12, § 21, c. 1074. C'est là un des points où les cartésiens se sépareront généralement de Saint Augustin.

33 *Ibid.* 1. XIV, c. 6, § 8, c. 1041 : *Tanta est tamen cogitationis vis, ut nec ipsa mens quodam modo se in conspectu suo ponat, nisi quando se cogitat : ac per hoc ita nihil in conspectu mentis est, nisi unde cogitatur, ut nec ipsa mens qua cogitatur quidquid cogitatur, aliter possit esse in conspectu suo, nisi se ipsam cogitando. Quomodo autem, quando se non cogitat, in conspectu suo non sit, cum sine se ipsa nunquam esse possit, quasi aliud si ipsa, aliud conspectus ejus, invenire non possum.* (Notre faculté de penser est cependant si grande que l'esprit lui-même en aucune manière ne peut se poser comme objet de son propre regard que dans les moments où il se pense lui-même : et pour cette raison (*per hoc*), rien ne peut se trouver sous le regard de l'esprit, si ce n'est à partir de là d'où l'on pense, de sorte que (*ita... ut*) même l'esprit par lequel est pensé tout ce qui est pensé ne peut être sous son propre regard autrement qu'en se pensant lui-même. Seulement, ce qui fait que, quand il ne se pense pas lui-même, il ne se retrouve pas sous son propre regard alors qu'il est impossible à l'esprit d'être privé de lui-même, comme si l'esprit lui-même [*ipsa*, sous-entendu *mens*] et son regard étaient deux choses différentes, voilà ce que je ne peux pas trouver [= élucider].) Saint Augustin résoudra la difficulté par l'appel à la mémoire (c. 1042).

l'accent sur cette propriété de la pensée qu'est le témoignage intérieur que chacun éprouve en lui-même[34]. Augustin résout la difficulté par la *memoria sui* et la présence de Dieu en soi :

> Les seuls termes psychologiques modernes, dit M. Gilson, qui soient équivalents à la *memoria* augustinienne sont ceux d'inconscient ou de subconscient, pourvu qu'on les élargisse eux-mêmes… jusqu'à inclure outre la présence à l'âme de ses propres états non actuellement perçus, la présence métaphysique à l'âme d'une réalité distincte d'elle et transcendante telle que Dieu[35].

Or Dieu est plus intime à nous-mêmes que nous-mêmes, malgré les « divertissements » que nous proposent (nous imposent ?) le monde et le moi, ce qui n'empêche point de le découvrir ultérieurement[36]. Augustin va procéder par une dialectique entre conscient et inconscient, au sein de l'expérience concrète, la transparence de l'âme étant au terme, et non point au départ ; en effet, c'est par la seule expérience concrète de la reviviscence du souvenir que le philosophe reconnaît la préexistence de l'esprit : *Invenies te scientem, quod te nescire putaveras*[37]. Il y aurait donc un inconscient dynamique et proprement psychologique qui anime la vie de la conscience, et qu'Augustin dégage par une dialectique au cœur de l'expérience. Or Descartes privilégie l'analyse, au rebours de la dialectique, du moins à première vue. Aussi cette mémoire sera-t-elle à trouver au sein d'une analyse plus structurale qu'à la faveur d'une dialectique. C'est ce que nous allons tenter de montrer.

Si la difficulté est formulée et semble-t-il résolue par cette *memoria sui*[38], résolution fort séduisante, et dont on pourrait chercher quelques

---

34 *Cf.* G. Lewis, *le problème de l'Inconscient et le cartésianisme*, *op. cit.*, p. 39.

35 *Ibid.* sur l'identification de *memoria* avec *Unbewusst*, *cf.* Schmaus, *op. cit.*, p. 324-325.

36 Sur la solution augustinienne, *cf.* G. Lewis, *Le problème de l'inconscient et le cartésianisme*, *op. cit.*, p. 28-33.

37 *Ibid.* c. 7, § 9, c. 1043.

38 *Ibid.* c. 1042 : *Proinde restat ut aliquid pertinens ad ejus naturam sit conspectus ejus, et in eam, quando se cogitat, non quasi per loci spatium, sed incorporea conversione revocetur : cum vero non se cogitat, non sit quidem in conspectu suo, nec de illa sua formetur obtutus, sed tamen noverit se tanquam ipsa sit sibi memoria sui.* « Par conséquence, il reste [à comprendre] que son regard [= le regard de mens], est quelque chose qui appartient à sa nature, et qu'il [mens] est rappelé à lui, quand il se pense lui-même, non pas comme au travers d'un espace physique, mais par un retournement [sur soi] incorporel ; que par contre, lorsqu'il ne se pense pas lui-même, il n'est pas même sous son propre regard, et aucune observation ne se forme [= ne peut se former] au sujet de lui-même [ou : de sa propre nature], et pourtant il se connaît lui-même comme étant à lui-même une mémoire de soi-même. » ou traduction

traces chez Descartes, elle demeure néanmoins insatisfaisante – et ce précisément parce que la mémoire, si elle est condition de possibilité du doute et de la temporalisation de la pensée sur les six jours des *Méditations métaphysiques*, n'est pas elle-même objet du doute. Aussi demeure-t-elle ininterrogée par Descartes, tout en rendant possible pour l'âme, d'être dans une certaine mesure en dehors du champ de vision sans être extérieure à elle-même. La partition entre pensée directe et pensée réfléchie recouvre-t-elle ce que plus tard on appellera conscience non réflexive, ou cogito pré-réflexif, ou encore cogito latent, contre cogito réflexif, qui renvoie au cogito cartésien ? Apposer une simple terminologie n'est pas résoudre le problème[39]. Or la question est plutôt de savoir si le renvoi au sujet accompagne immédiatement chaque fait de conscience, ou s'il suppose un retour explicite sur la conscience qui est d'abord conscience d'objet, c'est-à-dire vécue dans sa seule visée et confondue avec son idéat. Et il semble bien que chez Descartes, toute pensée, toute action, s'accompagne du sentiment d'une présence à soi :

> Mais si l'on veut conclure son existence du sentiment ou de l'opinion qu'on a, qu'on respire, en sorte qu'encore même que cette opinion ne fût pas vraie, on juge toutefois qu'il est impossible qu'on l'eût, si on n'existait, on conclut fort bien, à cause que cette pensée de respirer se présente alors à notre esprit avant celle de notre existence, et que nous ne pouvons douter que nous ne l'ayons pendant que nous l'avons. Et ce n'est autre chose à dire en ce sens-là : Je respire, donc je suis, sinon Je pense donc je suis[40].

ou encore

---

de ce passage du livre XIV du De Trinitate de M. Devoille (1868) : « Cette vue, lorsque l'âme ne pense pas à elle-même, ne lui est pas présente, ne devient pour elle le but d'aucun regard, bien qu'elle se reconnaisse encore et qu'elle soit en quelque sorte pour elle-même sa propre mémoire. », qu'on peut trouver sur internet : http://www.abbaye-saint-benoit.ch/saints/augustin/trinite/livre14.htm#_Toc512851095.

39 Jean Paul Sartre, dans *L'Être et le Néant* écrit p. 20 : « c'est la conscience non réflexive qui rend la réflexion possible : il y a un *cogito* pré-réflexif qui est la condition du *Cogito* cartésien. » (*cf.* la communication à la Société française de philosophe sur *Conscience et connaissance de soi*, le 2 juin 1947). Maurice Merleau Ponty, écrit également, dans la *Phénoménologie de la perception*, Paris 1645, p. 462 et 463 : « Par delà le *cogito* parlé, celui qui est converti en énoncé et en vérité d'essence, il y a bien un *cogito* tacite, une épreuve de moi par moi… Ce qu'on croit être la pensée de la pensée, comme pur sentiment de soi ne se pense pas encore et a besoin d'être révélé », mais il conclut : « Le *cogito* tacite n'est *Cogito* que lorsqu'il s'est exprimé lui-même. »

40 A Reneri pour Pollot, avril ou mai 1638 (d'après l'édition Adam-Milhaud, t. II, p. 236, qui complète le nom du destinataire), A.T., II, 38.

> *nec licet inferre, exempli causa : ego ambulo, ergo sum, nisi quatenus ambulandi conscientia cogitatio est*[41].

Car il n'est pas besoin

> d'une science réfléchie, ou acquise par une démonstration, et beaucoup moins de la science de cette science, par laquelle il connaisse qu'il sait, et derechef qu'il sait qu'il sait, et ainsi jusqu'à l'infini, étant impossible qu'on en puisse jamais avoir une telle d'aucune chose que ce soit, mais il suffit qu'il sache cela par cette sorte de connaissance intérieure qui précède toujours l'acquise, et qui est si naturelle à tous les hommes, en ce qui regarde la pensée et l'existence, que, bien que peut-être étant aveuglés par quelques préjugés, et plus attentifs au son des paroles qu'à leur véritable signification nous puissions feindre que nous ne l'avons point, il est néanmoins impossible qu'en effet nous ne l'ayons[42].

La référence au moi semble spontanée, et la réflexion n'ajoute pas une pensée différente, mais constitue un simple progrès intérieur : l'effort d'approfondissement est permis par l'attention en acte, qui fait surgir sans discontinuité, le sujet pensant de ses perceptions confuses, en tant qu'il est toujours présent. Mais est-ce vraiment le cas du nourrisson, et la pensée directe contient-elle réellement, à cet âge de la vie où l'homme semble peu se distinguer de l'animal, un renvoi à un Je[43] ?

PENSÉE NON RÉFLEXIVE : VERS L'IDÉE D'UNE PENSÉE INCONSCIENTE

Dans la lettre à Arnaud, Descartes établit donc lui aussi clairement l'existence d'une pensée inconsciente, c'est-à-dire qui n'a pas conscience d'elle-même, tout en étant accessible dans le progrès du temps, à une

---

41 5e Réponses, A.T., VII, 352. Il n'est pas permis d'inférer : je marche, donc je suis, sauf à considérer que la conscience de la marche est une pensée / Et il n'est pas possible de tirer une conclusion (*inferre*), par exemple *je marche, donc je suis*, sans que dans une certaine mesure la conscience de marcher soit une pensée.

42 A.T., IX, 225, *cf.* VII, 422 : le latin n'emploie pas ici *conscientia*, mais parle de *cognitione illa interna, quae reflexam semper antecedit, et quae omnibus hominibus...innata est.* (« par cette sorte de connaissance intérieure qui précède toujours l'acquise, et qui est si naturelle à tous les hommes, [en ce qui regarde la pensée et l'existence, que, bien que peut-être étant aveuglés par quelques préjugés, et plus attentifs au son des paroles qu'à leur véritable signification, nous puissions feindre que nous ne l'avons point, il est néanmoins impossible qu'en effet nous ne l'ayons]... » A.T., IX, p. 225.

43 C'est ce que nous traiterons dans les pages suivantes. *Cf.* les passages sur les nourrissons et les animaux.

prise de conscience. La perception est toujours déjà pensée. Or ce qui est intéressant dans cette distinction entre pensée directe et pensée réflexive ou réflexion, c'est le rôle que joue la mémoire. De même qu'il y a d'un côté la temporalité de la vie, de l'autre la temporalité de l'esprit, de même, il y a deux mémoires : celle de l'intellection pure qui échappe à la mémoire « corporelle » (ou plus précisément mémoire de l'union de l'âme et du corps, en tant qu'elle s'inscrit dans le corps) faite de répétition, et qui reconnaît la nouveauté : reconnaître la nouveauté, c'est d'une certaine façon accompagner la perception de la conscience de la perception. De l'autre côté, la pensée directe ne laisse aucune trace, sinon dans quelques plis du cerveau qui ne permettent pas la reconnaissance :

> Il ne suffit pas pour nous souvenir d'une chose que cette chose se soit offerte auparavant à notre esprit et qu'elle ait laissé dans le cerveau quelques traces à l'occasion desquelles cette même chose se présente de nouveau à notre pensée ; mais il est requis en sus que nous reconnaissions, lorsqu'elle se présente pour la deuxième fois, que cela se fait parce qu'elle a été aperçue auparavant par nous[44].

Et Descartes précise bien que l'on ne peut se souvenir que si les traces laissées dans le cerveau par les pensées précédentes, ont fait l'objet, dès la première impression, d'une intellection pure, laquelle seule est à même de

> remarquer que la chose qui s'offrait alors à notre esprit était nouvelle, c'est-à-dire qu'elle n'avait jamais été aperçue auparavant ; car il ne peut y avoir aucune trace corporelle de cette nouveauté[45].

Dès lors, si je ne me souviens que de ce que j'ai remarqué une première fois, qu'en est-il de ce que ma pensée directe a perçu sans pour autant en faire l'objet d'une intellection pure ? Descartes rejette le problème d'un tour de main, répondant à Gassendi dans les *Réponses aux cinquièmes Objections* :

> Mais, dites-vous, vous êtes en peine de savoir si « je n'estime donc point que l'âme pense toujours. » Mais pourquoi ne penserait-elle pas toujours, puisqu'elle est une substance qui pense ? Et quelle merveille y a-t-il de ce que nous ne

44 Lettre à Arnauld du 28 juillet 1648, A.T. V, p. 220, traduction in Descartes, *Œuvres*, éd. A. Bridoux, Gallimard, Bibliothèque de la Pléiade, 1946, p. 1306.

45 *Ibid.* A.T., V, p. 220, traduction *in* Descartes, *Œuvres*, éd. A. Bridoux, Gallimard, Bibliothèque de la Pléiade, 1946, p. 1307.

> nous ressouvenons pas des pensées qu'elle a eues dans le ventre de nos mères, ou pendant une léthargie, etc., puisque nous ne nous ressouvenons pas même de plusieurs pensées que nous savons fort bien avoir eues étant adultes, sains et éveillés, dont la raison est que, pour se ressouvenir des pensées que l'esprit a une fois conçues tandis qu'il est conjoint au corps, il est nécessaire qu'il en reste quelques vestiges imprimés dans le cerveau, vers lesquels l'esprit se tournant, et appliquant à eux sa pensée, il vient à se ressouvenir ; or qu'y a-t-il de merveilleux si le cerveau d'un enfant ou d'un léthargique n'est pas propre pour recevoir de telles impressions[46] ?

Certes, il importe peu qu'on ne se souvienne pas de tout, cela n'est point requis, et même antinomique avec la vie de l'esprit, pourtant, cette absence totale d'impression accentue la difficulté de rendre compte d'une continuité à soi, de l'enfance à l'âge adulte ; et si telle n'est pas la problématique de Descartes, il y revient suffisamment souvent pour sauver sa définition de l'âme comme chose pensante, y compris chez les nourrissons. Par conséquent il y a bien un problème, sinon chez Descartes du moins chez ses interlocuteurs, et si Gassendi est souvent peu crédible, Arnauld, lui l'est incontestablement aux yeux de Descartes. Il nous semble donc qu'il faille trouver chez Descartes lui-même une réponse plus étayée pour contrer le problème.

Et nous reformulons la question : comment reconnaître cette pensée directe qui ne donne pas lieu à la mémoire de s'exercer ? Ou plutôt, comment attester de son existence dès lors que l'on n'a aucun moyen pour y parvenir, sinon par une reconstitution que le cadre méthodologique cartésien n'autorise pas ?

C'est l'un des points aveugles que souligne Jean-Marie Schaeffer, dans *La fin de l'exception humaine*, et si son hostilité à Descartes est bien souvent fondée sur un parti pris naturaliste revendiqué, son argument n'en est pas moins recevable :

> Un troisième point aveugle du cogito réside dans son incapacité à apporter une réponse à la question de la genèse du « moi[47] »

qui répond à la formule catégorique et provoquante de Descartes :

---

46 *Réponses aux cinquièmes Objections*, traduction *in* Descartes, *Œuvres*, éd. A. Bridoux, Gallimard, Bibliothèque de la Pléiade, 1946, p. 482 (le texte ne figure pas dans la version française de A.T.)

47 Jean-Marie Schaeffer, *La fin de l'exception humaine*, Gallimard, p. 100.

> Je ne doute point que l'esprit, aussitôt qu'il est infus dans le corps d'un enfant, ne commence à penser et que dès lors, il ne sache qu'il ne pense (*simulque sibi suae cogitationis conscia sit*)[48].

Nous allons voir comment la formulation de la question est à la fois erronée et fondée sur ce qu'elle veut prouver, et en même temps pose un véritable problème, qui engage à nouveau la lecture de Foucault sur la folie et la problématique de la mémoire et de l'identité, à travers le prisme de l'enfance.

Pour le moment, la question de la genèse du moi ne semble pas poser problème à Descartes qui en fait même le récit dans le *Discours de la méthode*[49]. Autrement dit, il est très clair, et Schaeffer semble volontairement l'ignorer, que le cogito se distingue du moi tel qu'il s'est construit chronologiquement et biographiquement. C'est ce passage entre le moi et le cogito qui nous intéresse et qu'il nous semble pouvoir résoudre par l'analyse des différentes temporalités chez Descartes. Néanmoins, Schaeffer poursuit :

> On peut le montrer à travers la distinction entre représentations réflexives et représentations directes, que Descartes introduit pour rendre compte de la différence de la vie représentationnelle du petit enfant comparée à celle de l'adulte

renvoyant à la fameuse lettre à Arnauld que nous avons citée. Schaeffer souligne que chez Descartes, le petit enfant n'a pas accès au cogito, reliant ce constat à un autre, à savoir que tout adulte a d'abord été enfant. Et de poser la question cruciale, qui nous occupe depuis le début de ce travail :

> quels sont les liens entre l'enfant que j'ai été et le cogito que je suis ?

En effet, si l'on part d'une analyse génétique, voire généalogique, il est impossible de rendre compte du cogito à partir de l'enfance de

---

48 4e réponses, A.T., IX, 190 (VII, 246-247)

49 Nous verrons plus tard comment le fait que le « je » ne puisse raconter les conditions de sa propre émergence, à moins de faire cercle, participe de l'écriture de soi, et d'une forme d'indistinction entre narration fictionnelle et narration autobiographique : c'est le caractère irrécupérable et déchu du référent et de l'origine qui rend à la fois possible et impossible l'écriture de soi, tout en la dirigeant vers la voie fictionnelle – ce qui permettrait d'expliquer le choix du statut de « fable » revendiqué par Descartes dans le *Discours de la méthode.*

l'homme. Le cogito est rupture, son histoire est celle de sa découverte, non pas celle de sa genèse. Et pourtant, il faut reconnaître que Descartes, d'une certaine manière, est tenté par cette lecture généalogique puisqu'il atteste que le nourrisson pense, parce que l'homme adulte pense[50], tout en se privant de preuves mémorielles. Il s'agit de nous interroger sur la nature de ce « parce que ».

Et pour ce, intéressons-nous à ce caractère de « nouveauté » qui permet la reconnaissance. Ce qui est nouveau, c'est la conscience, laquelle est neuve même si la perception dont on a soudain conscience est ancienne. La conscience a ce double effet qu'elle extrait la perception de son cours habituel, qu'elle en fait un objet de réflexion, et qu'elle renvoie à soi-même, comme sujet de la perception.

Premier point : la conscience fait rupture, en ce qu'elle double la perception d'une conscience de la perception. Cette conscience de la perception ne vient pas de la réflexion elle-même. Et l'on serait bien en peine de savoir d'où elle vient, puisqu'elle est première en son ordre, mais qu'elle n'est elle-même autoréflexive que dans un second temps. Autrement dit, ce qui la caractérise, c'est le second point, à savoir qu'elle ramène une perception à un je. Ce que ne fait pas la pensée directe – même si Descartes semble l'affirmer, mais comment peut-il le prouver ? Sinon en attestant de l'évidence naturelle –, à tel point qu'on peut se demander si cette pensée est bien celle d'un ego. Et c'est plutôt cela le problème, le moi n'est pas premier en ce qu'il ne se reconnaît pas comme tel, du moins généalogiquement est-il second, même si la pensée est déjà présente, mais inconsciente au sens où une pensée inconsciente est une pensée qui ne se sait pas elle-même et qui est incapable de se ramener à un sujet (on parlera alors de subconscience).

On peut donc à juste titre douter que le nourrisson rapporte à soi-même cette sensation de douleur. Mais alors quel est ce soi qui reçoit et perçoit cette sensation ? Quel est le soi qui ne peut dire je, qui fait partie du monde, ou plus originairement du ventre de la mère ? N'y a-t-il de pensée directe que parce que par la suite, cette pensée directe

50 Descartes avoue en effet à Morus, dans la lettre du 15 avril 1649, que seule l'identité de nature entre l'enfant et l'adulte nous permet d'attribuer une âme au premier : *Nec judicarem infantes esse mente praeditos, nisi viderem eos esse ejusdem naturae cum adultis.* A.T., V, 345. « …cependant je ne croirais pas que les enfants eussent une âme, si je ne voyais qu'ils sont de la même nature que les adultes. » *Œuvres philosophiques* de Descartes, vol. 3, GF, p. 370.

donnera lieu à une réflexion, laquelle la rattachera à un Je dont elle sera la production ? Comment penser une pensée qui ne se pense pas et qui dès lors n'est pas rattachée à un sujet ? Serait-ce parce que le sujet est latent, et qu'il attend de sortir des limbes pour advenir à lui-même ? Ou le sujet se construit-il sur fond d'inconscience ou de subconscient, qu'il a charge de conquérir et de s'approprier ? Le temps de l'enfance est un temps d'inconscience, d'ignorance, d'immédiateté, et ce temps se sédimente, notamment à travers les passions. Il faudra sortir de ce temps là pour accéder à la reconnaissance de la nouveauté, mémoire purement intellectuelle qui fait paradoxalement fi du temps, lequel ne semble pas laisser de trace, à moins justement que

> [e]n même façon, nous disons qu'il n'y a point de traces d'homme sur le sable où nous ne voyons aucune empreinte d'un pied humain, encore qu'il puisse s'y trouver [sur le sable] bien des inégalités faites par des pieds humains, qui par conséquent peuvent en un autre sens être appelées des traces d'hommes[51].

L'enfant est-il alors un homme, ou un homme en puissance ? Et s'il n'est pas un homme en puissance, quel est-il ?

Y a-t-il des traces de l'enfant dans l'homme devenu ? Ce qui n'est pas la même question qu'implique la formulation des généalogistes, à savoir : y a-t-il des traces de l'homme dans l'enfant ?

Oui et non répond Descartes. Et puisque ce point n'est pas éclairci, on peut légitimement se demander si les enfants ne sont pas semblables aux bêtes, puisque rien en eux n'atteste la présence de la pensée, si ce n'est que plus tard, elle s'autonomisera et par là se manifestera. Car après tout, quelle est la différence si ce n'est que l'enfant va devenir homme, autrement dit si ce n'est ce que l'enfant est en puissance ?

L'ENFANT ET LA BÊTE

Le rapport entre les enfants et les bêtes est à lire à un double niveau : dans un premier temps, la croyance en la pensée des animaux est elle aussi issue de l'enfance, à tel point qu'elle en pourrait être le paradigme :

> Il est certain, écrit Descartes dans la Lettre à *** mars 1638, que la ressemblance qui est entre la plupart des actions des bêtes et les nôtres, nous a donné,

51 Lettre à Arnauld, 29 juillet 1648, A.T., V, p. 220, traduction *in* Descartes, *Œuvres*, éd. A. Bridoux, Gallimard, Bibliothèque de la Pléiade, 1946, p. 1307.

> dès le commencement de notre vie, tant d'occasions de juger qu'elles agissent par un principe intérieur semblable à celui qui est en nous, c'est-à-dire par le moyen d'une âme qui a des sentiments et des passions comme les nôtres, que nous sommes tous naturellement préoccupés de cette opinion. Et, quelques raisons qu'on puisse avoir pour la nier, on ne saurait quasi dire ouvertement ce qui en est, qu'on ne s'exposât à la risée des enfants et des esprits faibles. Mais pour ceux qui veulent connaître la vérité, ils doivent surtout se défier des opinions dont ils ont été ainsi prévenus dès leur enfance[52].

Descartes introduit donc la pensée des bêtes comme le préjugé exemplaire issu de l'enfance qui s'explique par l'idée de ressemblance ou de projection. Or « [...] la ressemblance qui est entre quelques actions extérieures des animaux et les nôtres, [laquelle] n'est nullement suffisante pour prouver qu'il y en ait aussi entre les intérieures[53]. » Ressemblance et donc projection :

> [...] je ne vois pas [...] sur quel argument vous vous fondez pour assurer avec tant de certitude qu'un chien discerne et juge de la même façon que nous, sinon parce que, voyant qu'il est aussi composé de chair, vous vous persuadez que les mêmes choses qui sont en vous se rencontrent aussi en lui. Pour moi, qui ne reconnais dans un chien aucun esprit, je ne pense pas qu'il y ait rien en lui de semblable aux choses qui appartiennent à l'esprit[54].

Descartes fait clairement le procès de la ressemblance et de l'inférence qui en découle, processus inconscients et immédiats qui règlent notre rapport au monde spontané. D'où sa méfiance et sa mise à distance de toute forme de spontanéité qui empêche la connaissance vraie. Pour autant, de cette méfiance inférer que les animaux n'ont pas d'âme est tout aussi illégitime, ce dont Descartes se justifie dans la lettre à Morus du 5 février 1649 :

> Bien que je tienne pour démontré qu'on ne peut prouver qu'il y a une pensée chez les bêtes, je ne crois pas cependant qu'on puisse démontrer qu'il n'y en a pas, parce que l'esprit humain ne pénètre pas leur cœur[55].

Cette assertion est remarquable en ce qu'elle interroge en creux l'altérité : l'esprit humain ne pénètre en réalité en aucun cœur. Ni celui des bêtes,

---

52 Lettre à *** mars 1638, A.T. II, p. 39.

53 *Ibid.* A.T., II, p. 41.

54 *Réponses aux cinquièmes Objections.*

55 Lettre à Morus, 5 février 1649, traduction in Descartes, *Œuvres*, éd. A. Bridoux, Gallimard, Bibliothèque de la Pléiade, 1946, p. 1319, A.T. V, p. 276-277.

ni celui d'autrui. Autrui n'est identifié comme un homme que parce qu'il manifeste la pensée à travers la parole. Mais si l'on peut entendre sa pensée, on ne pénètrera pas plus son cœur, à moins de procéder à l'analogie à partir du nôtre, ce qui est irrecevable. Autrement dit, la reconnaissance de l'autre en tant qu'autre et non en tant qu'automate portant manteau et chapeau, passe par un témoignage aussi bien sensible qu'intellectuel de sa pensée. Là encore, la médiation est nécessaire pour reconnaître autrui (il est entendu qu'il n'est pas connaissable, puisque chaque ego est enfermé en lui-même et n'a d'accès direct qu'à Dieu puisque sa transcendance est immanente). Le sujet est bien seul au monde, si ce n'est par la médiation de cet unique Autre[56], c'est le prix à payer pour sortir de l'enfance (et du monde).

Et de fait, sortir de l'enfance, c'est se délester de la pensée des autres qui nous traverse de part en part, par le biais des « précepteurs ». La méfiance à l'égard de l'autre est l'une des conditions de l'accès à la droite raison. L'existence d'autrui fait problème en tant qu'elle met en échec la toute-puissance de ma raison, dont le corrélat est l'unité et l'universalité : comment à partir de ma raison penser la pluralité ? Cette catégorie politique[57] est-elle rendue impensable dans l'œuvre métaphysique de Descartes ? Si la déduction mathématique permet une intersubjectivité qui n'en est pas vraiment une, puisque les subjectivités sont alors identiques, inféodées à l'ordre des raisons, tout ce qui relève du domaine moral doit bien mettre en rivalité les uns et les autres. N'est-ce pas ce qu'atteste Descartes dans la première Méditation lorsqu'il écrit, à propos de ce préjugé d'un Dieu trompeur :

> Or qui me peut avoir assuré que ce Dieu n'ait point fait qu'il n'y ait aucune terre, aucun ciel, aucun corps étendu, aucune figure, aucune grandeur, aucun lieu, et que néanmoins j'aie les sentiments de toutes ces choses, et que tout cela ne me semble point exister autrement que je le vois ? Et même, comme

56 3e Méditation, « il suit de là nécessairement, que je ne suis pas seul dans le monde », mais cette solitude, qui est un autre mot pour désigner l'immanence radicale dans laquelle je me suis enfermée pour analyser les idées, *epochè* méthodologique qui est le moment proprement phénoménologique des *Méditations*, s'ouvre sur une altérité radicale, celle de Dieu, qui n'est pas celle de l'autre homme. Certes cette altérité modélise la possibilité de l'Autre, mais Descartes ne fait pas cas à proprement parler de l'autre homme, sous ce prisme de l'altérité. Ce que fera au contraire Levinas, ouvrant le champ éthique.

57 Pour Hannah Arendt qui en fait le lieu même de l'espace politique, mais aussi de « l'humanité » en tant qu'il est espace d'apparition de mon humanité…

> je juge quelquefois que les autres se méprennent, même dans les choses qu'ils pensent savoir avec le plus de certitude, il se peut faire qu'il ait voulu que je me trompe toutes les fois que je fais l'addition de deux et de trois, ou que je nombre les côtés d'un carré, ou que je juge de quelque chose encore plus facile, si l'on se peut imaginer rien de plus facile que cela[58][?]

La plupart des commentateurs[59] y voient une forme d'introduction à la fiction du malin génie et le passage du doute naturel au doute métaphysique. Pourtant, ce doute demeure naturel puisqu'il s'adosse à un « préjugé » : « Toutefois il y a longtemps que j'ai dans mon esprit une certaine opinion[60]... », définition même du préjugé : l'opinion est ce qui n'a pas été réfléchi ; elle est « dans » l'esprit, et non par l'esprit ou de l'esprit ; et le « il y a longtemps » entérine le caractère d'un faux savoir, que seul le temps a rendu crédible. C'est donc bien le passage à la fiction qui élève le doute à son statut métaphysique. Mais ce qui nous intéresse ici est la raison pour laquelle ce préjugé pourrait être validé ou invalidé : qui pourrait bien m'assurer ? Question rhétorique, mais pas seulement, puisqu'il rajoute :

> Et même, comme je juge parfois que les autres se méprennent, même dans les choses qu'ils pensent avoir le plus de certitude, il se peut...

Autrement dit, Descartes met en parallèle la possibilité pour moi de me tromper même dans les choses que je sais avec le plus de certitude, que

58 A.T. IX, p. 16 (c'est nous qui soulignons)

59 À titre d'exemple, Alquié : « Le premier recours est celui d'une opinion reçue par ouï-dire. À savoir l'idée d'un Dieu infiniment puissant qui possèderait le pouvoir de nous tromper. Cette opinion suffit à créer un léger doute. Et à partir de ce doute, la volonté du philosophe va rejeter la totalité de ce que l'intelligence nous garantissait comme naturel et certain. C'est encore un acte de décision volontaire, qui consiste cette fois à étendre le doute à son maximum et à rejeter *volontairement* comme faux tout ce qui me paraissait jusque-là certain, et qui manifeste la liberté de ma volonté à suspendre tout jugement. Liberté qui s'exprime dans mon pouvoir de négation. » Pour Gueroult, *Descartes, selon l'ordre des raisons* I, *op. cit.* p. 41-42 : « Descartes va donc inventer une fiction rationnelle, de façon à s'obliger à douter de ces vérités indubitables, dont l'autonomie et l'autosuffisance étaient la conclusion des *Regulae*. La réflexion va donc s'élever du plan naturel au plan métaphysique. Comment Descartes va-t-il mettre en œuvre cette réflexion ? par la mise en regard avec une opinion métaphysique "reçue par ouï-dire" : il s'agit de l'idée de Dieu, mais d'une idée vague, d'un préjugé, qui attribuerait à la toute-puissance divine, la possibilité de faire le mal et donc de nous tromper. Et il semble logique, de prime abord, que si Dieu est en effet tout puissant, rien ne l'empêche de me tromper. »

60 A.T. IX, p. 16.

j'aperçois clairement et distinctement, et l'erreur des autres accompagnée de la même certitude. Certes, il est vrai que la certitude est d'égale qualité du point de vue subjectif : mais qu'est-ce qui différencie une vraie certitude d'une fausse dès lors qu'elle est éprouvée dans son caractère d'apodicticité ? Ce bref passage ouvre un champ sur l'altérité – et il en est peu dans l'œuvre de Descartes. Je juge que les autres se trompent, mais peut-être ne suis-je pas à même de juger de ma propre erreur quand elle s'accompagne de clarté et de distinction. Il est alors besoin de la caution divine. Mais avant la troisième Méditation, qui dira des autres ou de moi-même celui qui détient le vrai ? Il faut un tiers, et un tiers immanent, mais immanent à chacun ; autrement dit la rencontre de l'autre semble rendue impossible, et peut-être est-ce là une vérité indépassable. Pourtant, la relation entre le sujet et Dieu pourrait constituer le paradigme du rapport à l'altérité : demeure en effet l'idée que deux libertés se rencontrent dans une immanence où persiste l'altérité radicale. Certes, le rapport hiérarchique de Dieu à l'homme ne peut donner lieu au modèle qui permettrait de penser un rapport égal de l'homme à l'homme, qui lui-même n'est pas nécessairement le lieu de l'éthique. Néanmoins, il y a quelque chose à retenir de l'incommensurabilité qui qualifie ce rapport : deux libertés sont incommensurables l'une à l'autre, et pourtant elles s'éprouvent dans une forme d'immanence. C'est cette incommensurabilité au sein de l'immanence qui caractérise le rapport à autrui et formalise d'une certaine manière l'altérité dans son expérience. Certes, la réciprocité manque au rapport que le sujet a à Dieu, mais cette transcendance immanente est à retenir pour comprendre la relation entre deux libertés telle que Sartre par exemple la développera dans *L'être et le néant*.

Toujours est-il qu'est introduite ici l'idée d'une pluralité, qui n'est pas investie, mais qui montre que sans Dieu, elle est irréductible.

On voit que derrière la question des animaux, c'est toute la question de l'altérité qui se profile. Si Descartes introduit la médiation (que ce soit celle de Dieu ou de la parole comme attestation d'humanité) pour penser le rapport à autrui, cette médiation fait défaut dans le rapport aux bêtes qui est rapport de connaissance.

Comment Descartes construit-il donc la « supposition » que les bêtes ne pensent pas ?

> en examinant ce qui est le plus probable en cette matière, je ne vois aucun argument militer en faveur de la pensée des bêtes, sauf un seul, à savoir, qu'ayant des yeux, des oreilles, une langue, et les autres organes des sens comme nous, il est vraisemblable qu'elles sentent comme nous[61].

C'est donc qu'elles ont une affectivité pareille à la nôtre.

> D'abord parce qu'il est certain que, dans le corps des animaux, comme dans les nôtres, il y a des os, des nerfs, des muscles, du sang, des esprits et d'autres organes disposés de telle sorte que par eux-mêmes, sans aucune pensée, ils puissent produire tous les mouvements que nous observons chez les bêtes. Ce qui est évident dans les convulsions, lorsque, malgré l'esprit, la machinerie du corps se meut souvent d'elle-même et en des façons plus diverses qu'elle n'a coutume de le faire sous l'action de la volonté[62].

ce qui prouve seulement que le mécanisme qui régit le corps est une explication valable du comportement animal. Mais ce qui ne prouve pas qu'ils n'ont pas de pensée : l'explication minimale est-elle aussi une explication suffisante ? C'est alors que Descartes assène l'argument, à ses yeux, définitif :

> Mais de tous les arguments qui nous persuadent que les bêtes sont dénuées de pensée, le principal, à mon avis, est que bien que les unes soient plus parfaites que les autres dans une même espèce, tout de même que chez les hommes, comme on peut voir chez les chevaux et chez les chiens, dont les uns apprennent beaucoup plus aisément que d'autres ce qu'on leur enseigne ; et bien que toutes nous signifient très facilement leurs impulsions naturelles, telles que la colère, la crainte, la faim, ou autres états semblables, par la voix ou par d'autres mouvements du corps, jamais cependant jusqu'à ce jour on n'a pu observer qu'aucun animal en soit venu à ce point de perfection d'user d'un véritable langage c'est-à-dire d'exprimer soit par la voix, soit par les gestes quelque chose qui puisse se rapporter à la seule pensée et non à l'impulsion naturelle[63].

Ainsi, le langage est le seul à même de manifester la pensée. Et Descartes d'ajouter :

> Ce langage est en effet le seul signe certain d'une pensée latente dans le corps ; tous les hommes en usent, même ceux qui sont stupides ou privés d'esprit,

---

61 *Ibid.*, traduction *in* Descartes, *Œuvres*, éd. A. Bridoux, Gallimard, Bibliothèque de la Pléiade, 1946, p. 1319, A.T., V, p. 277.

62 *Ibid.*

63 *Ibid.*, traduction Pléiade, p. 1319-1320, A.T. V, p. 278.

> ceux auxquels manquent la langue et les organes de la voix, mais aucune bête ne peut en user ; c'est pourquoi il est permis de prendre le langage pour la vraie différence entre les hommes et les bêtes[64].

Le langage comme signe de la pensée. Certes. Mais alors qu'en est-il des nourrissons, dès lors qu'il faut

> cependant indiquer que je parle de la pensée, non de la vie ou de la sensibilité : je ne refuse la vie à aucun animal, car je crois qu'elle consiste dans la seule chaleur du cœur ; je ne lui refuse même pas la sensibilité, dans la mesure où elle dépend d'un organe corporel[65][?]

Si la pensée se distingue de la vie et de la sensibilité, quelle est cette pensée particulière au nourrisson qui pense lorsqu'il ressent de la douleur ? Descartes ne commet-il pas la même erreur qu'il reproche à ceux, bien naïfs, qui projettent sur les animaux, sous prétexte qu'ils ont un corps et une sensibilité, qu'ils obéissent aux ordres et paraissent parfois nous aimer, la possession de la pensée ? Car Descartes insiste :

> Que les chiens approuvent de la queue, ce sont là seulement des mouvements qui accompagnent les affections, et je pense qu'il faut soigneusement les distinguer du langage qui seul révèle la pensée latente dans le corps[66].

Les nourrissons ne font-ils pas de même ? Et ne peut-on induire, si l'on postule pour le moment qu'ils pensent, que certains gestes sont des signes ou des codes, et dès lors une première forme de langage ? Descartes rejette l'argument :

> [...] il n'y a aucune de nos actions extérieures, qui puisse assurer ceux qui les examinent, que notre corps n'est pas seulement une machine qui se remue de soi-même, mais qu'il y a aussi en lui une âme qui a des pensées, excepté les paroles, ou autres signes faits à propos des sujets qui se présentent, sans se rapporter à aucune passion. Je dis les paroles ou autres signes, parce que les muets se servent de signes en même façon que nous de la voix ; et que ces signes soient à propos, pour exclure le parler des perroquets, sans exclure celui des fous, qui ne laisse pas d'être à propos des sujets qui se présentent, bien qu'il ne suive pas la raison[67]

64 *Ibid.*, traduction Pléiade, p. 1320, A.T. V, p. 278.
65 *Ibid.* traduction Pléiade, p. 1320, A.T. V, p. 278.
66 Lettre à Morus, 15 avril 1649, A.T. V, p. 344-345, traduction Pléiade, p. 1336.
67 Lettre au Marquis de Newcastle, 23 novembre 1646, A.T. IV, p. 574.

Même les fous parlent et pensent. Or les fous sont mis au même rang que les enfants :

> [...] de ce que la faculté de penser est assoupie dans les enfants, et que dans les fous elle est non pas à la vérité éteinte, mais troublée, il ne faut pas penser qu'elle soit tellement attachée aux organes corporels, qu'elle ne puisse être sans eux. Car, de ce que nous voyons souvent qu'elle est empêchée par ces organes, il ne s'ensuit aucunement qu'elle soit produite par eux ; et il n'est pas possible d'en donner aucune raison, tant légère qu'elle puisse être[68].

Ce qui corrobore la fin de la lettre au Marquis de Newcastle :

> [...] bien que Montagne et Charon aient dit qu'il y a plus de différence d'homme à homme, que d'homme à bête, il ne s'est toutefois jamais trouvé aucune bête si parfaite, qu'elle ait usé de quelque signe, pour faire entendre à d'autres animaux quelque chose qui n'eût point de rapport à ses passions ; et il n'y a point d'homme si imparfait, qu'il n'en use ; en sorte que ceux qui sont sourds et muets, inventent des signes particuliers, par lesquels ils expriment leurs pensées. Ce qui me semble un très fort argument pour prouver que ce qui fait que les bêtes ne parlent point comme nous, est qu'elles n'ont aucune pensée, et non point que les organes leur manquent. [...] car, comme les chiens [...] nous expriment leurs passions, ils nous exprimeraient aussi bien leurs pensées, s'ils en avaient[69].

La cause, on le voit, est donc physiologique : « l'instrument ne répond plus au pilote[70] ». Les conduits nerveux se relâchent en raison de la raréfaction des esprits animaux, comme des voiles détendues « quand le vent est un peu trop faible[71] ». L'âme peut bien faire « comme » si elle était un pilote en son navire, de fait, elle ne l'est pas. Ainsi, « dans le sommeil, l'action de l'âme sur le corps est paralysée par l'absence des esprits animaux qui ne peuvent plus transmettre ses ordres dans les muscles[72] ». Même endormie, l'âme ne cesse de penser, car celle-ci recouvre la vague conscience des sentiments éprouvés[73], ce qui ne serait

68 Réponses aux quatrièmes Objections, A.T. IX, p. 177.

69 Lettre au Marquis de Newcastle, 23 novembre 1646, A.T. p. 574-575.

70 G. Lewis, *Le problème de l'inconscient...op. cit.*, p. 46.

71 *Homme*, A.T., XI, 173.

72 J.-H. Roy, *L'imagination selon Descartes*, Gallimard, Paris, 1944, p. 125-126.

73 *cf.* lettre à Arnauld, 29 juillet 1648, A.T., V, 221 : « *Aliud est esse conscios nostrarum cogitationum, eo tempore quo cogitamus, et aliud earum postea recordari ; sic nihil in somniis cogitamus, quin eo ipso momento simus cogitationis nostrae conscii, quamvis statim ejus ut plurimum obliviscamur.* », traduction Pléiade, p. 1308 : « C'est autre chose d'avoir conscience de nos

pas le cas des animaux. Descartes s'est intéressé au rêve et à cette région entre la veille et le sommeil, où se continue une rêverie diurne,

> Après que le sommeil a longtemps promené mon esprit dans des buis, des jardins et des palais enchantés…, je mêle insensiblement mes rêveries du jour avec celles de la nuit ; et quand je m'aperçois d'être éveillé, c'est seulement afin que mon contentement soit plus parfait et que mes sens y participent[74].

Transition insensible entre « les illusions de nos songes et aussi les rêveries que nous avons souvent étant éveillés, lorsque notre pensée erre nonchalamment sans s'appliquer à rien de soi-même[75] ». Il y aurait bien chez les hommes, comme chez les enfants, une pensée flottante d'où l'attention déserte : ce qu'on appelle un flux de conscience.

Descartes use d'un dernier argument pour distinguer les bêtes des hommes et donc des enfants, qui est une autre façon d'exprimer l'appartenance à la nature et au mécanisme qui la régit, et l'extériorité à la nature qui définit la pensée :

> Je sais bien que les bêtes font beaucoup de choses mieux que nous, mais je ne m'en étonne pas ; car cela même sert à prouver qu'elles agissent naturellement et par ressorts, ainsi qu'une horloge, laquelle montre bien mieux l'heure qu'il est, que notre jugement ne nous l'enseigne[76].

Argument qui sera repris par Rousseau, et notamment s'agissant de l'histoire et de la possibilité du politique, à travers la perfectibilité dont l'homme aurait le monopole – transformant sa faiblesse naturelle, en possibilité historique[77]. On comprend, à lire ces textes, que ce préjugé décrit précisément la confusion qui se joue dans l'enfance. C'est même le préjugé le plus tenace :

> Mais il n'y a pas de préjugé auquel nous ne soyons tous plus accoutumés qu'à celui qui nous a persuadés depuis notre enfance que les bêtes pensent[78].

---

pensées au moment où nous pensons, et autre chose de s'en souvenir par après ; ainsi, nous ne pensons rien dans nos songes sans que, sur le moment même, nous ne soyons conscients de notre pensée, encore que le plus souvent nous l'oublions aussitôt. »

74 A Balzac, 15 avril 1631, A.T. I, 198.

75 *Passions*, § 21.

76 Lettre au Marquis de Newcastle, 23 novembre 1646, A.T. IV, p. 575, l. 21-26.

77 *cf.* par exemple, *Discours sur l'origine de l'inégalité parmi les hommes*.

78 Lettre à Morus, 5 février 1649, A.T. V, p. 275-276, l. 31, l.1-2, traduction Pléiade, p. 1318.

Ce que l'on comprend moins, c'est pourquoi le nourrisson échapperait à cette description ? Lui qui ne parle ni même ne produit de signes cohérents qui feraient office de langage, sinon ceux que le corps suscite, faim, fatigue, même le sourire est chez le très petit enfant un réflexe. Les nourrissons sont donc entièrement assujettis aux émotions du corps. Dès lors, en quoi les enfants, ou plus précisément les nourrissons jusqu'à un certain âge, diffèrent-ils des bêtes ? Or Descartes répond à cette question, qui n'a pas échappé à Morus, dans la lettre du 15 avril 1649, mais sa réponse pose plus de problèmes qu'elle n'en résout :

> Le cas des enfants est différent de celui des bêtes : et je ne jugerais pas que les enfants sont doués d'esprit, si je ne voyais qu'ils sont de la même nature que les adultes ; quant aux bêtes, elles ne grandissent jamais assez pour qu'on puisse reconnaître en elles des signes certaines de pensée[79].

Est-ce tout ? La distinction entre les bêtes et les hommes ne se peut-elle affirmer que par manque de temps et *a posteriori* ? Est-ce parce que la vie humaine est trop courte, et plus encore celle des animaux, que nous ne pouvons vérifier, prouver empiriquement, juste parce que cela est, que les animaux pensent ? Et en retour, est-ce parce que le nourrisson devient un homme que l'on est obligé d'imposer une torsion à la définition de la pensée et de la confondre, même si l'on s'en défend, avec la vie et l'affectivité ? Car qu'est-ce qui distingue cette affectivité des animaux de celle des nourrissons, sinon la certitude que nous laisse l'expérience ou l'observation des autres : à savoir que le nourrisson deviendra homme, et qu'en l'homme, la pensée n'est pas advenue tout à coup ? Est-ce donc la forme finale du nourrisson qui nous fait supposer que la pensée est déjà là, dans le ventre de la mère, et que la mémoire – une mémoire qui semble ici corporelle – déjà s'y forme puisque l'enfant devenu grand pourra encore être écœuré par l'odeur de roses, sa mère en ayant éprouvé du dégoût lors de sa grossesse[80]. Et si mémoire corporelle il y a, en

79 Lettre à Morus, du 15 avril 1649, A.T., V, p. 345, traduction p. 1336, Pléiade.

80 Descartes, *Les Passions de l'âme*, art. CXXXVII, II, AT 180-181 : « Et pour exemple, il est aisé de penser que les étranges aversions de quelques-uns, qui les empêchent de souffrir l'odeur des roses, ou la présence d'un chat, ou choses semblables, ne viennent que de ce qu'au commencement de leur vie ils ont été fort offensés par quelques pareils objets, ou bien qu'ils ont compati au sentiment de leur mère qui en a été offensée étant grosse. Car il est certain qu'il y a du rapport entre tous les mouvements de la mère, et ceux de l'enfant qui est en son ventre, en sorte que ce qui est contraire à l'un nuit à l'autre. Et

quoi peut-elle rendre compte de la continuité de l'esprit ? Autrement dit, le corps dans sa constitution mémorielle pourrait être un élément d'identité à soi de l'individu incarné, mais peut-on faire appel au corps, quand ce qui définit l'homme est avant tout la pensée, précisément en opposition à ce qui définit les animaux, lesquels peuvent eux aussi avoir une mémoire corporelle puisqu'on peut les dresser ?

Le finalisme est exclu, mais il est exclu de la science de la nature, entièrement réduite au seul mécanisme. Pourtant, Descartes use bien de la catégorie de « puissance » en la distinguant de l'actualité de la pensée : l'actualité se substitue à « l'acte » ou à la « forme », au sens aristotélicien du terme : il s'agit pour lui d'une actualité temporelle. N'oublions pas que Descartes affirme « tenir pour certain que rien ne peut être en moi, dont je n'ai quelque connaissance[81] » dans les premières *Réponses aux Objections*, et dont l'enjeu est de préciser l'originalité de la seconde preuve cartésienne à partir des effets, en reprenant le passage de la troisième Méditation qui exclut que le moi puisse avoir un pouvoir inconscient de se produire dans l'être :

> Il faut donc seulement ici que je m'interroge moi-même, pour savoir si je possède quelque pouvoir et quelque vertu, qui soit capable de faire en sorte que moi, qui suis maintenant, soit encore à l'avenir [...] si une telle puissance résidait en moi, certes je devrais à tout le moins le penser, et en avoir connaissance[82].

De même dans la lettre à Clerselier du 23 avril 1649, et répondant à l'objection de ce dernier touchant la possibilité du progrès à l'infini, il écrit :

> Au lieu où j'ai écrit cela, je n'admets en moi rien de plus que ce que je connais y être[83].

l'odeur des roses peut avoir causé un grand mal de tête à l'enfant, lors qu'il était encore au berceau ; ou bien un chat le peut avoir fort épouvanté, sans que personne y ait pris garde, ni qu'il en ait eu après aucune mémoire ; bien que l'idée de l'aversion qu'il avait alors pour ces roses, ou pour ce chat, demeure imprimée en son cerveau jusques à la fin de sa vie ». (Nous reviendrons sur ce texte).

81 A.T., IX, p. 85, A.T., VII, 107, *Potui...pro certo affirmare nihil in me, cujus nullo modo sim conscius, esse posser.*

82 *Méditation* III, A.T., IX, p. 39, A.T. VII, 49 : *Si quae talis vis in me esset, ejus proculdubio conscius essem.* L'édition de Clerselier de 1661 laisse ce passage tel quel.

83 A.T., V, 355.

Et il le confirme dans la lettre à Mersenne du 31 décembre 1640 :

> Pour ce que je mets ensuite, *que nihil potest esse in me, hoc est in mente, cujus non sim conscius*, je l'ai prouvé dans les *Méditations*, et il suit de ce que l'âme est distincte du corps, et que son essence est de penser[84].

appuyant par là le dualisme métaphysique, et la définition de la substance pensante qui s'exprime toute entière dans son attribut principal, à savoir la pensée ou la conscience. Alors comment comprendre ce *nihil* ? Descartes répond à Arnauld, qui objecte que l'âme n'a pas conscience de certains faits psychologiques, comme l'atteste l'exemple du petit enfant :

> Pour la question de savoir s'il ne peut y avoir rien dans notre esprit, en tant qu'il est une chose qui pense, dont lui-même n'ait une *actuelle*[85] connaissance (*cujus non sit conscia*) il me semble qu'elle est fort aisée à résoudre (*per se notum*), parce que nous voyons fort bien qu'il n'y a rien en lui, lorsqu'on le considère de la sorte, qui ne soit une pensée ou qui ne dépende entièrement de la pensée : autrement cela n'appartiendrait pas à l'esprit en tant qu'il est une chose qui pense ; et il ne peut y avoir en nous aucune pensée, de laquelle, *dans le même moment*[86] qu'elle est en nous, nous n'ayons une *actuelle*[87] connaissance (*nec ulla potest in nobis esse cogitatio, cujus eodem illo momento, quo in nobis est, conscii non simus*)[88].

Nous avons souligné l'insistance de Descartes sur l'actualité, qu'il faut donc opposer à l'inactuel, inactuel dont on doit interroger la nature. Car nous avons vu que l'absence de souvenir n'excluait pas une vague conscience immédiate ou directe, bien que momentanée. Pour résoudre la difficulté, Descartes va introduire une distinction entre la conscience des opérations de l'esprit, et certaines de ses facultés, qui elles, peuvent demeurer « en puissance » :

> Mais il faut remarquer que nous avons bien une *actuelle*[89] connaissance (*nos semper actu conscios esse*) des actes ou des opérations de notre esprit, mais *non pas toujours de ses facultés*[90] (*facultatum, sive potentiarum*), si ce n'est en puissance ; en telle sorte que, lorsque nous nous disposons à nous servir de quelque

84 A.T., III, 273.
85 C'est nous qui soulignons.
86 C'est nous qui soulignons.
87 C'est nous qui soulignons.
88 4e réponses, A.T., IX, 190 et VII, 246.
89 C'est nous qui soulignons.
90 C'est nous qui soulignons.

> faculté, tout aussitôt, si cette faculté est en notre esprit, nous en acquérons une actuelle connaissance (*fiamus ejus actu conscii*) ; c'est pourquoi nous pouvons alors nier assurément qu'elle y soit, si nous ne pouvons en acquérir cette connaissance actuelle[91].

Nous avons donc des facultés à disposition ou en puissance, à l'état de latence, qui dès lors qu'elles sont opérantes adviennent à la conscience dans l'actualité de leur acte. C'est donc la possibilité de devenir consciente qui fait que la pensée est pensée, et non pas seulement le fait d'être actuellement consciente, tandis que la digestion par exemple et ses mouvements mécaniques n'adviendront jamais à la conscience, sinon en tant qu'objet extérieur à la pensée, c'est-à-dire simple objet de connaissance. Cela va pourtant à l'encontre de l'assertion selon laquelle la pensée est toute entière pensante, c'est-à-dire consciente, la nature de la substance intelligente, ne semblant pouvoir être perçue « autrement que comme la substance même qui pense[92] ». Ne faut-il pas alors en revenir à l'idée même de substance, en tant qu'on ne la connaît que par son attribut principal, à savoir la pensée, mais qui échapperait à la connaissance, comme le laisse supposer la suite de l'article 63 des *Principes* :

> nous considérons quelquefois la pensée ou l'étendue sans faire réflexion sur la chose même qui pense ou qui est étendue.

La cogitatio désigne de façon ambiguë tantôt un acte de penser, tantôt la nature pensante. C'est ici qu'intervient la notion de faculté, qui se situe entre l'action de penser et la réalité pensante, et sur laquelle Descartes revient dans ses réponses à Hobbes :

> La pensée se prend quelquefois pour l'action, quelquefois pour la faculté, et quelquefois pour la chose en laquelle réside cette faculté[93].

L'âme serait-elle essentiellement le pouvoir de penser plus que la pensée actuelle, comme l'exprime la préface des *Méditations* : « *Res cogitans, sive res habens in se facultatem cogitandi*[94] » ? Cela ne signerait-il pas un retour à la

91 4e réponses, A.T., IX, 190 et VII, 246-247.
92 *Principes*, I., 63, *cf.* à Arnauld, 4 juin 1648, A.T., V, 193.
93 A.T., IX, 135, VII, 174.
94 *Méditations*, *Praefatio ad lectorem*, A.T., VII, 8 « une chose qui pense ou qui a en soi la faculté de penser »

pensée endormie des scolastiques ? Il faut rappeler que l'âme est toujours pensante, qu'il n'y a pas d'intermède à la pensée, que le rêve, le sentir, sont aussi des pensées, et qu'il n'est pas d'intermittence de la conscience, bien qu'il y ait des degrés. L'âme est une, et ne souffre pas de « compartiments » : c'est bien la notion de degrés qui permettrait ici de rendre compte de l'actualité permanente d'une pensée, compatible avec l'idée de puissance ou de faculté – degrés qui caractérisent d'autres notions fondamentales chez Descartes : la liberté et l'évidence. Les degrés sont inhérents à la finitude du sujet, et si seule une cause formelle et réelle peut produire une idée objective, comme Dieu infini peut produire l'idée de Dieu, il n'en reste pas moins que l'esprit humain est temporel, et qu'il procède par succession et degrés, comme le confirme la troisième Méditation, en opposant précisément la nature de Dieu et la nature de l'esprit : car si Dieu est « actuellement infini », la nature humaine se perfectionne progressivement

> encore qu'il fût vrai que ma connaissance acquît tous les jours de nouveaux degrés de perfection, et qu'il y eût en ma nature beaucoup de choses en puissance, qui n'y sont pas encore actuellement[95].

Ou encore, autre attestation de notre finitude « puisqu'elle n'arrivera jamais à un si haut point de perfection, qu'elle ne soit encore capable d'acquérir quelque plus grand accroissement[96] » et d'ailleurs, Descartes avoue :

> Je ne nie pas pour cela qu'il ne puisse y avoir dans l'âme ou dans le corps plusieurs propriétés dont je n'ai aucunes idées[97].

Enfin, répondant à l'objection de Hobbes que l'idée de Dieu ou de notre âme n'est pas innée « car ce qui est né est résidant en nous, est toujours présent à notre pensée », or lorsque nous dormons, ces idées ne sont pas actuelles, Descartes précise :

> Lorsque je dis que quelque idée est née avec nous, ou qu'elle est naturellement empreinte en nos âmes, je n'entends pas qu'elle se présente toujours à notre pensée, car ainsi il n'y en aurait aucune ; mais seulement que nous avons en nous-mêmes la faculté de la produire[98].

---

95 Méditation III, A.T., IX, 47, VII, 37.
96 *Ibid.* III, A.T., XI, 37.
97 A Gibieuf, 19 janvier 1642, A.T., III, 478.
98 3e réponses, A.T., IX, 147, VII, 189.

Et Descartes, de dépeindre comme une sorte de réminiscence le procédé par lequel nous découvrons les idées innées :

> ...lorsque je commence à les découvrir, il ne me semble pas que j'apprenne rien de nouveau, mais plutôt que je me ressouviens de ce que je savais auparavant[99].

Jean Laporte rapproche ce passage du *sophros noetos* de Platon[100]. Il renvoie alors dos à dos les différentes interprétations quant à cette innéité de type platonicien :

> Nombres d'historiens ont vu dans ce texte la condamnation du « réalisme des essences » et comme une anticipation de l'idéalisme kantien. D'autres ont objecté avec raison qu'on ne saurait prendre la « faculté de produire » nos idées pour une faculté fabricatrice ou génératrice, à moins de contredire formellement la Ve et la VIe Méditation[101].

Et de fait, la Ve Méditation affirme que les idées innées ou essences « ne sont pas feintes par moi », que « je ne les ai point inventées », qu'elles « ne dépendent en aucune façon de mon esprit » et qu'elles n'ont point été « faites par mon entendement[102] ». Et la Ve Méditation demande s'il n'y a pas en plus de la « faculté passive » de « recevoir et connaître les idées » des corps, une « faculté active, capable de les former ». Or une telle faculté active

> ne peut être en moi en tant que je ne suis qu'une chose qui pense, vu qu'elle ne présuppose point ma pensée et aussi que ces idées-là me sont souvent représentées sans que j'y contribue en aucune sorte, et même souvent contre mon gré[103].

Autrement dit si j'étais l'auteur de mes idées, j'aurais conscience de l'être, ou des opérations par lesquelles je les fais advenir, sans compter que je les produirais à ma convenance, puisque il n'y a d'autre activité en moi que celle de la volonté. Par conséquent « produire des idées » ne peut être entendu au sens idéaliste du terme. Et Laporte de renvoyer à l'étymologie de produire : *pro-ducere*, mettre en avant, focaliser son

99 Méditation V, A.T. IX, p. 51.
100 Jean Laporte, *Le rationalisme de Descartes*, p. 116-117.
101 *Ibid.* p. 116-117.
102 Toutes ces expressions sont issues de A.T., IX, p. 51.
103 Méditation VI, A.T., IX, p. 63.

attention sur, mettre les idées au jour, les « tirer du trésor de mon esprit » (Ve Méditation). Descartes confirme cette affinité avec la théorie platonicienne dans la Ve Méditation, en donnant pour exemple des idées innées qui ne « se découvrent qu'à ceux qui les considèrent de plus près[104] » le théorème de Pythagore que Platon utilisait dans le *Ménon* pour établir l'hypothèse de la réminiscence[105]. Le terme de « reminisci » est employé par Descartes lui-même :

> je conçois une infinité de particularités touchant les nombres, les figures, les mouvements et autres choses semblables, dont la vérité se fait paraître avec tant d'évidence et s'accorde si bien avec ma nature, que lorsque je commence à les découvrir, il ne me semble pas que j'apprenne rien de nouveau, mais plutôt que je me ressouviens de ce que je savais déjà auparavant, c'est-à-dire que j'aperçois des choses qui étaient déjà dans mon esprit quoique je n'eusse pas encore tourné ma pensée vers elles[106][107].

Pour autant, l'innéisme de Descartes se distingue de l'innéisme platonicien et de sa théorie de la réminiscence, dans la mesure où l'esprit n'est pas un réceptacle qui contiendrait toutes ces notions prêtes à être actualisées (comme le colombier du *Théétète*), et Descartes précise bien que nous ne connaissons pas expressément[108] toutes ces notions. L'innéité cartésienne renvoie bien à un pouvoir de l'esprit, non de produire les idées, mais de les mettre au jour.

Ce que Delbos confirme en une phrase lapidaire :

> Descartes n'a-t-il pas constamment répété que le propre des idées vraies, c'est de n'être pas formée par nous[109] ?

---

104 Méditation V, A.T., IX, 54, VII, 68.

105 *Ménon*, 81 a-86 c. *Cf. Phédon*, 72 e-73 b.

106 Méditation V, A.T., IX, 50-51, VII, 63-64.

107 L'*Epistola ad Voetium* se réfère explicitement au même dialogue de Platon, renvoyant à la maïeutique socratique qui permet au jeune esclave de découvrir des vérités qu'il avait en lui. A.T., VIII, B, 166-167 : « *Atque inde Socrates apud Platonem, puerum quemdam de Geometricis elementis interrogando, sicque efficiendo ut ille puer quasdam veritates ex mente propria erueret, quas prius in es fuisse non notaverat, reminiscentiam suam probare conabatur.* » (Ainsi, dans Platon, Socrate interroge un enfant sur les éléments de la géométrie, et posant des questions de manière à lui faire trouver dans son esprit certaines vérités qu'il n'y avait pas remarquées auparavant, il essaie de prouver que ses connaissances sont des souvenirs.)

108 *Epistolae ad Voetium*, A.T., VIII, B., 166.

109 Delbos, *L'idéalisme et le Réalisme dans la philosophie de Descartes.* Année philosophique, t. XXII, p. 50.

Ainsi les idées innées peuvent exister toujours en nous à l'état latent, y compris celle de Dieu, dont il admet une genèse progressive.

> Encore que l'idée de Dieu soit tellement empreinte en l'esprit humain qu'il n'y ait personne qui n'ait en soi la faculté de la connaître, cela n'empêche pas que plusieurs personnes n'aient pu passer toute leur vie sans jamais se représenter distinctement cette idée[110].

et tant que les facultés ne s'exercent pas en acte, elles demeurent en nous, de façon « inconsciente ». Raison pour laquelle la conscience accepte des degrés. C'est bien parce que « je suis une chose imparfaite….qui tend et aspire sans cesse à quelque chose de meilleur[111] », que si ma volonté est infinie, volonté infinie qui fait « qu'on peut dire qu'il [Dieu] nous a créés à son image[112] », elle ne peut faire sans la temporalité de la vie, les obstacles, dont le principal est l'union de l'âme et du corps, et sans cette finitude essentielle qui fait que la connaissance est sans cesse en progrès. Car l'idée d'infini ou de Dieu n'est pas une notion abstraite, mais bien une expérience concrète, – de même que la dissociation en l'homme d'une volonté infinie et d'un intellect limité est un fait de conscience – or cette expérience, il faut une longue préparation pour y accéder, et notamment tout le travail préliminaire du doute – mais aussi les entraînements à la méthode et à l'analyse, la méditation comme transformation du soi en son être, autrement dit toute la philosophie de Descartes en tant qu'elle est aussi et avant tout un exercice qui engage différentes dimensions de la temporalité.

Car cette notion de degrés a à voir avec le temps : c'est bien parce que l'esprit est temporel qu'il supporte les degrés. Ainsi en est-il de la liberté, parce qu'elle n'est pas simple volonté, mais volonté incarnée et soumise à une connaissance. Or si l'esprit est temporel, c'est aussi parce qu'il est joint au corps.

110 A Clerselier, 17 février 1645, A.T., IV, 187-188.
111 Méditation III, A.T., IX, 41, et VII, 51.
112 A Mersenne, 25 décembre 1639, A.T., II, 628.

PENSÉE DIRECTE ET CONTINUITÉ IDENTITAIRE DU JE

Qu'en est-il donc de cette union singulière entre un corps et un esprit ? Et pourquoi seul le temps peut nous dire que le nourrisson a effectivement une pensée, que Descartes qualifie pour la cause de « directe » ? Car la question se repose : comment atteindre ces « virtualités inconscientes », puisqu'elles ne font pas l'objet d'une expérience intérieure ?

Ainsi, ce temps, qui est ici celui de la vie et non le temps propre à l'esprit, car l'esprit du nourrisson ne peut accéder à cette temporalité essentielle, accueille-t-il l'émergence de la pensée. Et même si l'enfant ne devient pas physicien, il parle. Ce qui n'est pas le cas du nourrisson. On retrouve d'une certaine manière la même difficulté chez Kant, qui déplace le problème de la pensée à celui de la conscience, laquelle ne peut être la conscience que d'un Je :

> Posséder le Je dans sa représentation : ce pouvoir élève l'homme infiniment au-dessus de tous les autres êtres vivants sur la terre. Par là, il est une personne ; et grâce à l'unité de la conscience dans tous les changements qui peuvent lui survenir, il est une seule et même personne, c'est-à-dire un être entièrement différent, par le rang et la dignité, de choses comme le sont les animaux sans raison, dont on peut disposer à sa guise ; et ceci, même lorsqu'il ne peut pas encore dire le Je, car il l'a cependant dans sa pensée ; ainsi toutes les langues, lorsqu'elles parlent à la première personne, doivent penser ce Je, même si elles ne l'expriment pas par un mot particulier. Car cette faculté (de penser) est l'entendement[113].

Kant ici distingue l'apprentissage du langage de la pensée toujours déjà là. Et il pointe le problème particulier à l'enfant, à travers l'exemple du petit Charles qui apprend à dire je après avoir parlé de lui à la troisième personne :

> Il faut remarquer que l'enfant, qui sait déjà parler assez correctement, ne commence qu'assez tard (peut-être un an après) à dire Je ; avant, il parle de soi à la troisième personne (Charles veut manger, marcher, etc.) ; et il semble que pour lui une lumière vienne de se lever quand il commence à dire Je ; à partir de ce jour, il ne revient jamais à l'autre manière de parler. Auparavant il ne faisait que se sentir ; maintenant il se pense[114].

---

113 Kant, *Anthropologie du point de vue pragmatique*, Livre I, § 1.
114 *Ibid.*

Le nourrisson ne faisait-il aussi que se sentir ? Mais on a dit que sentir, être affecté et réagir, ce qui est le propre aussi des animaux, ne constituait pas la pensée. Certes, le sentir du nourrisson est conjugué sous sa forme pronominale. Mais alors à quoi ou à qui renvoie ce « se » sentir. C'est d'ailleurs la distinction que fait Kant, à travers la forme pronominale du verbe : « se sentir ». Mais peut-on affirmer que le nourrisson se sente, autrement dit que sa pensée qui n'est pour l'instant que perception se rapporte déjà à lui-même ? C'est ce qu'il faut postuler, à moins d'inscrire la pensée dans un processus organique. Ce qui posera évidemment une problématique juridique que Kant prend en charge : les parents

> ne peuvent détruire leur enfant comme s'il était leur ouvrage (car un tel ouvrage ne peut être un être doué de liberté), et comme leur propriété, ou même encore l'abandonner au hasard, parce qu'en cet enfant ils n'ont pas seulement produit un être du monde mais aussi un citoyen du monde qu'ils ont jeté dans une situation qui ne peut maintenant leur être indifférente même d'après des concepts juridiques[115].

Autrement dit, le droit des enfants appelés à devenir des hommes est originairement inné, non hérité : ce droit est celui qu'ils ont à l'assistance de leurs parents, donc de l'obligation des parents à l'égard des enfants. Mais la question se pose toujours : comment comprendre cet oxymore qui consiste à faire naître un être libre ? Il est en effet impossible de concevoir qu'une opération physique produise une personne, au sens moral de ce terme.

> Mais l'inconcevabilité théorique de la paternité et de la maternité n'enlève rien à la clarté de notre devoir. On le voit, ce qui est inaccessible au point de vue théorique est ici immédiatement clair au point de vue pratique. Il est moralement nécessaire de considérer que les enfants ont été mis au monde sans leur consentement, ce qui confère aux parents l'obligation de faire, dans la mesure de leurs forces, qu'ils soient satisfaits de leur état[116].

Si Kant résout la question du point de vue moral, elle n'en demeure pas moins théoriquement insoluble. Descartes lui-même pose la question en ces termes dans la troisième Méditation :

---

115 Kant, *Doctrine du droit*, § 28, note, AK, VI, 281, Pléiade, t. 3, 540.

116 *La philosophie de l'histoire de Kant. Qu'est-ce que l'homme ?* J.M Muglioni, coll. Questions, P.U.F, Paris 1993, p. 35.

> Peut-être aussi que cet être-là, duquel je dépends, n'est pas ce que j'appelle Dieu, et que je suis produit, ou par mes parents, ou par quelques autres causes moins parfaites que lui ? Tant s'en faut, cela ne peut être ainsi[117].

Pour autant il ne prend pas la voie kantienne, même si celle-ci s'inscrit assez logiquement dans l'ouverture philosophique qu'il a permise et dans cette idée que la pensée échappe à la nature, qu'elle est anti-nature, et que le dualisme consacre l'abîme entre la science et l'être, entre le mécanisme de la nature et la liberté de la pensée.

Certes, c'est la conscience, en contact avec l'absolu,

> qui rend impossible toute explication de moi-même par mes parents, par une quelconque cause finie, par une multiplicité de causes, et qui distingue la preuve cartésienne de toute preuve s'élevant à Dieu à partir d'un Monde tenu pour réel[118].

Descartes prend bien soin de substituer au monde hiérarchisé aristotélicien et médiéval, une matière infinie, où la causalité est elle-même infinie mais relève du même plan, ne permettant pas d'accéder à un autre plan qu'elle, qui en l'occurrence serait Dieu. La causalité parentale demeure sur le plan du monde, et de ce fait ne pourrait expliquer un effet qui n'en relève point.

> J'ai mieux aimé, écrit Descartes dans la troisième Méditation, appuyer mon raisonnement sur l'existence de moi-même, laquelle ne dépend d'aucune suite de causes

et ce « afin de me délivrer [...] de toute suite et succession de causes ». C'est la raison pour laquelle il doit chercher « la cause qui à présent me conserve ». Nous analyserons plus tard la conséquence de la création continue. Toujours est-il que du seul point de vue de la causalité métaphysique, rien du monde ne peut être cause de l'ego, rien de l'ego ne peut être cause de lui-même, sans quoi, d'ailleurs, il se serait octroyé toutes les perfections. On peut en tout cas poser que Descartes rejoint une préoccupation de son temps désabusé par la caducité du cosmos aristotélicien, et la nouvelle scientificité du monde qui donne au temps et à l'espace les seules dimensions de la succession et de la divisibilité :

---

117 Méditation troisième, A.T., IX, p. 39.

118 Alquié, *La découverte métaphysique de l'homme chez Descartes*, p. 222.

comme Spinoza, comme Pascal, il éprouve le souci d'une conscience humaine déstabilisée, qui va chercher à trouver en soi une possibilité de salut, lequel ne peut plus lui venir ni du monde ni du temps. Pour autant, l'homme cartésien accède à l'être mais pas à l'éternité, au contraire de Spinoza. Sa conscience demeure temporelle jusque dans l'accès au Dieu intemporel. Elle est temporelle parce qu'elle est finie. Elle est historique parce qu'elle est désir d'absolu, cheminement vers l'être.

Alors comment comprendre que la pensée soit déjà présente, dans un état de latence, peu différentiable de l'affectivité animale, et qu'elle demeure dans le temps ? Cette pensée qui ne se sait pas encore, cette pensée dont on ne peut conclure de la présence qu'après coup, même si Descartes affirme que la connaissance de l'âme accompagne toutes les autres connaissances – ce dont on peut douter s'agissant du nourrisson ou du petit enfant ? Descartes ne revient pas au finalisme aristotélicien, même s'il réintroduit, on l'a vu, l'idée d'une puissance, en tant qu'elle renvoie à la faculté.

La forme de l'homme n'est pas dans l'enfant. En revanche, si la pensée de l'enfant est faible, comme celle du fou, elle demeure tout entière pensée. Mais si elle ne se manifeste pas, c'est uniquement parce qu'elle est trop liée au corps[119]. Pour autant, il y a bien une forme de pensée subconsciente chez Descartes, car même dans le « repos de l'esprit[120] », celui-ci n'est pas inactif : la pensée peut se relâcher, n'est-ce pas Descartes lui-même qui conseille à la princesse Elisabeth de « ne s'occuper qu'à

119 L'âme commence par éprouver des passions, ce sera d'ailleurs l'une des voies d'investigation de la présence d'une pensée chez le nourrisson, voie empruntée par G. Lewis dans *Le problème de l'inconscient et le cartésianisme*. Pour Descartes, les sentiments sont bien des faits de conscience, mais les passions « sont du nombre des perceptions que l'étroite alliance qui est entre l'âme et le corps rend confuses et obscures » *Passions*, § 28 ; et ce, tout particulièrement chez le jeune enfant : « D'autant que mon esprit ne se servait pas bien en ce bas âge des organes du corps et qu'y étant trop attaché il ne pensait rien sans eux, aussi n'apercevait-il que confusément toutes choses. » (6es réponses, A.T., IX, 239) ; c'est ainsi que les premières traces de ces vagues sentiments vont orienter notre vie affective, ainsi que son développement : « Les premières dispositions du corps qui ont ainsi accompagné nos pensées, lorsque nous sommes entrés au monde, ont dû sans doute se joindre plus étroitement avec elles, que celles qui les accompagnent par après. » A. Chanut, 1er février 1647, A.T., IV, 604. Ou encore dans les *Passions*, § 107-111 : les quatre passions primitives sont « les seules que nous avons eues avant notre naissance ; et je crois aussi qu'elles n'ont été alors que des sentiments ou des pensées fort confuses ; parce que l'âme était tellement attachée à la matière, qu'elle ne pouvait encore vaquer à autre chose qu'à en recevoir les diverses impressions. » (A.T., IV, 605)

120 A Elisabeth, 28 juin 1643, A.T., III, 693.

imiter ceux qui, en regardant la verdeur d'un bois, les couleurs d'une fleur, le vol d'un oiseau et telles choses qui ne requièrent aucune attention, se persuadent qu'ils ne pensent à rien[121] » ? Or on ne pense jamais à « rien ». Oui, mais comment s'en convaincre si l'on n'en garde aucun souvenir ? Ce que confirme Descartes, en expliquant pourquoi ceux-là croient ne pas penser : en effet, « nous avons toutes les nuits mille pensées et même veillant...nous en avons eu mille depuis une heure, dont il ne nous reste plus aucune trace en la mémoire[122] », et ce, parce que nous ne les avons pas « remarquées ». La pensée n'a donc pas interrompu son cours, mais étant restée inaperçue, qu'est-ce qui nous en donne la preuve ? Et cette question vaut aussi bien pour la vie de la pensée d'un adulte, que pour la continuité de la pensée depuis l'enfance, ou que pour la présence d'une pensée chez le nourrisson. Descartes, dans la même lettre à Gibieuf, rapproche ce flot continu de pensée de la pensée infantile. Ainsi faut-il lier la pensée permanente et obscure chez les nourrissons, et les sensations coenesthésiques, le rêve, qui révèlent une vie subsconsciente de l'esprit.

Mais reposons la question : qu'est-ce que cette pensée qui n'est pas aperçue, c'est-à-dire qui n'est pas conscience, quand la conscience semblait pourtant chez lui définir la pensée ?

Jean-Marie Schaeffer a donc raison de lier, même si c'est dans l'ordre inverse, la question de la dualité ontique (les hommes et tous les autres étants), et celle d'une dualité ontologique réintroduite dans l'homme lui-même (l'adulte, l'enfant). Le langage serait à ce carrefour. Dans la mesure où le « langage extérieur » est la seule « marque sûre de la pensée, l'argument du cogito lui-même ne vaut que pour autant que la pensée est identifiée à un langage intérieur[123]. » Pour Schaeffer, d'entrée de jeu, Descartes décide d'exclure du cadre de la démonstration du cogito et de façon silencieuse, la possibilité d'un cogito autre qu'humain. On a vu que Descartes ne prouvait pas l'impossibilité pour les animaux de penser, mais seulement l'impossibilité de prouver l'inverse, et les raisons font pencher la balance vers la conclusion que les animaux n'ont pas d'âme[124]. De fait, il semble impossible de prouver que les animaux

121 A Elisabeth, mai ou juin 1645, A.T. IV, 220.

122 A Gibieuf, 19 janvier 1642, A.T., III, 479.

123 J.M Schaeffer, *la fin de l'exception humaine*, Gallimard, p. 100.

124 Lettre à Morus du 5 février, 1649, A.T. V, texte déjà cité : « en examinant ce qui est le plus probable en cette matière, je ne vois aucun argument militer en faveur de la pensée des bêtes, sauf un seul, à savoir, qu'ayant des yeux, des oreilles, une langue, et les autres

pensent dès lors que l'on est prisonnier de la voie internaliste, et donc des seules « manifestations » de pensée, lesquelles pour Descartes, s'identifient au langage. Par ailleurs, il serait faux de prétendre que Descartes « ne démontre nulle part que d'autres signes extérieurs – le regard, les mimiques, les gestes, les actions – ne sont pas des marques assurées de pensée[125] », puisque Descartes affirme que les muets parlent par signes. Dans la lettre à Morus du 5 février 1649, il élargit le langage aux gestes, dès lors que ceux-ci se rapportent à la pensée :

> Mais de tous les arguments qui nous persuadent que les bêtes sont dénuées de pensée, le principal, à mon avis, est que bien que les unes soient plus parfaites que les autres dans une même espèce, tout de même que chez les hommes, comme on peut voir chez les chevaux et chez les chiens, dont les uns apprennent beaucoup plus aisément que d'autres ce qu'on leur enseigne ; et bien que toutes nous signifient très facilement leurs impulsions naturelles, telles que la colère, la crainte, la faim, ou autres états semblables, par la voix ou par d'autres mouvements du corps, jamais cependant jusqu'à ce jour on n'a pu observer qu'aucun animal en soit venu à ce point de perfection d'user d'un véritable langage c'est-à-dire d'exprimer soit par la voix, soit par les gestes quelque chose qui puisse se rapporter à la seule pensée[126] et non à l'impulsion naturelle.

Et il ajoute très clairement :

> Ce langage est en effet le seul signe certain d'une pensée latente dans le corps ; tous les hommes en usent, même ceux qui sont stupides ou privés d'esprit, ceux auxquels manquent la langue et les organes de la voix, mais aucune bête ne peut en user ; c'est pourquoi il est permis de prendre le langage pour la vraie différence entre les hommes et les bêtes[127].

Il est donc clair que les gestes, les « mimiques, les actions », font office de langage quand les humains sont dépourvus des organes qui en sont le support. Enfin, il est important de noter que les animaux ont une sensibilité, ce qu'il affirme dans la même lettre :

---

organes des sens comme nous, il est vraisemblable qu'elles sentent comme nous. » Ici il faut distinguer le sentir du percevoir : les animaux sentent, mais ne perçoivent pas, autrement dit n'ont pas conscience de leurs sensations ni ne peuvent les ramener à un « je », une unité.

125 *Ibid.* p. 99.

126 C'est nous qui soulignons.

127 Lettre à Morus du 5 février 1649, traduction Pléiade, p. 1319-1320, A.T., V, p. 278.

> Je voudrais cependant indiquer que je parle de la pensée, non de la vie ou de la sensibilité : je ne refuse la vie à aucun animal, car je crois qu'elle consiste dans la seule chaleur du cœur ; je ne lui refuse même pas la sensibilité, dans la mesure où elle dépend d'un organe corporel. Si bien que mon opinion est moins cruelle envers les bêtes qu'elle n'est pieuse envers les hommes qui ne sont plus asservis à la superstition des Pythagoriciens et qui sont délivrés du soupçon de crime toutes les fois qu'ils mangent ou tuent les animaux[128].

Mais si les animaux ont en effet une sensibilité, le problème demeure de les différencier des nourrissons et des enfants : en quoi ces derniers ne sont-ils pas seulement des êtres sensibles, dont rien n'atteste qu'ils soient aussi des êtres pensants, sinon l'argument *a posteriori*[129] ? Comment prouver *a priori* que les nourrissons sont des hommes, à moins de postuler la liberté comme inhérente à l'essence de l'homme, comme le fera Kant, et de ce fait, de pouvoir affirmer que les hommes naissent majeurs – si nous osons l'oxymoron. Ce qui fondera le premier article des droits de l'homme, « les hommes naissent libres et égaux en droit ». La naissance relève d'un processus biologique, le champ qu'ouvre Descartes par la rupture du cogito, son arrachement hors de la nature, est précisément cette dimension « du droit ». Ce « de droit » ou « en droit » ne peut se réinscrire dans une analyse généalogique, comme tendent à vouloir le faire les critiques les plus virulentes du cogito cartésien, qu'elles soient d'obédience nietzschéenne ou naturaliste, et poser la question est d'emblée s'interdire toute possibilité de distinguer le fait du droit, avatar de la distinction ontologique entre l'âme et le corps.

Pour autant, le point aveugle qu'il souligne demeure. Il le reformule ainsi :

> Comment concilier le caractère autofondateur du cogito avec cette hypothèse d'une antériorité d'une pensée directe du corps ? Et notamment : qu'advient-il de cette pensée directe du corps lorsque j'accède au stade du cogito[130] ?

128 *Ibid.* p. 1320, A.T., V, p. 278.

129 Notons à cet égard l'importance de la catégorie du probable chez Descartes : en effet, loin de l'intellectualisme étriqué auquel on a bien voulu réduire la philosophie cartésienne, celle-ci admet la probabilité : s'il semble « rejeter toutes les connaissances qui ne sont que probables » (*Regulae*, Reg. 2, traduction Pléiade p. 362), ce n'est qu'en tant que qu'on leur accorderait un assentiment entier comme à celles qui sont indubitables. Il suffit de faire la part entre l'indubitable et le certain : la doctrine une fois constituée fait parfois place aux conjectures, dont notamment l'hypothèse des animaux-machines et la conscience de l'enfant dans le sein de sa mère (Lettre à Hyperaspistes, août 1641, A.T., t. III, p. 424).

130 J.M Schaeffer, *La fin de l'exception humaine*, p. 101.

Mais il nous semble que le *Discours de la méthode* ainsi que les *Méditations métaphysiques* sont une réponse à cette question. Certes, il n'est pas de mémoire de ces pensées directes – quoique, puisque ces traces qui ne ressemblent guère à des pas d'hommes, peuvent néanmoins en être. Ces pensées directes ressemblent fort à un inconscient auquel précisément on n'aurait pas accès, et qui se caractérise par le fait que ça pense en moi, mais que le Je n'est pas encore advenu. Or le Je va advenir. Mais cette irruption n'est pas le fait d'une évolution, il y a solution de continuité entre le moi du jeune Descartes, d'abord inquiet, puis volontaire, et le cogito auquel il fait face comme à la première évidence véritable, évidence contre laquelle ce premier Je ne peut pas lutter. Autrement dit, l'auto-fondation n'est valide que parce qu'elle repose sur l'expérience métaphysique de l'être. Il n'y a pas de cercle dans cette fondation, et parler d'auto-fondation prête à confusion. Le cogito est en effet le premier fondement, mais s'il est premier fondement c'est précisément parce que le sujet volontaire découvre une autre dimension que lui-même, une autre dimension que la volonté et la pensée en acte : il se découvre en tant qu'être, c'est-à-dire précisément dans son impossibilité à s'auto-fonder[131], puisqu'il ne peut être producteur d'être. L'auto-fondation est aussi la limite du sujet, la voie est ouverte à la *Critique de la raison pure*.

Demeure néanmoins un problème : si le cogito est l'essence de l'homme, comment penser son rapport à l'enfant qu'il fut, enfant qui sent au même titre que les animaux, ne sent pas encore *son* corps, et qui peu à peu apprend à rapporter à lui-même ses diverses impressions ?

> D'abord, si ces premières pensées n'ont pas laissé de traces, comment savoir qu'elles ont existé ? La question se pose d'autant plus que la seule voie d'accès semble être celle de la connaissance naturelle et donc de la perspective extérieure, celle de la troisième personne, puisque je ne saurais avoir d'accès direct à ce qui n'a pas laissé de traces[132].

En effet, si toute connaissance part du cogito, comment savoir que l'enfant pense dès lors que le cogito n'a pas accès aux pensées directes

131 Martial Gueroult le souligne, dans son ouvrage *Descartes selon l'ordre des raisons*, I, 3, p. 50 : « [le cogito] donne, fournissant une marque extérieure du vrai, un moyen pragmatique de constituer la science ; mais il est incapable de la fonder au sens plein du terme, puisqu'il laisse ouverte la question de droit. »

132 J.M Schaeffer, *La fin de l'existence humaine*, p. 101.

qui se sont effacées au même rythme qu'elles se sont produites ? Cette contradiction méthodologique invaliderait pour certains le « cogito élargi » en tant que fondement, ce qui corroborerait la légitimité d'un retour au naturalisme et à la voie externaliste. Comment répondre à cet argument épineux ? Sinon précisément par l'hypothèse d'un inconscient (non en tant qu'hypostase) ; mais une hypothèse qui n'est pas faite par le scientifique extérieur au cogito, auquel cas la résolution du problème emprunterait les armes des naturalistes, mais bien par l'homme ayant accédé à son cogito, comme point de démarcation et de fondement, comme point d'origine d'une analyse féconde ? N'est-ce pas précisément par l'analyse que le philosophe distingue ce qui vient de l'enfance et ce qui vient de l'entendement pur ? On pourrait objecter : comment peut-il savoir ce qui vient de l'enfance s'il n'en a pas la mémoire ? Or il est une mémoire de l'enfance, et cette mémoire, c'est l'habitude : l'habitude et les passions, dont les quatre primitives, joie, amour, haine et tristesse. Ce sont en effet « les seules que nous avons eues avant notre naissance[133] ». Les paragraphes 107 à 111 des *Passions de l'âme* développent les caractères physiologiques des passions fondamentales à partir de cette vie prénatale. De même, la lettre à Elisabeth de mai 1646 explique certaines manifestations individuelles de la tristesse en fonction de la première nourriture reçue. Et si ces sentiments ne se rapportent pas aussitôt à des choses hors de soi, la pensée directe s'accompagne pourtant rapidement d'une « réflexion telle quelle sur les choses qui se présentaient[134] », créant ce préjugé naturel qui consiste à croire aux choses perçues. Au fond, c'est par l'erreur et le préjugé que l'on va pouvoir accéder à travers l'analyse au subconscient. L'amputé ne garde-t-il pas la mémoire de son membre perdu ? Ce qui montre que la douleur se glisse jusque dans les « sentiments intérieurs[135] » :

> Car y a-t-il chose plus intime ou plus intérieure que la douleur[136] ?

La douleur, même fausse (peut-être même inexistante, mais qu'est-ce que l'inexistence d'une douleur si elle est vécue ?) transmettrait une information, certes fausse eu égard à la réalité de ce membre amputé,

133 *Passions* § 107-111.
134 *Principes de la philosophie*, première partie, § 47, A.T., IX, p. 44.
135 *Homme*, A.T., XI, 163.
136 Méditation VI, A.T., IX, 61. *Cf. Principes*, IV, 196.

mais vraie en tant qu'elle exhume un souvenir, et de ce fait une trace : cette trace que l'homme adulte va peut-être pouvoir interroger suivant par là le chemin d'une mémoire oubliée, ou d'une pensée enfouie ? Car le « fond permanent[137] » des passions colore toute la vie psychique :

> Ainsi, lorsqu'on est en pleine santé et que le temps est plus serein que de coutume, on sent en soi une gaieté qui ne vient d'aucune fonction de l'entendement, mais seulement des impressions que le mouvement des esprits fait dans le cerveau ; et l'on se sent triste en même façon, lorsque le corps est indisposé, encore qu'on ne sache point qu'il le soit[138].

Telle est la mémoire de l'esprit qui s'exprime par le corps, elle se manifeste dans notre rapport immédiat au monde. Or la première Méditation va procéder à une analyse qu'on pourrait identifier à une démarche critique, qui permet de rejeter tout ce qui vient de l'enfance, à savoir du corps, la perception sensible et la croyance aux choses. C'est à travers cette analyse qui prend pied sur l'attitude commune, que se révèle cette mémoire inconsciente d'elle-même, mais naturalisée. On retrouve bien cette distinction entre le moi constitué et le cogito : l'entendement pur, en analysant le moi constitué, va déceler en lui quelque chose qui ne vient pas de lui, mais de la répétition des perceptions et des actions, qui s'adjoignent une croyance en la véracité de ces perceptions et en la valeur de ces actions. En déconstruisant le moi constitué se révèlent cette croyance, et la structure même de cette croyance, à savoir la confusion entre le corps et l'esprit. Celle-ci n'apparaît qu'à l'aune de l'analyse et de la découverte du cogito. Dès lors, on comprend la relation entre le moi constitué, épaissi par les épreuves du temps, et le cogito qui en est fondamentalement distinct, et qui de ce fait peut l'analyser. Le problème se déplace à nouveau vers la relation entre un moi constitué et un cogito qui le transcende. Mais ce problème est au contraire la clé de la philosophie cartésienne qui prend soin de montrer le passage de l'un à l'autre dans ce saut qualitatif qui a lieu à l'issue du doute. Autrement dit, faire de ce passage un problème, c'est renier dans son intégralité la philosophie cartésienne, qui a pourtant installé dans un récit, une histoire et donc une histoire constituée, le surgissement d'une dimension métaphysique. Le naturalisme s'élève contre cette dimension

137 G. Lewis, *Le problème de l'inconscient et le cartésianisme*, *op. cit.* p. 46.
138 *Passions*, § 94. *Cf.* à Elisabeth, novembre 1646, A.T., IV, 529.

métaphysique, parce qu'elle n'est pas analysable de l'extérieur, mais ne peut qu'être vécue.

Aussi, le deuxième argument naturaliste semble s'annuler par cette hypothèse d'un inconscient rendu manifeste dès lors que l'entendement une fois fondé par le cogito s'adonne à l'analyse du moi constitué :

> Le deuxième problème résulte de la distinction même entre l'ordre génétique et l'ordre fondateur. Dans la mesure où l'intellection pure et la réflexion sont des modalités du moi réflexif, du cogito, c'est l'attention réflexive qui est à la source de l'accession des contenus mentaux au statut de contenus explicites, donc susceptibles d'être mémorisés. Mais elle ne possède cette capacité que pour les impressions qui naissent dans le cadre du cogito et non pas pour les pensées directes, qui n'ont pas laissé de traces. Il semblerait donc y avoir une coupure complète entre ces deux types de représentations[139].

et de conclure

> En fait, rien ne nous permet d'exclure l'éventualité que les représentations conscientes soient causalement dépendantes des idées directes même si ces dernières n'accèdent pas à la représentation consciente. Le cogito lui-même pourrait ainsi être l'effet de processus sub-personnels (d'« idées directes »)[140]

Nous y sommes : Schaeffer montre d'abord qu'on ne peut penser le passage des pensées directes aux pensées réflexives, pour conclure que le problème serait réglé si les pensées réflexives étaient le produit des pensées directes, ou l'aboutissement d'une évolution. C'est donc là refuser le saut qualitatif du cogito pourtant si clairement montré dans l'épreuve du doute méthodique et hyperbolique. Certes, Schaeffer accepte la conclusion du cogito restreint en tant qu'évidence performative, mais il s'en tient à une analyse logique et formelle, sans prendre en compte la dimension d'existence, même si celle-ci est impliquée par tout type de performativité. Sauf que dans la performativité, l'existence est extérieure, simple implication d'une énonciation, et non éprouvée de l'intérieur, seule voie d'accession à l'être.

Différentes temporalités sont mises en œuvre pas Descartes, les nuances expriment le fond de sa philosophie ainsi que sa complexité. Schaeffer s'en tient à une dimension unilatérale, celle de l'évolution, le

---

139 Schaeffer, p. 102.

140 *Ibid.*

temps transitif et ascendant, homogène : il ne porte aucune attention au temps constitué de la vie en tant que mémoire sédimentée dont le corps est le témoin, à l'épaisseur du cogito, mais aussi à la volonté qui double le temps de la vie d'un temps plus linéaire fondé sur la décision et la mise en place de la méthode ; enfin le temps de l'esprit, essentiellement différent du temps sédimenté du corps, ces deux dimensions étant explicitement distinctes notamment dans la première Méditation qui les met en scène en les confrontant.

LA DISTINCTION ENTRE LES DIMENSIONS ONTOLOGIQUES ET LES DIMENSIONS ONTIQUES. L'IDÉE MÊME D'EXPÉRIENCE AUTREMENT APPELÉE ICI EXISTENCE

Le naturalisme tel que Schaeffer tout au moins le revendique, substitue donc à l'expérience métaphysique, qui ne peut être qu'interne, un rapport de connaissance externe : l'expérience métaphysique est un rapport immédiat à l'être, en tant qu'il est éprouvé, et non rationnellement connu, que ce soit le cogito, ou Dieu. Or l'expérience métaphysique est précisément ce qui fait rupture avec tout autre type d'expérience, et particulièrement d'expérience scientifique qui nous renvoie au plan du même. Que la vision de l'homme soit historiciste, généalogiste ou scientiste, nous demeurons enfermé dans une seule dimension, qui nie la transcendance du cogito, en ce qu'il se découvre précisément dans la mise entre parenthèse du tout – histoire, genèse du moi, science – qui nie aussi la transcendance de Dieu – en ce qu'il se découvre par l'idée d'infini que je ne peux comprendre et dès lors inscrire dans un processus de connaissance (que celui-ci soit à nouveau historiciste, généalogique, scientifique), puisque c'est précisément cet au-delà de la connaissance qui la fonde, cet au-delà de la physique qui la fonde, cette expérience méta-physique qui rencontre directement et dans l'immédiateté l'être. Or toute démarche naturaliste s'inscrit en amont ou en aval de cette différence ontologique, autrement dit, elle la nie pour pouvoir considérer que la pensée peut se saisir par la voie externaliste.

Enfin la démarche de Schaeffer oublie la dualité entre la conscience et le contenu de conscience. La conscience de l'enfance en soi n'advient qu'à la faveur du cogito. La pensée réflexive fonde, certes, mais c'est jouer sur le terme de fondement : ce n'est pas parce qu'elle fonde qu'elle produit. Ainsi le moi constitué peut bien être antérieur au cogito, et même il le doit (Descartes précise bien dans la deuxième partie du *Discours* qu'il doit amasser des expériences pour être à lui-même la matériau de sa réflexion), il n'y a pas là contradiction, au contraire : la différence est entre la vie vécue et la vie pensée, la vie subie et la vie fondée, la vie et l'existence au sens où l'existence confère à la vie un sens qu'elle ne produit pas d'elle-même. Cette différence est toute entière dans l'irruption du cogito, qui n'est pas une irruption au sein d'une évolution, mais une rupture fondamentale, non pas dans la vie telle qu'elle se constitue et se poursuit, mais dans le sens de la vie dont seule la pensée est l'auteur. Le sens de la vie ne surgit pas de la vie, le sens de la vie relève d'un autre qu'elle, la conscience qui doit lui être extérieure pour la penser. Ainsi il y a bien une pensée inconsciente, c'est le temps sédimenté, et une pensée consciente qui par le travail d'analyse parvient à rendre manifeste cette pensée inconsciente, qui dès lors se présente tout à la fois inconsciente parce que non fondée, et consciente parce que mise au jour. Comment l'inconscient pourrait-il se mettre au jour lui-même, au sein d'une évolution ? Ce serait là contradiction : il n'est pas de généalogie possible de la prise de conscience de la dimension de l'être et de soi-même en tant qu'être. Toute genèse est condamnée à l'échec logique, et à l'incompréhension d'une dimension qui fait en effet « l'exception humaine ». Mais cette hostilité face à la philosophie cartésienne tient sans doute au fait qu'elle assume sa finitude, chose que la science en tant que dogme, n'est pas à même d'envisager.

Pour autant, Descartes en tant que scientifique a lui-même été tenté par l'infinitude de la science et son rêve d'unité. Ce rêve d'unité, la révélation métaphysique va y mettre un terme.

L'ENFANCE, UN COMMENCEMENT PARADOXAL

ENFANCE ET UNITÉ

LA RECHERCHE DE L'UNITÉ : UNE ASPIRATION DE LA RAISON

La confusion entre le corps et l'esprit trouve son paradigme dans ce qui la cause :

> dès ma plus tendre jeunesse, j'ai conçu l'esprit et le corps (dont je voyais confusément que j'étais composé) comme une seule et même chose ; et c'est le vice presque ordinaire de toutes les connaissances imparfaites, d'assembler en un plusieurs choses, et les prendre toutes pour une même ; c'est pourquoi il faut par après avoir la peine de les séparer, et par un examen plus exact les distinguer les unes des autres[1].

Et c'est peut-être précisément parce que le modèle premier comme la source de l'erreur est l'union de l'âme et du corps, cette singularité exclusivement humaine, que l'on peut néanmoins attribuer la pensée, même directe, à un Je, ou pour le moment à un lieu identique à soi-même : cette pensée confondue avec les perceptions sensorielles, se rapporte sinon à un ego, du moins à un corps. Autrement dit, l'incarnation de la pensée expliquerait la présence d'une pensée encore inconsciente d'elle-même, parce qu'elle est déjà individuée. Et si la pensée a pour vocation de se séparer du corps, elle s'origine en tant que pensée individuée, dans cette union première, préhistoire d'un je encore inconscient de lui-même. Peut-être après tout en est-il de même des animaux. Mais nous ne pouvons pénétrer en leur cœur, et n'ayant aucune attestation de leur pensée par la parole, nous devons nous en tenir à la seule certitude que nous pouvons

---

1 *Sixièmes Réponses*, A.T., IX, p. 243.

avoir : il nous est impossible de prouver que les animaux ont une âme, rien ne nous permet de l'affirmer – rien ne nous permet aussi de le nier, sinon notre courte durée sur terre. Un jour peut-être les hommes assisteront-ils à la manifestation d'une pensée encore balbutiante, cela n'est pas interdit, mais cela sous-entend une temporalité à l'échelle de l'humanité, sur laquelle nous ne pouvons rien savoir ni projeter. Aussi doit-on s'en tenir à cette incertitude, et pencher vers l'idée que les animaux n'ont pas d'âme, en déconstruisant le préjugé qui nous amène à la conclusion contraire. Pourtant, le simple fait que le nourrisson ne soit pas si éloigné de l'animal, et que la seule différence soit qu'il devient homme alors que l'animal ne devient que lui-même, inféodé au cours de la nature et au cycle de la vie, inapte à entrer dans une temporalité historique – pour le moment – laisse un doute quant à cette fameuse question. Enfin, si la pensée finit par s'imposer chez l'enfant, c'est qu'il aura procédé à diverses séparations (on retrouve cette idée qu'il faut se séparer pour s'individuer, se séparer pour grandir, et se séparer pour penser), qui lui permettront de distinguer ce qui vient du corps et ce qui vient de l'esprit.

Pour autant, cette séparation qui seule aura raison de la confusion dans laquelle il se trouve, est tout sauf chose aisée :

> certes, lorsque nous nous sommes persuadés quelque chose dès notre jeunesse, et que notre opinion s'est fortifiée par le temps, quelques raisons qu'on emploie après cela pour nous en faire voir la fausseté, ou plutôt quelque fausseté que nous remarquions en elle, il est néanmoins très difficile de l'ôter entièrement de notre créance, si nous ne les repassons souvent en notre esprit, et ne nous accoutumons ainsi à déraciner peu à peu ce que l'habitude à croire, plutôt que la raison, avait profondément gravé en notre esprit[2].

Ainsi seule l'habitude peut détruire l'habitude. La volonté se trouve ici impuissante à dépasser le préjugé le plus ancré parce que structurel de l'enfance. Elle n'aura pas de force sans se temporaliser. Et l'on retrouve cette idée d'entraînement et d'exercice que nous avons vue dans le texte qui conclut la deuxième partie du *Discours*. La volonté du sujet actif, du sujet conquérant, doit reconnaître la nécessité de se faire matière, de s'incarner dans un *habitus*, de s'instituer autrement dit de se déposer dans l'être. On voit qu'entendement comme volonté sont insuffisants à

2 *Quatrièmes Réponses*, A.T., IX, p. 179.

accéder au vrai. C'est bien que Descartes prend en compte la dimension de la temporalité dans l'accession à la connaissance, autrement dit qu'il engage son être tout entier dans un processus vers le vrai. Or son être tout entier, c'est aussi l'enfance qui demeure en lui, l'épaisseur des habitudes qui font en lui une nature, et la nécessité pour se dénaturaliser, de forger une nouvelle nature. Le sujet cartésien se trouve doté d'une nouvelle dimension : c'est l'épaisseur du temps. Il s'agit bien entendu d'un temps subi et non du temps des *Méditations* même si celui-ci aussi retombe dans les anciennes habitudes, mais ce temps subi ne l'est plus dès lors qu'il est pris en compte et différemment orienté. Le sujet se reconnaît une épaisseur irréductible, comme il reconnaîtra en lui des mécanismes de répétition difficiles à surmonter, même en les identifiant. La connaissance ne peut pas tout, la volonté non plus : chez un philosophe dont on dit qu'il est le père de la technique moderne, le promoteur d'une maîtrise de la nature, le sujet rayonnant, et la raison triomphante, cette attention à la temporalité de la vie même et l'inscription de sa philosophie au cœur de l'existence est le témoignage le plus édifiant d'une complexité extraordinaire de la nature du sujet. Et cette complexité tient de la prise en compte de la finitude comme des différents niveaux de temporalité. Si Descartes peut faire une philosophie du sujet, c'est d'abord parce qu'il est incroyablement attentif à lui-même, non pas de façon égoïste comme le critiquera Pascal, mais au contraire, de façon à reconnaître les faiblesses du sujet et à les accepter.

Ainsi Descartes constatant que nous ne sommes pas nés adultes,

> [...] je pensai que, pour ce que nous avons tous été enfants avant que d'être hommes, et qu'il nous a fallu longtemps être gouvernés par nos appétits et nos précepteurs, qui étaient souvent contraires les uns aux autres, et qui, ni les uns ni les autres, ne nous conseillaient peut-être pas toujours le meilleur, il est presque impossible que nos jugements soient si purs ni si solides qu'ils auraient été si nous avions eu l'usage entier de notre raison dès le point de notre naissance, et que nous n'eussions jamais été conduits par elle[3][,]

se contraint à prendre en compte cette dimension de l'épaisseur du temps. À la méthode, il faut adjoindre l'habitude, l'enfance étant aussi puissante que la raison :

3 Descartes, *Discours de la méthode*, 2e partie, A.T., VI, p. 13.

> outre la connaissance de la vérité, l'habitude est aussi requise, pour être toujours disposé à bien juger. Car, d'autant que nous pouvons être continuellement attentifs à même chose, quelque claires et évidentes qu'aient été les raisons qui nous ont persuadé ci-devant quelque vérité, nous pouvons, par après, être détournés de la croire par de fausses apparences, si ce n'est que, par une longue et fréquente méditation, nous l'ayons tellement imprimée en notre esprit, qu'elle soit tournée en habitude. Et en ce sens on a raison, dans l'École, de dire que les vertus sont des habitudes ; car, en effet, on ne manque guère, faute d'avoir, en théorie, la connaissance de ce qu'on doit faire, mais seulement faute de l'avoir en pratique, c'est-à-dire faute d'avoir une ferme habitude de la croire[4].

Et voilà l'École qui ressurgit, sous ce que Descartes en sauvegarde : *l'habitus*. Et *l'habitus* n'est pas seulement requis pour devenir vertueux, mais aussi pour la connaissance. Devenir un sujet connaissant requiert un *habitus*. S'il faut souligner le rôle de *l'habitus*, ce n'est pas pour recouvrir l'importance du commencement, du saut qualitatif que constitue le cogito, précisément hors du temps, hors du cours des choses puisqu'il atteint à une autre dimension, celle de l'être. Mais précisément, ce saut ne saurait avoir lieu sans cette préparation dans le temps, cette transformation par la méthode et sa longue pratique, cette concentration à demeurer dans le temps de l'être et non dans le temps de la vie qui incessamment nous rappelle, comme le chant des sirènes.

Le commencement, c'est celui qu'appelle cette métaphore « pource que nous avons été enfants avant que d'être hommes[5] ». Nous commençons donc mal. Si le commencement avait été celui de la raison, l'accès à la vérité aurait été direct. Mais précisément, ce commencement est renvoyé à un moment ultérieur, parce que pour y prétendre, il faut d'abord douter, s'entraîner à douter, mais vivre aussi, apprendre, puis rejeter ce que l'on a appris, se découvrir soi-même, peu à peu, comme le seul lieu d'une possible confiance. Descartes formule clairement cette méfiance de tout ce qui vient d'autrui et principalement des précepteurs. La pensée présente chez l'enfant est recouverte (l'homme est né libre mais partout il est dans les fers, ou encore l'homme naît majeur et il est artificiellement plongé dans la minorité par ses tuteurs) : on a là un motif bien connu et fondateur de l'esprit des Lumières. Sous ce motif, il y a le paradigme de l'unité, c'est-à-dire de la raison comme ferment de l'unité. Le fondement

4 Lettre à Elisabeth, 15 septembre 1645, A.T., IV, p. 295-296.
5 *Discours de la méthode*, 2ᵉ partie, A.T., VI, p. 13.

est par définition synonyme d'unité. Le principe est Un : c'est ce qui pourra garantir l'universalité de la raison et de ses démonstrations. Pour qu'il y ait accord, il faut qu'il y ait unité. Aussi rechercher le fondement, c'est atteindre à cette unité dont rien dans l'expérience ne manifeste l'existence. Cette unité n'est pas celle harmonieuse de l'enfant et du monde, c'est précisément la recherche, une fois le divorce accompli, d'une nouvelle unité. Par définition l'autonomie s'arrache à l'hétéronomie si on veut user d'un vocabulaire kantien. On peut citer à l'appui les autres métaphores relatives à la suprématie de l'unité sur le multiple où semble évacuée la dimension de la pluralité comme nuisible à la vérité, mais aussi aux objets de l'art, de l'architecture, de la politique :

> il n'y a pas tant de perfection dans les ouvrages composés de plusieurs pièces, et faits de la main de divers maîtres, qu'en ceux auxquels un seul a travaillé[6].

L'image présuppose ici clairement le primat de l'unité sur le multiple. Ce primat de l'unité, on peut le comprendre, s'inscrit dans la démarche cartésienne en ce qu'elle veut sauver le sens de la tentation du scepticisme. Le pluriel, c'est l'anarchie, c'est le relativisme, c'est le règne de l'opinion. L'unité, c'est le fondement, l'ordre, le référent qui sauve du relativisme, la pierre angulaire de la philosophie cartésienne. Cette idée d'unité court à travers l'histoire de la philosophie, en ceci qu'elle est le présupposé du choix de la raison. Si l'on veut sauver la raison, alors il faut privilégier le modèle de l'unité ; si l'on veut sauver l'humanité, et par là le sens, un sens accessible à chacun, alors en effet, il faut arriver à cet Un fondateur, premier principe, principe onto-théologique, anhypothétique, etc. Platon a installé le règne de la philosophie contre la mythologie, le règne de l'Un contre celui du multiple. À partir de lui, tout engagement rationnel sera synonyme du choix de l'un contre le multiple. Il en va ainsi de Descartes, il en va ainsi de l'esprit humain, de l'esprit même de l'enfant qui demande pourquoi, cette chaîne de pourquoi qui n'a d'autre fin que de découvrir la raison ultime, la raison suffisante, celle qui arrêterait l'angoisse de l'esprit. C'est aussi l'unité qui a prévalu dans la religion, le monothéisme écrasant toute autre possibilité de transcendance ; l'idée même de création étant l'incarnation du désir d'unité. C'est à proprement parler ce qu'on appelle le principe

6 *Discours de la méthode*, 2e partie, A.T. VI, p. 11.

de raison. Or nous avons déjà entrevu que cette unité recherchée par Descartes, appelée de ses vœux dans ces métaphores de la deuxième partie du *Discours*, n'allait pas pouvoir être conquise, non seulement parce qu'il y a deux principes, le cogito et Dieu, mais encore parce que les différentes temporalités ne sont pas synthétisables.

Cette unité est donc le modèle de la pensée, mais encore du beau :

> Ainsi voit-on que les bâtiments qu'un seul architecte a entrepris et achevés ont coutume d'être plus beaux et mieux ordonnés que ceux que plusieurs ont tâché de raccommoder, en faisant servir de vieilles murailles qui avaient été bâties à d'autres fins[7].

Il n'est pourtant pas dit que cette architecture palimpseste ne soit pas plus belle que celle, sans doute plus glorieuse et efficace, qui fut soumise à un plan unique. Tout ce qui est de l'ordre de l'art humain, technique ou beaux-arts, architecture ou urbanisme, est ici soumis à un paradigme rationnel. Si Descartes n'a pas fait de théorie esthétique, il propose pourtant là un modèle fort classique, et qui triomphera en son siècle même, ce que l'on a appelé le classicisme. Le grand siècle est celui de la construction rationnelle, la beauté est géométrique, symétrique. Elle est indexée à la raison, au règne de l'unité. Certes, elle commence à se subjectiviser, mais le goût lui-même n'est qu'un avatar de la raison. Si le beau n'est plus extérieur à l'esprit de l'homme, il est en revanche aliéné à cet idéal d'unité qui est celui de la rationalité même. Ainsi retrouve-t-il une forme d'objectivité, qui n'est plus inhérente à la nature, mais à l'esprit. On est bien loin de l'enfance et de sa vision du monde : le monde représenté est celui de la raison, le beau doit être la conséquence d'un travail théorique, qui restitue la vérité de la nature en ce qu'elle est toute entière fondée sur celle de l'esprit.

Il en va de même pour l'urbanisme :

> Ainsi ces anciennes cités qui, n'ayant été au commencement que des bourgades, sont devenues par succession de temps des grandes villes, sont ordinairement si mal compassées, au prix de ces places régulières qu'un ingénieur trace à sa fantaisie dans une plaine, qu'encore que, considérant leurs édifices chacun à part, on y trouve souvent autant ou plus d'art qu'en ceux des autres, toutefois, à voir comme ils sont arrangés, ici un grand, là un petit, et comme

---

7 *Discours de la méthode*, *ibid.* p. 11.

> ils rendent les rues courbées et inégales, on dirait que c'est plutôt la fortune que la volonté de quelques hommes usant de raison qui les a ainsi disposés[8].

Certes, l'unité des plans confère à la ville une fonctionnalité. Mais c'est alors privilégier l'art de l'ingénieur contre l'art de la vie. On peut se demander si la raison dans des domaines comme l'art, ou l'architecture, ou encore l'urbanisme, doit être maître en la demeure ou si elle ne conduirait pas plutôt à des dérives « fascisantes », inhumaines, faisant fi du temps, de l'épaisseur de l'histoire, de la superposition des époques, etc. Certes, Descartes inaugurant la modernité croit voir devant lui des siècles de progrès. Ainsi la physique cartésienne, parce que mathématisée et donc universelle, serait le tronc de diverses sciences nouvelles comme la médecine, la morale et la mécanique, mais aussi comme l'architecture et l'urbanisme. Il privilégie ici clairement le modèle de la *tabula rasa* comme préalable à toute entreprise, et si pour la pensée, cela se justifie, cela sauve même du relativisme généralisé qu'a mis en vogue le nouveau pyrrhonisme, pour ce qui relève de la culture, la conséquence est dangereuse : commencer tout de nouveau, c'est rejeter la sédimentation du temps, la richesse de la culture, l'inscription dans l'histoire. Cette idée d'un homme neuf, conduit seulement par la raison, s'étend à l'idée d'une civilisation nouvelle. La révolution attendra un siècle pour mettre en œuvre ce programme. Pourtant, à interroger de plus près les textes de Descartes sur l'enfance, le propos doit être nuancé. L'enfance est-elle l'expression de notre contingence qu'il faut dépasser pour atteindre le nécessaire ? Il semble qu'elle soit autrement plus importante. Sa rémanence ne laisse pas le choix au philosophe de s'en défaire. Cette temporalité droite, flèche du temps conquérant qu'il semble ici appeler de ses vœux, et qui offrira le modèle aux grandes réformes politiques à venir, il la nuance dans le texte même où se déploient ces métaphores. Certes, le *Discours* a pour objectif de fonder la science. Mais le *Discours* est avant cela un récit, l'histoire d'un esprit, qui découvre ce besoin d'unité après une déception, et qui pour la conquérir, doit se resituer dans une temporalité vécue et dans une épaisseur temporelle, matière à travailler. Le cogito ne peut surgir qu'au sein d'une histoire, et d'une histoire reprise en main par une volonté qui accepte de se temporaliser pour devenir efficiente.

8 *Ibid.* p. 11-12.

Mais Descartes n'en a pas fini : il élargit la métaphore au domaine politique :

> Ainsi je m'imaginai que les peuples qui, ayant été autrefois demi-sauvages, et ne s'étant civilisés que peu à peu, n'ont fait leurs lois qu'à mesure que l'incommodité des crimes et des querelles les y a contraints, ne sauraient être si bien policés que ceux qui, dès le commencement qu'ils se sont assemblés, ont observé les constitutions de quelque prudent législateur[9].

Cette métaphore, cette imagination utopiste, est sans doute plus légitime que la précédente. Si pour la beauté, l'urbanisme, le modèle de l'unité peut être interrogé, pour la politique, on peut entendre l'appel d'une refondation d'un État rationnel. Cette image résonne rétrospectivement comme un premier jalon de la Révolution française. Et l'on ne peut manquer de constater les similitudes entre le rationalisme cartésien, la prééminence du sujet, et les nouveaux fondements d'un État en tant que construction rationnelle, reposant sur l'individualisme et le rationalisme – les deux philosophèmes clés de la philosophie de Hobbes. C'est exactement le chemin qu'emprunteront les philosophes politiques, de Hobbes à Rousseau : à savoir effectuer cette *tabula rasa* (qui trouve sa fiction dans l'état de nature) pour refonder à nouveaux frais un État de droit. L'héritage des traditions, en terme de droit comme en terme de philosophie, est une forme de servitude. S'il y a un domaine où cette métaphore est efficace voire révolutionnaire, c'est bien celle des lois. Descartes ne va pas encore aussi loin, il n'est pas ici question du fondement de l'État sur l'individu, comme il sera question du fondement de la philosophie sur le sujet. Néanmoins, il ouvre la possibilité de mettre fin à la tradition et aux systèmes de loi ancestraux pour de nouvelles fondations. Certes dans cette phrase, le prudent législateur pourrait encore ressembler au roi philosophe de Platon, et plus tard au despote éclairé de Kant : peu importe l'incarnation du primat de l'unité et de la raison sur le multiple et l'ancestral, l'idée qui surgit ici est celle d'un commencement à partir de zéro, d'un commencement rationnel, qui soit donc un, fondé et fondant.

On retrouve une métaphore identique, toujours dans la deuxième partie, juste avant l'énoncé des quatre règles de la méthode, et qui sert à les introduire :

---

9 *Ibid.* p. 12.

> Et, comme la multitude des lois fournit souvent des excuses aux vices, en sorte qu'un État est bien mieux réglé lorsque, n'en ayant que fort peu, elles y sont fort étroitement observées ; ainsi, au lieu de ce grand nombre de préceptes dont la logique est composée, je crus que j'aurais assez des quatre suivants, pourvu que je prisse une ferme et constante résolution de ne manquer pas une seule fois à les observer[10].

Cela ressemble à un programme politique.

Enfin avant d'en arriver à l'image de l'enfant, Descartes fait une incursion dans le champ de la religion :

> Comme il est bien certain que l'état de la vraie religion, dont Dieu seul a fait les ordonnances, doit être incomparablement mieux réglé que tous les autres[11].

Le monothéisme est évidemment la figure privilégiée de la raison et donc de l'unité. Et ce n'est pas parce que Descartes est catholique qu'il use de cette métaphore, mais bien parce qu'il a comme objectif de trouver un nouveau fondement, fondement ou Un. À cet égard, le monothéisme peut faire office de modèle.

Descartes oppose la science des Anciens, faite de commentaire, d'apprentissage, d'addition, à celle qu'il entend fonder, sur sa seule raison. Mais c'est aussi d'une certaine manière et sans le vouloir, opposer la culture dans son épaisseur, à la science comme seul paradigme. Ou encore mettre la vérité au-dessus de tout, le modèle de la connaissance qui s'ensuit sera celui-là même qui exclut de son champ autrui et soi-même comme un autre. L'altérité n'a pas voie de cité dans le royaume de l'homogène. Et le royaume de l'homogène échappe au temps. Or l'enfance ne peut être réduite par la pensée à la pensée. Elle résiste. L'homme est union d'âme et de corps, en ce sens-là, il est condamné à une historicité. Et il en va de même des nations. Certes, à la faveur de ce paradigme de l'unité, émerge non seulement la toute-puissance de la raison, mais encore l'idée d'homme hors de la nature, et par conséquent l'idée d'humanité, accédant à une dimension d'universalité qu'elle ne pouvait conquérir tant qu'elle était aux prises de son environnement, et que l'homme demeurait un animal rationnel. Mais Descartes ne choisira pas. Il ne choisira pas l'homme abstrait et universel contre l'homme

10 *Ibid.* p. 18.
11 *Ibid.* p. 12.

concret prisonnier des perceptions sensibles, et de sa particularité. Il ne choisira pas l'homogénéité de la raison et son emprise sur la nature corvéable à merci, contre l'individu inscrit dans une histoire, et participant aussi de la nature. Certes, les interprétations pourront pencher d'un côté plutôt que de l'autre, mais privilégier le sujet rationnel et conquérant, sur le sujet qui loge en lui l'enfant qu'il fut, c'est renoncer au sens même de la philosophie cartésienne qui est faite d'équilibre, et à la clé de sa morale qui est précisément non pas fondée sur l'unité première, mais conquête permanente d'unité. Et il serait sans doute plus juste de parler d'harmonie ou d'équilibre que d'unité, réservée au seul fondement de la science, lui-même insuffisant pour garantir la rationalité de la raison. S'en tenir à ces métaphores qui invectivent le multiple pour lui préférer l'unité dans tous les domaines, c'est oublier que Dieu a créé les vérités éternelles, et que le cogito n'accède jamais qu'à des vérités elles-mêmes contingentes en tant qu'elles sont créées. Que le domaine où l'unité doit régner est bien celui de la science, mais qu'aussi bien en métaphysique que dans la philosophie morale, cette unité se disloque : le fondement premier doit se découvrir un autre fondement, et s'il y a deux fondements, c'est parce que Descartes privilégie l'ordre des raisons, autrement dit, la temporalité de l'esprit en tant qu'il suit son ordre propre dans un investissement de chaque instant. Dans le temps qui est le nôtre, les fondements s'enchaînent, inversement à l'ordre des essences. Dieu et l'homme sont distincts, bien que l'idée de Dieu soit immanente à l'homme : la transcendance – en tant que saut hors de la linéarité de l'enchaînement des raisons – met en échec le modèle triomphant d'unité. Quant au domaine pratique, le problème posé est bien celui d'une unité première, celle de l'âme et du corps, unité mystérieuse qui recèle en elle des plans hétérogènes à jamais étanches, même s'ils interagissent. On comprend alors que ces métaphores sont essentiellement l'expression d'un enthousiasme formidable pour les progrès techniques que permettront les sciences. Si Descartes, à ce moment précis du *Discours*, écarte la culture au sens d'une accumulation de savoir qui vaut érudition inutile, c'est aussi pour asseoir l'universalité et de sa méthode, et de sa science, autrement dit de la science physique, mais aussi du bon sens et d'une accessibilité universelle à la vérité.

LA RECHERCHE DE L'UNITÉ : UNE QUÊTE VOUÉE À L'ÉCHEC

Aussi la question se repose-t-elle : doit-on balayer tout ce qui est issu de l'hétéronomie ? Pourquoi cette image d'un homme né adulte nous laisse-t-elle un sentiment étrange ? Pourquoi ce motif de l'unité contre la vie, la culture, la mémoire, est-il à la fois révolutionnaire et troublant ? Le petit Karl avant de dire je a bien été : mais qui a-t-il été ? De quoi émerge la pensée ? D'un saut radical, celui du cogito : c'est donc qu'il y a une solution de continuité entre le Je qui pense et le Je qui vit. Et pourtant il faut bien qu'à un moment la vie rejoigne la pensée, que la raison pratique s'incarne dans l'histoire, sans quoi que faire de notre humanité ? Comment ce passage est-il rendu possible ? Et que fais-je de ma mémoire qui reste comme une chose morte, gênante, dont j'ai intérêt à me débarrasser pour penser ? Certes Descartes et Kant sont révolutionnaires au sens où il a fallu s'arracher à cet enfant, sans quoi la liberté n'advient pas, mais comment arracher de soi-même l'enfance qui continue de nous constituer ? C'est le problème du commencement qui se pose, et qui court tout du long du *Discours* et des *Méditations* : quand commence-t-on à penser ? Sinon depuis toujours ? Question que pose avec acuité Maurice Merleau-Ponty dans *Le visible et l'invisible*, y voyant le motif d'une réfutation de la philosophie réflexive, en tant que sa méthode reposerait sur un cercle :

> ...la réflexion manque à sa tâche et au radicalisme qui est sa loi : car le mouvement de reprise, de récupération, de retour sur soi, la marche à l'adéquation interne, l'effort même pour coïncider avec un naturant qui est déjà nous et qui est censé déployer devant lui les choses et le monde, précisément comme retour ou reconquête, ces opérations secondes de re-constitution ou de restauration ne peuvent par principe être l'image en miroir de sa constitution interne et de son instauration [...] : la réflexion récupère tout sauf elle-même comme effort de récupération, elle éclaire tout sauf son propre rôle[12].

Et plus loin, offrant à la philosophie de la réflexion sa défense :

> On répondra peut-être que les grandes philosophies réflexives le savent bien, comme le montrent, chez Spinoza, la référence à l'idée vraie donnée, ou, chez Kant, la référence très consciente à une expérience pré-critique du monde, mais que le cercle de l'irréfléchi et de la réflexion est en elles délibéré, qu'on

---

12 Maurice Merleau-Ponty, *Le visible et l'invisible*, Tel Gallimard, 1964, p. 54.

> commence par l'irréfléchi, parce qu'il faut bien commencer, mais que l'univers de pensée qui est ouvert par la réflexion contient tout ce qu'il faut pour rendre compte de la pensée mutilée du début, qui n'est que l'échelle que l'on tire à soi après avoir grimpé… Mais s'il en est ainsi, il n'y a plus de philosophie réflexive, car il n'y a plus d'originaire et de dérivé, il y a une pensée en cercle où la condition et le conditionné, la réflexion et l'irréfléchi, sont dans une relation réciproque, sinon symétrique, et où la fin est dans le commencement tout autant que le commencement dans la fin[13].

Partant, le cogito est le véritable point de départ.

> Savoir enfin commencer, tel est l'acte courageux. Convoquer « son » heure. Naître, alors que nous étreint un sentiment d'érosion du sujet[14].

Cela répond d'une certaine manière à la critique pourtant justifiée de Merleau-Ponty :

> Ou bien le doute n'est qu'un état de déchirement et d'obscurité, et alors il ne m'apprend rien, – ou, s'il m'apprend quelque chose, c'est qu'il est délibéré, militant, systématique, et alors il est un acte, et alors, même si dans la suite de sa propre existence s'impose à moi comme une limite au doute, comme un quelque chose qui n'est pas rien, ce quelque chose est de l'ordre des actes, où je suis désormais enfermé[15].

Car exister est un acte de pensée, de même que la réflexivité ou réflexion exige de la volonté et du courage. Agir, c'est philosopher ou philosopher c'est agir, cet acte n'est pas enfermement mais bien rupture d'une certaine passivité de la vie naturelle, de la temporalité naturelle, rupture qui est engagement de l'être, et qui si elle masque ce qu'elle veut montrer, cette parfaite clarté à soi du commencement, néanmoins le permet : il n'est pas de commencement sans acte. Cet acte n'est pas forcément de l'ordre de la décision puisque le précède le désir de savoir et de ne pas être trompé, néanmoins il y a une part de décision dans l'acte de philosopher, comme il y a une part de décision à exister plutôt que vivre. À ce titre-là, la philosophie cartésienne est une éthique.

---

13 *Ibid.* p. 55-56.

14 Cynthia Fleury, *La fin du courage*, Fayard, p. 32.

15 Maurice Merleau-Ponty, *Le visible et l'invisible*, *op. cit.*, p. 58.

COMMENCEMENT ET UNITÉ

Savoir commencer. L'enfance est commencement, mais c'est un commencement qui ne se sait pas. Le recommencer, c'est précisément faire entrer le savoir dans cette matière ou cette mémoire du corps et de l'esprit qu'est l'enfance. C'est transformer cette matière en savoir, ou ce savoir en matière. Et pour réfléchir l'enfance, il faut s'en séparer. S'en séparer est un éternel commencement, parce que l'enfance demeure plus tenace que l'attrait du vrai. S'en séparer est l'œuvre d'une volonté, dont on pourrait dès lors dire, qu'elle est le véritable commencement. Mais cette volonté se serait-elle éveillée s'il n'y avait pas eu la déception ? N'est-ce pas le désir qui précède la volonté et la met en marche ? La généalogie du commencement est vaine. Pourtant, l'œuvre de Descartes accumule les commencements, et même les origines : il les accumule parce que son écriture elle-même a fait le choix du temps. Temps du *Discours*, histoire d'un esprit, temps des *Méditations*, esprit qui se fait histoire. Dans le temps, les commencements se succèdent tout en étant rétroactifs. La découverte du cogito et la preuve de l'existence de Dieu fondent en retour la méthode qui les précédait chronologiquement, et font de chaque commencement des étapes nécessaires sur la voie de la vérité comme sur la voie de l'Être.

Descartes a l'air de regretter de n'être pas né homme (adulte) dans une perspective scientifique. En réalité, il ne fait que prendre en charge ce temps de la vie, toujours dans une perspective scientifique. Autrement dit, non seulement il fonde la science, mais il interroge avant tout le sujet dans son rapport à la science. Et si le sujet fonde la science, à travers le cogito, il doit, pour y arriver, effectuer un long travail sur lui-même, analyse, temporalisation, doute, rejet des connaissances apprises, rejet de la science des autres, retour sur soi, mise à distance du premier rapport au monde : cela n'est pas tant une réforme de l'entendement qu'une réforme du sujet dans sa totalité. Même si ce n'est pas « à la manière des Anciens », la recherche de la vérité est pour Descartes un travail sur soi et une longue transformation de son être, et l'accession à la vérité n'annule pas ce travail qui toute la vie doit continuer, parce qu'il n'est pas d'unité conquise définitivement, si ce n'est dans une perpétuelle reconquête, une vigilance de la volonté, et la volonté de temporaliser la volonté elle-même. Autrement dit, le sujet connaît les limites de son pouvoir, et doit se reconnaître aussi comme objet, réceptivité, matière, épaisseur qui fait résistance : un être dans le monde, et un être dans le temps.

Ainsi le sujet, s'il sort du monde à la faveur du cogito, ne le peut qu'en travaillant sur sa matière qui elle, appartient bien au monde. La mémoire intellectuelle se désolidarise d'une mémoire de sédimentation, mais pour que la mémoire intellectuelle devienne aussi effective que la mémoire du corps, elle doit à son tour, non pas se sédimenter et se transformer en connaissances déposées et accumulées, mais, toujours dans cette activité qui est la sienne, et cette nouveauté sans cesse recommencée, dépasser l'épaisseur du monde et atteindre à une certaine transparence – laquelle exige un entraînement perpétuel. Descartes explique de cette façon, dans les *Réponses aux sixièmes Objections*, cette différence entre jugements des sens et jugements de l'intelligence :

> [...] il y a seulement en cela de la différence, que nous attribuons à l'entendement les jugements nouveaux et non accoutumés que nous faisons touchant toutes les choses qui se présentent, et que nous attribuons aux sens ceux que nous avons été accoutumés de faire dès notre enfance touchant les choses sensibles, à l'occasion des impressions qu'elles font dans les organes de nos sens[16].

Ce qui nous incline à croire nos sens :

> [...] la raison est que la coutume nous fait raisonner et juger si promptement de ces choses-là (ou plutôt nous fait ressouvenir des jugements que nous en avons faits autrefois), que nous ne distinguons point cette façon de juger d'avec la simple appréhension ou perception de nos sens. D'où il est manifeste que, lorsque nous disons que la certitude de l'entendement est plus grande que celle des sens, nos paroles ne signifient autre chose, sinon que les jugements que nous faisons dans un âge plus avancé, à cause de quelques nouvelles observations, sont plus certains que ceux que nous avons formés dès notre enfance, sans y avoir fait de réflexion[17].

Autrement dit, l'enfance ne trompe pas, sinon dans sa prétention à dire le vrai, la réflexion suffit à rendre à l'enfance son crédit, en démêlant ce qui vient des sens et ce qui vient de l'entendement, ce qui vient du

16 *Réponses aux sixièmes Objections*, A.T., IX, p. 237.
17 *Ibid.* p. 237.

corps, tout en étant perçu par l'esprit, et ce qui vient de l'esprit seulement. Si elle trompe, c'est dans la fausse évidence qui accompagne ses jugements, et qui entraîne cette croyance si spontanée. C'est bien le problème de l'erreur que de ne pouvoir être identifiée comme telle, d'où la nécessité de douter radicalement :

> comme si ce n'était pas un fondement suffisant pour douter d'une chose que d'y avoir une fois reconnu l'erreur, et comme s'il se pouvait faire que toutes les fois que nous nous trompons nous puissions nous en apercevoir ; vu qu'au contraire l'erreur ne consiste qu'en ce qu'elle ne paraît pas comme telle[18].

Descartes reprend dans les *Principes de la philosophie*, la formule déjà utilisée dans le *Discours* :

> Comme nous avons été enfants avant que d'être hommes, et que nous avons jugé tantôt bien et tantôt mal des choses qui se sont présentées à nos sens lorsque nous n'avions pas encore l'usage entier de notre raison, plusieurs jugements ainsi précipités nous empêchent de parvenir à la connaissance de la vérité, et nous préviennent de telle sorte qu'il n'y a point d'apparence que nous puissions nous en délivrer, si nous n'entreprenons de douter une fois en notre vie de toutes les choses où nous trouverons le moindre soupçon d'incertitude[19]

La nécessité du doute vient du fait que nous baignons encore dans l'enfance (comme rapport au monde) tant que nous n'avons pas tout remis en cause.

ANALYSE ET *HABITUS* : L'ANALYSE COMME MISE AU JOUR (ET DONC DÉLIVRANCE) DES ASSOCIATIONS CONTINGENTES. VERS UN NOUVEAU COMMENCEMENT

Nous allons voir comment l'analyse des associations contingentes sédimentées en structures, réintroduit de la temporalité dans la structure. La structure de l'enfance par exemple est une négation du temps en tant qu'elle se réitère dans un présent renouvelé, et incite à la répétition. Or par l'analyse, s'ouvre un accès à une temporalité authentique.

---

18 *Cinquièmes réponses*, A.T, VII, p. 354 « *tanquam si non sufficiat ad dubitandum, quod errorem aliquando deprehenderimus ; et tanquam si fieri posset ut semper, quoties fallimur, adverteremus nos falli, cum e contra in hoc ipso error consistat, quod a nobis sub specie erroris non advertatur.* », traduction pléiade, p. 480.

19 *Principes de la philosophie*, article I, A.T, IX, p. 25.

Le sujet cartésien a donc ces deux dimensions que sont l'enfance en lui et l'entendement, qui ne peuvent se synthétiser dans une unité parfaite : le sujet cartésien est fait d'équilibre, et c'est cet équilibre qui est l'objet de sa conquête, aussi bien scientifique que morale. On pourrait avancer qu'il existe bien un inconscient et une conscience du sujet, partageant les mêmes territoires que la mémoire du corps pour le premier et que la connaissance réflexive pour la seconde, qui a atteint par l'analyse les idées claires et distinctes. Le moi cartésien n'est pas maître absolu dans sa maison temporelle. Sa limite est sa finitude essentielle. La connaissance de soi est la connaissance de cette finitude, qui se traduit en une attention particulièrement fine aux différentes dimensions du temps. Le temps n'est pas extérieur, sinon pour le mathématicien et le physicien, qui d'ailleurs ne le prennent pas en compte, sinon aussi pour la volonté qui décide des maximes de la morale provisoire sans considérer les aléas du temps et de la vie, et qui duplique le geste d'une mise entre parenthèse du monde puisque celui-ci n'interfère pas dans les règles que je me donne à moi-même ; mais pour le reste, le temps est le lieu même de l'écriture du *Discours* et des *Méditations* : l'autobiographie d'un esprit d'un côté, une méditation sur six jours de l'autres. Deux textes, l'un à vocation scientifique et fondatrice, l'autre purement métaphysique, qui s'inscrivent dans cette temporalité mise en avant formellement, montrent en quoi philosopher, c'est philosopher dans la vie, c'est habiter le temps, c'est transformer le temps en savoir, puis en être, c'est être soi-même temps.

Et le temps est si présent qu'il devient même catégorie épistémologique : l'erreur vient de l'enfance. Le temps peut la corriger[20]. L'enfance demeure[21]. Car l'enfance est le paradigme de la problématique du rap-

20 *Ibid.* article 33, A.T, IX, p. 39 : « *Que nous ne nous trompons que lorsque nous jugeons de quelque chose qui ne nous est pas assez connue.* [...] Lorsque nous apercevons quelque chose, nous ne sommes pas en danger de nous méprendre si nous n'en jugeons en aucune façon ; et quand même nous en jugerions, pourvu que nous ne donnions notre consentement qu'à ce que nous connaissons clairement et distinctement devoir être compris en ce dont nous jugeons, nous ne saurions non plus faillir ; mais ce qui fait que nous nous trompons ordinairement est que nous jugeons bien souvent, encore que nous n'ayons pas une connaissance bien exacte de ce dont nous jugeons. »

21 *Ibid.* Article 72, p. 59-60 : « *[...]* nous ne pouvons oublier ces préjugés. [...] [L]orsque nous avons atteint l'usage entier de notre raison, et que notre âme, n'étant plus si sujette au corps, tâche à bien juger des choses, [...], bien que nous remarquions que les jugements que nous avons faits lorsque nous étions enfants sont pleins d'erreurs, nous avons assez de peine à nous en délivrer entièrement, [...]. Cela est tellement vrai qu'à cause que dès

port du jugement et de la perception sensible[22]. L'enfance est utile[23]. Il faut donc constamment jumeler l'analyse à l'habitude pour la tenir à distance si l'on veut porter des jugements vrais :

> [en] comparant ce que nous venons d'apprendre en examinant ces choses par ordre, avec ce que nous en pensions avant que de les avoir ainsi examinées, nous nous accoutumerons à former des conceptions claires et distinctes sur tout ce que nous sommes capables de connaître[24].

Si ceci est vrai, nous l'avons montré, pour la connaissance du monde, c'est tout aussi vrai pour la connaissance de soi. Et ici, il ne s'agit pas seulement de l'ego, mais du soi incarné dans cette union entre le corps et l'esprit. Cette conception de l'enfance permet à Descartes de décrire un processus qui sera largement repris par la psychanalyse, à savoir celui de la répétition. Et le remède ressemble fort à celui que Freud découvrira, à savoir, encore une fois : l'analyse. Deux textes sont à cet égard exemplaires. L'un que nous avons déjà cité, l'article 136 des *Passions de l'âme*[25], l'autre, fameux s'il en est, extrait de la lettre à Chanut du 6 juin 1647, et qui mérite d'être rappelé :

---

notre enfance, nous avons imaginé, par exemple les étoiles fort petites, nous ne saurions nous défaire encore de cette imagination, bien que nous connaissions par les raisons de l'astronomie qu'elles sont très grandes tant a de pouvoir sur nous une opinion déjà reçue ! »

22 *Réponses aux sixièmes Objections* A.T. IX, p. 237-238 : « Quand donc on dit *qu'un bâton paraît rompu dans l'eau, à cause de la réfraction*, c'est de même que si l'on disait qu'il nous paraît d'une telle façon qu'un enfant jugerait de là qu'il est rompu, et qui fait aussi que, selon les préjugés auxquels nous sommes accoutumés dès notre enfance, nous jugeons la même chose. Mais je ne puis demeurer d'accord de ce que l'on ajoute ensuite, à savoir *que cette erreur n'est point corrigée par l'entendement, mais par le sens de l'attouchement* ; car bien que ce sens nous fasse juger qu'un bâton est droit, et cela par cette façon de juger à laquelle nous sommes accoutumés dès notre enfance, et qui par conséquent peut être appelée *sentiment*, néanmoins cela ne suffit pas pour corriger l'erreur de la vue, mais outre cela il est besoin que nous ayons quelque raison, qui nous enseigne que nous devons en cette rencontre nous fier plutôt au jugement que nous faisons en suite de l'attouchement, qu'à celui où semble porter le sens de la vue ; laquelle raison n'ayant point été en nous dès notre enfance, ne peut être attribuée au sens, mais au seul entendement ; et partant, dans cet exemple même, c'est l'entendement seul qui corrige l'erreur du sens, et il est impossible d'en apporter jamais aucun, dans lequel l'erreur vienne pour s'être plus fié à l'opération de l'esprit qu'à la perception des sens. »

23 *Principes de la philosophie*, A.T, IX, 2e partie, article 3, p. 64-65 : « Que nos sens ne nous enseignent pas la nature des choses mais seulement ce en quoi elles nous sont utiles ou nuisibles. »

24 Descartes, *Principes de la philosophie*, 1re partie, article 75, A.T. IX, p. 61-62.

25 *Les passions de l'âme*, article 136, A.T., XI, p. 429 : « [...] pour exemple, il est aisé de penser que les étranges aversions de quelques-uns, qui les empêchent de souffrir l'odeur

> [...] Par exemple, lorsque j'étais enfant, j'aimais une fille de mon âge, qui était un peu louche ; au moyen de quoi, l'impression qui se faisait par la vue en mon cerveau, quand je regardais ses yeux égarés, se joignait tellement à celle qui s'y faisait aussi pour émouvoir en moi la passion de l'amour, que longtemps après, en voyant des personnes louches, je me sentais plus enclin à les aimer qu'à en aimer d'autres, pour cela seul qu'elles avaient ce défaut ; et je ne savais pas néanmoins que ce fût pour cela. Au contraire, depuis que j'y ai fait réflexion, et que j'ai reconnu que c'était un défaut, je n'en ai plus été ému. Ainsi, lorsque nous sommes portés à aimer quelqu'un, sans que nous en sachions la cause, nous pouvons croire que cela vient de ce qu'il y a quelque chose en lui de semblable à ce qui a été dans un autre objet que nous avons aimé auparavant, encore que nous ne sachions pas ce que c'est[26].

Ainsi, la raison de la répétition est la fixation, qui elle-même s'explique par l'association de deux objets, ici l'amour et le fait de loucher. Le sentiment amoureux s'est fixé sur ce détail, et de ce fait est devenu métonymique. Le regard louche contient tout entier l'amour porté à la jeune fille. L'objet d'amour peut changer, pas l'association de l'amour et du regard louche tant qu'elle n'a pas été analysée. On a ici un exemple issu de la vie même du philosophe, un exemple donc vécu, d'une association ou d'une confusion entre deux idées qui se sont jointes de façon contingente, et qui pourtant se sont instituées conjointement comme un motif à répétition. Il y a une « institution » de la nature, nous l'avons déjà évoquée, qui rétablit le lien rompu entre la perception sensible et la connaissance intellectuelle de la chose. Or cette institution se consolide dans l'enfance, la lettre à Chanut du 1er février 1647 en fait état :

> Et ce n'est pas merveille que certains mouvements du cœur soient ainsi naturellement joints à certaines pensées, avec lesquelles ils n'ont aucune ressemblance ; car, de ce que notre âme est de telle nature qu'elle a pu être unie à un corps, elle a aussi cette propriété que chacune de ses pensées se peut tellement associer avec quelques mouvements ou autres dispositions

---

des roses ou la présence d'un chat, ou choses semblables, ne viennent que de ce qu'au commencement de leur vie, ils ont été fort offensés par quelques pareils objets, ou bien qu'ils ont compati au sentiment de leur mère qui en a été offensée étant grosse ; car il est certain qu'il y a du rapport entre tous les mouvements de la mère et ceux de l'enfant qui est en son ventre, en sorte que ce qui est contraire à l'un nuit à l'autre. Et l'odeur des roses peut avoir causé un grand mal de tête à un enfant lorsqu'il était encore au berceau, ou bien un chat le peut avoir fort épouvanté, sans que personne y ait pris garde ni qu'il en ait eu après aucune mémoire, bien que l'idée de l'aversion qu'il avait alors pour ces roses ou pour ce chat demeure imprimée en son cerveau jusques à la fin de sa vie. »

26 Lettre à Chanut du 6 juin 1647, A.T. V, p. 57.

> du corps, que, lorsque les mêmes dispositions se trouvent une autre fois en lui, elles induisent l'âme à la même pensée ; et réciproquement, lorsque la même pensée revient, elle prépare le corps à recevoir la même disposition[27].

Nous avons ici très classiquement la définition d'une institution dont le modèle est celui du langage. La force de l'habitude fait correspondre deux choses qui n'ont pas de rapport entre elles :

> Ainsi, lorsqu'on apprend une langue, on joint les lettres ou la prononciation de certains mots, qui sont des choses matérielles, avec leurs significations, qui sont des pensées ; en sorte que, lorsqu'on ouït après derechef les mêmes mots, on conçoit les mêmes choses ; et quand on conçoit les mêmes choses, on se ressouvient des mêmes mots[28].

Or cette institution de rapports voire de ressemblance entre des choses qui n'en ont pas a été rendue possible par l'enfance :

> Mais les premières dispositions du corps qui ont ainsi accompagné nos pensées, lorsque nous sommes entrés au monde, ont dû sans doute se joindre plus étroitement avec elles, que celles qui les accompagnent par après[29]

Et Descartes d'approfondir l'explication :

> parce que l'âme était tellement attachée à la matière, qu'elle ne pouvait encore vaquer à autre chose qu'à en recevoir les diverses impressions ; et bien que, quelques années après, elle ait commencé à avoir d'autres joies et d'autres amours, que celles qui ne dépendent que de la bonne constitution et convenable nourriture du corps, toutefois, ce qu'il y a eu d'intellectuel en ses joies ou amours, a toujours été accompagné des premiers sentiments qu'elle en avait eus, et même aussi les mouvements ou fonctions naturelles qui étaient alors dans le corps[30].

ANALYSE ET *HABITUS* : LA DISTINCTION DE DIFFÉRENTES FORMES DE MÉMOIRE

Descartes, parce qu'il a réfléchi sur l'enfance, comprend parfaitement ce processus de fixation, qui tant qu'il n'est pas interrogé demeure efficient par la répétition qu'il engendre. Ainsi, l'homme est-il toujours prisonnier

---

27 Lettre à Chanut 1er février 1647, A.T. IV, p. 603-604.
28 *Ibid.* A.T., IV, p. 604.
29 *ibid.* A.T., IV, p. 604.
30 *ibid.* A.T., IV, p. 605.

de son enfance, en tant qu'il est gouverné non seulement par des passions, mais par des passions qui s'attachent à des objets singuliers, parce qu'à leur naissance, elles les ont rencontrés. Ainsi met-il le doigt sur une forme de pathologie ou d'aliénation qui concerne la vie même, et renvoie en creux au problème de la liberté, non pas métaphysique, mais du point de vue pratique : peut-on aimer librement ? Peut-on échapper à son histoire ? Peut-on, par là aussi, accéder à soi-même, un soi autonome, qui n'est plus dirigé par les associations contingentes ou par les ondes sismiques d'un trauma ? La méthode qui permet d'accéder à la connaissance vraie en dépassant la perception sensible sera la même qui permet d'accéder non pas à la connaissance de soi-même, puisque le soi n'est pas réductible à une connaissance intellectuelle, mais à la connaissance d'un certain mécanisme, qu'il suffirait de mettre en évidence pour l'enrayer[31]. L'idée de l'auto-analyse est trouvée. Pourquoi alors avoir opposé si farouchement Descartes et Freud, l'un prétendument promoteur d'une transparence à soi, l'autre de son contraire ? Si Descartes affirme que l'esprit est plus aisé à connaître que le corps, c'est uniquement en tant qu'il pense et qu'en pensant il est immédiatement présent à lui-même. Pour autant, l'origine de nos idées demeure mystérieuse. Certaines viennent de Dieu (les idées innées ou notions communes), d'autres des choses tout en étant produites par l'esprit (ce qui donnera lieu à l'occasionalisme de Malebranche et pourquoi pas à une interprétation de ce type s'agissant de la philosophie cartésienne). Autrement dit, la causalité des idées n'est pas claire, et peut-être même indécidable. On peut affirmer que ça pense en moi, même si c'est toujours l'esprit qui pense. L'esprit produit l'idée (en tant qu'elle en est un mode, ou en tant qu'elle en tire sa réalité matérielle) mais n'en est pas toujours le sujet ou l'auteur. C'est une autre expression de sa limite et de sa finitude. Descartes l'exprime très clairement lorsqu'il définit la pensée dans l'article 9 des *Principes de la philosophie* :

> Par le mot de penser, j'entends tout ce qui se fait *en nous*[32] de telle sorte que nous l'apercevons immédiatement par nous-mêmes ; c'est pourquoi non seulement entendre, vouloir, imaginer, mais aussi sentir, est la même chose ici que penser[33].

31 *Cf.* à ce propos, les développements de G. Rodis-Lewis, in *Le problème de l'inconscient et le cartésianisme*, *op. cit.*, sur la mise en rapport de l'habitude, de l'innéité et de la morale : je peux progresser dans le temps, par l'habitude...p. 84-103.

32 C'est nous qui soulignons.

33 *Principes de la philosophie*, article 9, A.T. IX, p. 28.

Penser est une aperception, ainsi qu'une immédiateté. Ce pourquoi Descartes distingue la pensée directe de la pensée réflexive : la pensée est immédiate en ce qu'elle perçoit, elle exige un minimum de temporalité dès lors qu'elle se pense en tant que pensée, qu'elle se perçoit elle-même. J.-M. Beyssade le démontre dans son ouvrage sur la philosophie première de Descartes :

> penser et penser que l'on pense font deux. Entre conscience et réflexion, la différence est, pour parler comme Descartes, une différence modale. J'ai toujours conscience de ma pensée, dans le moment où j'ai cette pensée. Point de pensée instantanée : toute pensée, comme consciente, dure au moins un moment. Je n'y réfléchis pas pour autant. La réflexion est un acte supplémentaire, d'entendement pur, qui peut ou non s'ajouter à la conscience. Cette seconde pensée n'est pas donnée avec la première, et elle implique toujours quelque détachement. Elle engage, par un effort nouveau, dans une entreprise temporelle qui rencontre bientôt sa borne. [...] La réflexion tend à rejeter dans le passé la pensée sur laquelle elle s'exerce. Certes, puisque toute pensée dure, il est possible de réfléchir sur une pensée présente en la laissant présente. [...] Mais la difficulté naît de ce que la conscience ne trie pas : de toute pensée consciente, claire ou obscure, vraie ou fausse, j'ai également et identiquement conscience comme d'une chose présente. Au contraire la réflexion trie, elle a une fonction sélective [...] Quand je m'aperçois que je me trompe, je m'aperçois seulement que je me trompais, car je ne me trompe plus[34].

Surgit ici une nouvelle dimension temporelle : non plus celle de la vie, non plus celle essentielle à la pensée qui se déploie, lors des *Méditations*, dans sa temporalité propre. Mais celle de la pensée en tant qu'elle est conscience. Beyssade écrit qu'il n'y a point de pensée instantanée, et il faut l'entendre au sens où elle se déploie dans une durée, aussi minimale soit-elle. Pour autant, elle est immédiate, sans médiation entre « nous-mêmes » et notre pensée. Et si Descartes précise ici qu'il n'y a pas de médiation (« nous l'apercevons immédiatement par nous-mêmes »), c'est bien qu'entre nous-mêmes et notre pensée, il y a certes un lien d'affiliation, mais non un lien de production. Le choix même du verbe « apercevoir » implique une certaine passivité de « nous-mêmes » vis-à-vis de « notre pensée ». Nous l'apercevons parce qu'elle est en nous, d'une manière très singulière produite par nous, mais nous ne sommes le sujet que de notre conscience, pas du flux de notre conscience. Si nous

34 J.-M. Beyssade, *La philosophie première de Descartes*, Flammarion 1979, avant-propos X-IX.

revenons au nourrisson qui pense, parce qu'il éprouve de la douleur ou de la faim, nous pouvons conclure comme nous l'avons suggéré, qu'il pense, mais qu'il ne s'est pas encore constitué en tant que Je. Et c'est sans doute ce qui manque aux animaux, non pas l'affectivité, ce que précise Descartes, mais la possibilité de la rapporter à un Je, autrement dit la possibilité de la ressaisir dans une conscience réflexive. Se dessine ainsi le lien complexe entre la pensée et le Je, le nécessaire rattachement de la pensée au Je pour accéder à l'idée d'une conscience, et la possibilité d'une réflexion pour ensuite faire le tri entre mes différentes pensées, également aperçues. La réflexion de l'entendement pur, c'est la raison. Mais la raison n'exerce pas seule. Elle exige entre elle et la pensée qui est son matériau, une continuité : ici intervient d'une manière ou d'une autre ce qu'on pourrait appeler la mémoire, et nous avons vu que Descartes en donnait deux définitions – mémoire passive ou réceptacle, mémoire intellectuelle qui reconnaît. Or ici elles semblent toutes deux caduques. La mémoire serait la forme temporelle du flux de conscience sur lequel l'entendement pourrait exercer son tri en même temps qu'il se déroule. Et si la mémoire n'était pas aussi active dans sa présence même, le philosophe ne pourrait exercer ce tri sur l'association illégitime et contingente entre l'amour et le fait de loucher. Une couche supplémentaire de mémoire semble émerger : à la mémoire du corps devenue principe actif de la répétition, à la mémoire intellectuelle qui reconnaît le neuf, en tant qu'il n'est pas confondu avec une autre idée, s'ajoute la mémoire qui est la forme subjective du temps, lequel est la forme de l'esprit. Sans mémoire, pas de conscience possible. S'il faut combattre les effets pervers de la mémoire corporelle, c'est néanmoins grâce à la mémoire, comme forme de l'union de l'esprit et du corps, que peuvent s'installer aussi bien la conscience que la réflexion qui mène à l'analyse.

Mais c'est aussi parce que ces mémoires sont liées qu'il est d'autant plus difficile de faire ce tri entre idées issues de l'union de l'âme et du corps et idées de l'intellect pur. En effet, dans la mesure où toutes les perceptions se rapportent à l'âme seule[35], autrement dit où toutes les perceptions sont en réalité des pensées qui se rapportent à un Je, comment les distinguer – si ce n'est par leur origine ? Or leur origine est

35 *Principes de la philosophie*, 1re partie, article 9, A.T., IX, p. 28 : « je n'en puis douter, à cause qu'elle se rapporte à l'âme, qui seule a la faculté de sentir ou bien de penser en quelque autre façon que ce soit. »

invariablement la pensée. Certes, d'une certaine façon. Il faut néanmoins constater qu'outre la production de pensées par l'esprit, celles-ci sont diversement suscitées. Ce qui prouve que le Je est un lieu de passage d'idées qui se rapportent à lui, mais dont il n'est pas le sujet. Son statut est dès lors indécis. Il le sera d'autant plus lorsqu'il faudra interroger le statut du Je qui écrit, ressaisissant une histoire, racontant un récit, qu'il est et qu'il n'est pas puisque l'histoire est la condition de son émergence, condition qui dès lors ne peut être ressaisie que partiellement ; pour autant, et si Descartes échappe au récit de l'origine par le cogito, fondement qui supplée à l'origine, il faut accepter que ce cogito ne soit pas à même de ressaisir l'ensemble du récit, du simple fait que celui-ci s'origine aussi dans un corps.

Si le statut du sujet, au sens d'auteur reste indécis, ce n'est pas le cas de celui de la conscience, qui renvoie toutes les perceptions à l'esprit. C'est le seul lieu véritable du sujet. Il en va de même pour les notions communes :

> Mais lorsque la pensée, qui se connaît soi-même en cette façon, nonobstant qu'elle persiste encore à douter des autres choses, use de circonspection pour tâcher d'étendre sa connaissance plus avant, elle trouve en soi premièrement les idées de plusieurs choses ; et pendant qu'elle [la pensée] les contemple simplement [les idées des choses], et qu'elle n'assure pas qu'il y ait rien hors de soi qui soit semblable à ces idées, et qu'aussi elle ne le nie pas, elle est hors de danger de se méprendre[36].

Ce texte qui explique l'erreur des jugements d'existence tant que l'existence de Dieu n'a pas été prouvée, use de verbes qui appartiennent à ce même champ lexical : « elle trouve en soi », « elle les contemple ». Le Je est bien passif devant les idées qui se trouvent en son esprit. Dieu est l'envers de cette passivité. Et le sujet est aussi souvent son objet qu'un Je volontaire et conquérant.

S'agissant de l'union de l'esprit et du corps, Descartes est l'un des premiers à avoir envisagé le somatisme[37]. *Les Passions de l'âme* en sont

36 *Principes de la philosophie*, p. 576.

37 Lettre à Elisabeth, novembre 1646, A.T., IV, p. 529 : « comme la santé du corps et la présence des objets agréables aident beaucoup à l'esprit, pour chasser hors de soi toutes les passions qui participent de la tristesse, et donner entrée à celles qui participent de la joie, ainsi, réciproquement, lorsque l'esprit est plein de joie, cela sert beaucoup à faire que le corps se porte mieux, et que les objets présents paraissent plus agréables. »

l'expression théorique. Si donc l'esprit ne peut statuer sur l'origine de ses idées intellectuelles, il peut en revanche faire le tri entre les idées qui viennent d'une association première avec le corps, et celles qui s'en libèrent. Mais pour cela, il doit revenir sur lui-même, interroger ses passions, et remonter à l'enfance pour y découvrir le lieu de leur formation. C'est bien le temps qui a déposé ces associations devenues seconde nature. Ici, l'esprit a quelque pouvoir sur le temps, en remontant à l'origine première et contingente. Un travail de « détricotage » est possible qui ouvre la voie d'une désaliénation. L'analyse, issue des mathématiques comme méthode, se double d'un enjeu pratique, dès lors qu'elle prend en compte la dimension du temps.

On a soulevé le problème du lien entre le cogito qui fonde et les pensées directes du nourrisson qui ne laissent aucune trace, autrement dit dont on ne peut avoir la mémoire : problème identitaire, au sens de l'identité du sujet que ne peut attester une mémoire consciente. Or si le travail de « détricotage » est possible, c'est parce que l'on a à disposition les pensées non encore fondées. Mais comment peut-on les avoir à disposition si l'on n'en a pas la mémoire ? On a pour cela émis l'hypothèse d'un « inconscient corporel », non pas en tant qu'il est simplement physiologique – en cela le dualisme cartésien émet un interdit, mais en tant qu'il est bien affectivité et tendances inscrites dans la petite enfance, dont les élans à l'âge adulte sont les témoins. Si l'on peut prendre conscience à travers l'analyse de pensées oubliées, ou qui n'ont pas été « remarquées », c'est bien qu'elles ont été pensées, non pas conscientisées, mais néanmoins éprouvées (or l'esprit sent), bien qu'en quelques sortes sédimentées dans les *habitus* du corps. Car comment prendre conscience de quelque chose qui n'est point pensée, même si cette pensée relève de l'union indémêlable de l'âme et du corps ? C'est bien dans la tendance passionnelle spontanée, et la réaction affective de l'âme que se manifeste la pensée inconsciente. Descartes n'assimile pas, contrairement à ce qu'en pourrait dire une lecture superficielle, le déroulement de la pensée à une suite transparente des états de la conscience claire. Au contraire, il relève des degrés de conscience, et affirme même à Elisabeth qu'« il pourrait arriver qu'elle (la pensée) fût si continuellement divertie ailleurs, que jamais elle ne s'en aperçût[38]. »

38 A Elisabeth, 6 octobre 1645, A.T., IV, 305-306.

Et « ceux qui sont le plus agités par leurs passions ne sont pas ceux qui les connaissent le mieux[39] », car les connaître suppose de s'en distancier, afin d'approfondir l'analyse, et de procéder à une sorte de dissociation, qui exhume ce qu'on pourrait appeler des « sentiments intellectuels », comme Descartes le démontre à travers le deuil :

> Par exemple, lorsqu'un mari pleure sa femme morte, laquelle (ainsi qu'il arrive quelquefois), il serait fâché de voir ressuscitée : il se peut faire que son cœur est serré par la tristesse que l'appareil des funérailles et l'absence d'une personne à la conversation de laquelle il était accoutumé excitent en lui ; et il se peut faire que quelques restes d'amour ou de pitié, qui se présentent à son imagination, tirent de véritables larmes de ses yeux, nonobstant qu'il sente cependant une joie secrète dans le plus intérieur de son âme[40]. »

Ainsi, « Lorsque ces inclinations secrètes ont leur cause en l'esprit, et non dans le corps, je crois qu'elles doivent toujours être suivies[41] » Descartes admet bien en l'âme des sympathies mystérieuses, et en notait déjà l'existence dans le *Compendium Musicae* : *Ita forte etiam amicissimi (sc : vox) gratior est quam inimici, ex sympathia et dispathia affectuum*[42], ainsi que d'une force secrète des « inclinations intérieures[43] », ou même d'un démon comme celui de Socrate, puisque les choses entreprises trouvent plus de succès quand elles sont faites « avec un cœur gai, et sans aucune répugnance intérieure[44] ». Pressentiment et inclination intérieure qu'on retrouvera dans ses préventions contre le voyage en Suède où il trouvera en effet la mort[45]. C'est donc parce que ces ressentis obscurs, ou ce flot d'impressions sensibles relèvent de la conscience qu'ils peuvent être ressaisis par une conscience réflexive. C'est bien « l'âme qui sent et non le corps[46] », et la pensée s'exerce sans

39 *Passions*, § 28.

40 *Passions*, § 147. Et dans le *Compendium Musicae*, Descartes montre le paradoxal plaisir des larmes dans la tragédie (A.T., X, 89). On peut trouver d'autres exemples de ce dédoublement intérieur dans les lettres à Elisabeth, 18 mai, 6 octobre et 3 novembre 1645, A.T., IV, 202-203, 309, 331, et dans les *Passions*, §§ 94, 187.

41 A Chanut, 6 juin 1647, A.T., V, 58.

42 A.T., X, 90 « c'est peut-être aussi cette sympathie ou antipathie d'humeur et d'inclination qui fait que la voix d'un ami nous semble plus agréable que celle d'un ennemi », traduction par le P. Poisson, in *Œuvres philosophiques* de Descartes, vol. 3, Appendice, p. 401.

43 A Elisabeth, nov. 1646, A.T. IV, 529-530.

44 *Ibid.*

45 *Cf.* à ce propos : L. Prenant, *Les moments du développement de la raison chez Descartes*, Revue Europe sur René Descartes, n° 175 du 15 juillet 1937, p. 354-357.

46 *Dioptrique*, A.T., VI, 109.

interruption, dans la mesure où l'âme n'est jamais sans sentiment, elle éprouve en continu ce qui se passe en elle de façon plus ou moins claire, et ce, indépendamment du corps en tant qu'il obéit lui-même à ses propres lois, comme le somnambule[47]. Mais si tout souvenir s'efface, que subsiste-t-il ? Un écho inconscient ? Comment en attester ?

LA RÉCUPÉRATION PAR L'ANALYSE D'UNE PENSÉE INCONSCIENTE : RÉINTRODUCTION D'UNE TEMPORALITÉ

Pour émettre cette hypothèse, d'une récupération de la pensée oubliée, il faut que cette pensée, même inconsciente, se manifeste. Sans manifestation, pas de preuve, étant entendu que la preuve a posteriori

---

47 Lettre à Newcastle, 23 novembre 1646, A.T., IV, 573 : « Il arrive souvent que nous marchons et que nous mangeons, sans penser en aucune façon à ce que nous faisons ; et c'est tellement sans user de notre raison que nous repoussons les choses qui nous nuisent, et parons les coups que l'on nous porte, qu'encore que nous voulussions expressément ne point mettre nos mains devant notre tête, lorsqu'il arrive que nous tombions, nous ne pourrions nous en empêcher. Je crois aussi que nous mangerions, comme les bêtes, sans l'avoir appris, si nous n'avions aucune pensée ; et l'on dit que ceux qui marchent en dormant, passent quelquefois des rivières à la nage, où ils se noieraient étant éveillés. » Le dualisme est ici clairement affirmé, par l'une de ses conséquences, à savoir la dissociation entre le sentiment comme fait de conscience, et le mécanisme purement corporel. En ce sens le somnambulisme ne relève d'aucune pensée inconsciente, mais bien du mécanisme corporel. Il y a une vie autonome du corps qui n'est pas redoublée par la pensée. Dans ces cas limites, « cette étroite liaison de l'esprit et du corps, que nous expérimentons tous les jours » (4es réponses, A.T., IX, 177) se trouve suspendue. *Cf.* aussi à Elisabeth, 28 juin 1643, A.T., III, 693-694. Il va de soi qu'il n'est nul besoin d'invoquer une âme végétative pour expliquer ces mécanismes, ni même d'une pensée inconsciente qui rendrait compte de ces actions, lesquelles relèvent de l'adaptation des réactions aux conditions ambiantes ou aux stimuli. Le *Traité de l'homme* montre « comment elle peut être incitée par les objets extérieurs qui frappent les organes des sens, à mouvoir en mille autres façons tous ses membres » (A.T., XI, 141). Ces phénomènes vitaux ne nécessitent pas une action de l'âme, ni même une conscience, hypothèse scolastique que Descartes raille avec ironie : « Car de supposer en chaque partie du corps des facultés qui choisissent et qui attirent les particules de l'aliment qui lui sont propres, c'est feindre des chimères incompréhensibles, et attribuer plus d'intelligence à ces chimères que notre âme n'en a vu, qu'elle ne connaît en aucune façon de ce qu'il faudrait qu'elles connussent. » (*Homme*, A.T., XI, 250-251) ; l'explication physiologique suffit : l'instinct naturel « est en nous en tant qu'animaux et est une certaine impulsion de la nature à la conservation de notre corps » (A Mersenne, 16 octobre 1639, A.T., II 599) ; « Car je ne puis concevoir de telles inclinations que dans une chose qui ait de l'entendement, et je n'en attribue pas même aux animaux sans raison ; mais j'explique tout ce que nous appelons en eux appétits naturels ou inclinations par les seules règles des mécaniques. » (A Mersenne, 28 octobre 1640, A.T., III, 213). Ce qui n'est pas le cas de sentiments fort précoces qui se sédimentent en structure : ceux-là ont bien été « pensés » c'est-à-dire sentis, et ne renvoient pas au seul mécanisme.

contredit le fondement même de la pensée, à savoir qu'elle est toujours déjà là, indépendante du corps et de toute ontogenèse, absolue. Or la manifestation de la pensée inconsciente se fait précisément à la faveur de l'analyse. Et si l'analyse peut avoir lieu, c'est que le moi constitué est la mémoire de la pensée directe. Autrement dit il ne l'*a* pas, il en *est* l'incarnation. Le moi constitué, c'est du temps sédimenté, auquel le récit se déployant réinsuffle de la temporalité. Mais c'est bien sur une structure que l'analyse peut travailler, du temps en tant qu'il est devenu structure – structure re-temporalisée par la « fable » ou l'« histoire ».

L'habitude est la naturalisation et l'institutionnalisation des pensées directes. Pour autant, il faut bien distinguer les habitudes acquises par une forme de dressage, et qui sont purement corporelles, des *habitus* conditionnés par les rencontres contingentes, comme celles d'un sentiment amoureux et d'une petite fille louche. En effet, la complexité des réflexes conditionnés reste du même ordre que celle des automatismes naturels, comme le montre l'article 50 des *Passions*[48], à travers l'exemple du dressage des chiens. Les mécanismes s'adaptent, certes. Mais si on peut en rendre compte par une explication physiologique, c'est précisément, chez les hommes, cette adaptation lorsqu'il ne s'agit pas de réflexe, qui offre un matériau à l'analyse, mais aussi une ouverture pour la morale, le sujet étant capable de progresser sans cesse en substituant des habitudes à d'autres. Non en tant que cela réintroduirait une forme de parallélisme, les modes de la conscience étant de nature radicalement différents des mécanismes corporels. Pour autant, le corps précisément dans ses réflexes acquis, offre une historicité condensée en structure, de la même manière qu'une cicatrice raconte quelque chose de l'histoire d'un homme. Il est des dispositions purement spirituelles et indépendantes du mécanisme cérébral :

> Et il faut remarquer que ce qu'on nomme communément des vertus sont des habitudes en l'âme qui la disposent à certaines pensées, en sorte qu'elles sont différentes de ces pensées, mais qu'elles les peuvent produire, et réciproquement être produites par elles. Il faut remarquer aussi que ces pensées peuvent être produites par l'âme seule, mais qu'il arrive souvent que quelque mouvement des esprits les fortifie, et que pour lors elles sont des actions de vertu et ensemble des passions de l'âme[49]. »

48 A.T. XI, 368-370.

49 *Passions*, § 161, A.T., XI, p. 453.

Ces dispositions ne s'identifient pas aux « pensées », c'est-à-dire aux actes psychologiques conscients :

> la satisfaction qu'ont toujours ceux qui suivent constamment la vertu est une habitude en leur âme, qui se nomme tranquillité et repos de conscience[50].

Des dispositions acquises aussi bien que naturelles, interviennent donc dans l'exercice des fonctions intellectuelles et dans la vie affective.

Le Je fondé, qui procède à l'analyse, prend comme matériau ce moi constitué des représentations sédimentées par le temps, qui dès lors apparaissent comme représentation. À travers l'analyse, le sujet peut restituer la dimension de l'enfance. On comprend alors pourquoi Descartes a fait de cette catégorie temporelle qu'est l'enfance, une catégorie épistémologique. Le cadre épistémologique succède et survit à la dimension temporelle et circonscrite de l'enfance. Ce qui s'est forgé là, dans ce temps de l'enfance, c'est un rapport au monde devenu la matière même des *Méditations métaphysiques* et plus précisément de la première Méditation. Doutant que je suis assis près du feu, je remets en cause la catégorie épistémologique de l'enfance, et par là même je sous-entends que l'enfance est demeurée en moi en tant que cadre et que structure de pensée. C'est bien parce que l'enfance est une catégorie épistémologique que j'ai accès à elle, en tant que structure d'un rapport au réel et à sa croyance. Dès lors, on comprend que la mémoire des pensées directes s'est lovée toute entière dans cette structure : on n'en a plus les contenus, on en a le principe. La mémoire est inconsciente d'elle-même parce qu'elle s'est faite structure.

Or cette structure, le travail de la première Méditation a pour objet de la déconstruire, de la réduire à ses éléments les plus simples. Certes, le doute va s'appuyer sur la mémoire et le temps naturel. Or le doute métaphysique, en dépassant le doute naturel, va mettre en cause non seulement ce dont on peut douter, mais la raison pour laquelle on peut en douter. Assurément, le temps naturel nous permet de douter puisque nous faisons des expériences contradictoires et successives qui appellent la comparaison ; mais lorsque la comparaison n'est plus possible, alors doit prendre place un autre type de doute, qui va s'étendre sur l'intégralité du réel et sur les essences, mais par conséquent, sur le temps lui-même, en

50 *Passions*, § 190, A.T., XI, p. 471.

tant qu'il est constitutif du sujet. Et c'est pour cela qu'à l'issue du doute métaphysique, ne restera que le cogito, acte sans épaisseur temporelle.

Si le temps naturel rend possible la comparaison, il est un motif qui l'empêche, et c'est précisément la figure de la folie : je ne peux pas être comme ces fous, je ne peux être fou pour penser, car si je peux me comparer à ces autres, qui sont fous, je ne peux comparer en moi deux états, dont l'un serait celui de la folie, et l'autre de la raison. La folie semble ici faire rupture. Si la figure de l'enfant peut être ressaisie par la conscience, rendant compte d'une possible identité à soi dans le temps, en est-il de même pour la figure du fou ?

LA FOLIE, L'AUTRE PARADIGME DE LA MISE EN CAUSE DE L'IDENTITÉ À SOI-MÊME

La question de la folie va nous permettre d'interroger en d'autres termes, et par une autre voie, la question initiale de savoir comment fonder le temps dès lors que la pensée s'y déploie, et que son essence est d'être temporelle.

FOLIE ET IDENTITÉ À SOI

LA FOLIE COMME ALTÉRATION

Revenons aux textes. Foucault, dans *L'Histoire de la folie à l'âge classique*, inaugure son deuxième chapitre en citant le passage désormais fameux de la première Méditation, et en le faisant coïncider avec le Grand Renfermement et l'institution de l'hôpital général :

> La Folie dont la Renaissance vient de libérer les voix, mais dont elle a maîtrisé déjà la violence, l'âge classique va la réduire au silence par un étrange coup de force. Dans le cheminement du doute, Descartes rencontre la folie à côté du rêve et de toutes les formes d'erreur. Cette possibilité d'être fou, ne risque-t-elle pas de le déposséder de son propre corps, comme le monde du dehors peut s'esquiver dans l'erreur, ou la conscience s'endormir dans le rêve ?

et de citer le passage de la première Méditation :

> Comment pourrais-je nier que ces mains et ce corps sont à moi, si ce n'est peut-être que je me compare à certains insensés, de qui le cerveau est tellement troublé et offusqué par les noires vapeurs de la bile qu'ils assurent

> constamment qu'ils sont des rois lorsqu'ils sont très pauvres, qu'ils sont vêtus d'or et de pourpre, lorsqu'ils sont tout nus, ou qu'ils s'imaginent être des cruches ou avoir un corps de verre ?

Puis Foucault analyse le doute quant aux perceptions sensibles de choses d'abord éloignées puis proches, l'argument du rêve ainsi que l'imagination des peintres qui ne peuvent représenter qu'à l'aide des choses « les plus simples et les plus universelles » que sont « la nature corporelle en général et son étendue ». Comme si ni le peintre ni le rêve ne parvenaient à compromettre ces « inévitables marques d'une vérité[1] ». Ce qui n'est pas le cas de la folie. Elle serait exclue d'emblée parce que moi qui pense je ne peux être fou.

> Quand je crois avoir un corps, suis-je assuré de tenir une vérité plus ferme que celui qui s'imagine avoir un corps de verre[2]

demande Foucault. Descartes répond, sous la plume de Foucault : Assurément, car « ce sont des fous, et je ne serais pas moins extravagant, si je me réglais sur leur exemple. » Et de développer l'exclusion brutale opérée par Descartes :

> Ce n'est pas la permanence d'une vérité qui garantit la pensée contre la folie, comme elle lui permettait de se déprendre d'une erreur ou d'émerger d'un songe ; c'est une impossibilité d'être fou, essentielle non à l'objet de la pensée, mais au sujet qui pense. [...] On ne peut [...] supposer, même par la pensée, qu'on est fou, car la folie justement est condition d'impossibilité de la pensée : « Je ne serais pas moins extravagant[3] ».

Foucault en conclut qu'une certaine décision a été prise : celle d'exclure la folie de la pensée.

> Songes ou illusions sont surmontés dans la structure même de la vérité ; mais la folie est exclue par le sujet qui doute.

Arrêtons-nous à cela. À ces deux textes. Celui de Foucault, et celui de Descartes. Retenons dans un premier temps ce que nous nous donnerons pour objet de prouver, l'idée de la « permanence » comme garantie

1 *Histoire de la folie à l'âge classique*, *op. cit.* p. 57.
2 *Ibid.* p. 57.
3 *Ibid.* p. 57.

contre la folie, autrement dit de l'identité à soi-même dans le temps. Permanence sur laquelle se construit le doute naturel. Or précisément, la folie va attaquer l'hypothèse sous-jacente ou le préjugé fondateur de la pensée, à savoir sa permanence en acte dans les *Méditations* dans la mesure même où elle se déploie dans le temps. Foucault met légitimement en regard l'hypothèse de la folie et la déconstruction du temps ou de l'identité à soi. D'autre part, il nous faut souligner l'expression de « la structure même de la vérité », à l'intérieur de laquelle songes et illusions vont être surmontés. Mais précisément, la folie va mettre en doute la structure même de la vérité, et c'est en cela qu'elle sera nécessaire à Descartes, et bien plus présente que ne le laisse entendre Foucault. Autrement dit, la folie traverse de part en part la première Méditation (et pas seulement), et atteint son paroxysme avec la fiction du malin génie. Si nous annonçons ici une interprétation plus derridienne que foucaldienne, il nous faut la resituer à la place qu'elle occupe dans la question du temps subjectif entendu comme mémoire, l'identité à soi-même, et la possibilité du récit : d'autant que nous n'userons pas des mêmes arguments ni des mêmes passages pour tenter une approche différente de ce texte désormais si fameux.

Mais revenons d'abord à Descartes, par le détour de *la Recherche de la vérité* qui fait écho au « mais quoi, ce sont des fous ! » et lui apporte un tout autre éclairage, qui pourrait nous économiser le rappel de la position derridienne, dans la mesure où ce texte atteste de son interprétation. En effet, selon Derrida, ce passage sur la folie n'est qu'un argument rhétorique et pédagogique pour annoncer l'argument du rêve. L'idée d'être fou ne peut être accepté par le lecteur, et Descartes a toujours le souci de se faire comprendre, lui qui selon sa correspondance est si susceptible quant à la mécompréhension que suscitent ses écrits et particulièrement ses écrits métaphysiques. Aussi ne faut-il jamais négliger l'importance accordée à la prudence et à la stratégie pédagogique de ses textes. Selon Derrida, c'est le rêve qui sera la généralisation de la folie, car si nous ne sommes pas tous fous, nous rêvons tous : or le rêve étant la déréalisation intégrale du réel, n'exclut personne. Le rêveur est la définition extensive du fou. Ainsi il introduit d'une certaine manière un philosophe novice, et de ce fait une polyphonie certes contraire à l'idée de méditation. Et néanmoins, on verra que dès lors qu'il est question de la folie, il est question des autres. De la folie comme celle des autres, à la folie comme altérité à moi-même, la folie fait toujours intervenir un autre, ou plutôt l'argument de la folie, c'est la convocation de l'autre dans la *Méditation*. Or si cette convocation semble illégitime au sein de l'ordre des raisons, on verra son efficience, voire son essentialité, et son retour sous une autre forme que celle du fou identifié comme celui qui croit être vêtu d'or et de pourpre alors qu'il est nu.

Le texte de *la Recherche de la vérité* accrédite l'idée d'une stratégie rhétorique et dès lors d'un amoindrissement de cet argument de la folie, du moins à la place officielle qu'il occupe. Il arrive, rappelons-le, juste avant le rêve, et se voit rabaissé à un simple rôle pédagogique avant de prendre son ampleur sous une autre modalité, celle du malin génie – mais alors la folie ne sera plus nommée :

> Eudoxus « je veux passer outre, pour savoir si vous n'avez jamais vu de ces mélancoliques, qui pensent être cruches ou bien avoir quelque partie du corps d'une grandeur énorme ; ils jureront qu'ils le voient et qu'ils le touchent ainsi qu'ils imaginent. Il est vrai que ce serait offenser un honnête homme, que de lui dire, qu'il ne peut avoir plus de raison qu'eux pour assurer sa créance, puisqu'il s'en rapporte, comme eux, à ce que les sens et son imagination lui représentent. »

C'est alors qu'il évacue cet argument irrecevable par le philosophe naïf que représente Poliandre, pour passer à celui du rêve, de la même manière qu'il le fait dans les *Méditations*, si l'on s'en tient à cette interprétation :

> Mais vous ne sauriez trouver mauvais que je vous demande si vous n'êtes pas sujet au sommeil, ainsi que tous les hommes, et si vous ne pouvez pas, en dormant, penser que vous me voyez, que vous vous promenez dans ce jardin, que le soleil vous éclaire, et bref toutes les choses dont vous croyez maintenant être tout assuré. N'avez-vous jamais ouï ce mot d'étonnement dedans les comédies : veillè-je, ou si je dors ? Comment pouvez-vous être certain que votre vie n'est pas un songe continuel, et que tout ce que vous pensez apprendre par vos sens n'est pas faux, aussi bien maintenant comme lorsque vous dormez ? Vu principalement que vous avez appris que vous étiez créé par un être supérieur, lequel étant tout puissant, comme il est, n'aurait pas eu plus de difficulté à nous créer tel que je dis, que tel que vous pensez que vous êtes[4].

Suivent les réserves de Poliandre et d'Epistemon : pour l'un, la voie à prendre est trop difficile, car l'esprit n'est pas accoutumé à s'éloigner des

4 A.T., X, 511-512.

choses sensibles ; pour l'autre elle est trop dangereuse, et le scepticisme est l'écueil assuré. Il cite Socrate et les Pyrrhoniens « et c'est une eau profonde, où il ne me semble pas qu'on puisse trouver pied[5] ».

Est donc proposée dans un premier temps l'hypothèse de la folie, pas assez crédible pour que l'interlocuteur naïf mais aussi le savant la suivent (ce qui va dans le sens de l'interprétation de Derrida : argument pédagogique), puis dans un deuxième temps vient celle du rêve, qui en serait la généralisation, et serait en outre plus acceptable pédagogiquement bien qu'elle mène à quelque chose de tout aussi fou : le doute généralisé, qui serait une autre forme de folie. En témoignent la peur, le danger, le vertige qu'il y a à s'y aventurer. Faire l'hypothèse du rêve généralisé, c'est risquer de sombrer dans la folie. En ce cas, on pourrait avancer que le rêve est en effet l'hyperbole de la folie.

De ce point de vue, et face à l'hypothèse d'une folie généralisée à travers la possibilité d'un rêve total, Descartes met en place le chemin. Le chemin qui permet de tenir la barre. Ce chemin sera la méthode. Mais on comprend la nécessité de s'assurer un pont de corde solidement ajusté. Le moindre écart, le moindre faux pas nous ferait tomber du côté de la folie. C'est pourquoi la folie hante tous les textes métaphysiques de Descartes. Cet autre de la raison est comme une tentation permanente, une possibilité, et en même temps il se contraint à l'affronter, car sans l'affrontement avec le paroxysme de la folie, on ne pourra asseoir la raison. Il y a donc deux choses à retenir :

- Nécessité de la méthode comme garde « fou » contre la folie mais qui en manifeste précisément la nécessaire rigueur.
- Nécessité d'aller jusqu'au bout de la folie pour que la raison en sorte victorieuse.

Nous sommes bien dans une dialectique entre folie et raison, même si c'est le Je qui la dirige et qui de ce fait a déjà gagné d'une certaine manière. Pour autant, il assume cette possibilité, et s'il en fait une hypothèse, une fiction, une feinte, pour s'assurer à nouveau, cette feinte n'est jamais bien loin d'un danger bien réel et d'un échec de toute possibilité de raison, de toute possibilité de fondement.

Descartes est à ce titre le héros qui passe de l'autre côté :

5 *Ibid.*

> J'avoue, dit Eudoxe, qu'il y aurait du danger, pour ceux qui ne connaissent pas le gué, de s'y hasarder sans conduite, et que plusieurs s'y sont perdus ; mais vous ne devez pas craindre d'y passer après moi[6].

Par ailleurs, si on peut considérer les relations entre Montaigne et Descartes, dont fait état Foucault à la suite de son texte sur Descartes, toujours dans le deuxième chapitre de l'*Histoire de la folie* : acceptation de la folie dans une dialectique avec la raison chez Montaigne d'un côté et prétendue décision cartésienne de la rejeter hors de la raison (ce qui correspond à l'enfermement et à la création de l'hôpital général). On voit que Montaigne correspond bien au scepticisme dont Descartes veut précisément sortir. Scepticisme que décrit fort bien Foucault :

> Tel fut le rôle ambigu de cette pensée sceptique, disons plutôt de cette raison si vivement consciente des formes qui la limitent et des forces qui la contredisent : elle découvre la folie comme l'une de ses propres figures – ce qui est une manière de conjurer tout ce qui peut être pouvoir extérieur, irréductible hostilité, signe de transcendance ; mais en même temps, elle place la folie au cœur de son propre travail, la désignant comme un moment essentiel de sa propre nature[7].

et de citer Montaigne à l'appui :

> Qui ne sait combien est imperceptible le voisinage d'entre la folie avec les gaillardes élévations d'un esprit libre, et les effets d'une vertu supreme et extraordinaire[8] ?

ou encore Charron :

> point de grand esprit, sans mélange de folie...C'est en ce sens que les sages et les plus braves poètes ont approuvé de folier et sortir des gonds quelquefois[9].

La folie hante la raison, la folie est reconnue par la raison qui en cela la désactive tout en en jouant, mais cette reconnaissance permet aussi à la folie de s'exprimer. Cette dialectique désigne très exactement ce

---

6 *Ibid.*

7 Foucault, *Histoire de la folie à l'âge classique*, *op. cit.*, p. 46.

8 Montaigne, *Essais*, livre II, chap. XII, éd. Garnier, t. II, p. 188, cité par Foucault, *Histoire de la folie*, p. 46.

9 Charron, *De la sagesse*, livre I, chapitre XV, éd. Amaury Duval, 1827, t. I, p. 130, cité par Foucault, *Histoire de la folie*, p. 46.

dont Descartes veut se débarrasser : l'inversion des rôles, le jeu qui empêche au discours de s'asseoir et de rester en place, de se tenir tout seul sans tomber dans son contraire. Sortir de la crise sceptique, c'est sortir de cette dialectique où la vérité ne l'est qu'au regard de l'erreur qui elle-même peut devenir vérité, où la folie livre la vérité de la raison qui elle-même verse dans la folie et par là se dévoile. Où il n'est point d'arrêt, de limite, de repère, où l'illusion est parfois plus vraie que le réel, où le trompe l'œil enseigne quelque chose de l'ordre du vrai. Descartes cherche un fondement. À cette mesure, la dialectique sceptique entre raison et folie est dangereuse ou aporétique : on ne peut rien y assurer, de là aucune science ne peut être garantie. Mais comme pour le doute, Descartes use de l'arme même des sceptiques, pour la transformer par une manœuvre radicale, en fondement même ! Cette dialectique, il va en faire un dialogue : dialogue du Je et du malin génie, dialogue qui va jusqu'à l'éclatement et la perte du réel. Dialogue qui devient combat. On l'a dit, il faut du courage pour affronter la possibilité du non-sens et du néant. Dialectique menée à son terme, donc, ce qui l'annule, puisqu'il y a victoire de l'un des deux termes sur l'autre, et que le doute est dépassé.

Pourtant, il y a quelque chose qui résiste dans le « mais quoi ce sont des fous », et ce qui résiste, c'est précisément la possibilité d'un chemin qui assure, d'un chemin qui permette de traverser le vertige d'une folie totale : ce chemin est disqualifié par la folie. Ce que disqualifie la folie, c'est la temporalité du chemin, c'est la possibilité du chemin, c'est la possibilité d'une continuité qui suppose une permanence.

Reprenons le texte :

> Mais, encore que les sens nous trompent quelquefois, touchant les choses peu sensibles et fort éloignées, il s'en rencontre peut-être beaucoup d'autres, desquelles on ne peut pas raisonnablement douter, quoique nous les connaissions par leur moyen : par exemple, que je sois ici, assis auprès du feu, vêtu d'une robe de chambre, ayant ce papier entre les mains, et autres choses de cette nature. Et comment est-ce que je pourrais nier que ces mains et ce corps-ci soient à moi ? Si ce n'est peut-être que je me compare à ces insensés, de qui le cerveau est tellement troublé et offusqué par les noires vapeurs de la bile, qu'ils assurent constamment qu'ils sont des rois, lorsqu'ils sont très pauvres ; qu'ils sont vêtus d'or et de pourpre, lorsqu'ils sont tout nus ; ou s'imaginent être des cruches, ou avoir un corps de verre. Mais quoi ? Ce sont des fous ; et je ne serais pas moins extravagant, si je me réglais sur leurs exemples[10].

10 Première Méditation, A.T., IX, p. 14.

Il y a dans ce texte qui fut l'objet de nombreuses interprétations, un élément qu'on relève peu, et qui pourtant fait problème : il ne s'agit pas encore du « mais quoi ce sont des fous », ou du « je ne serais pas moins extravagant », mais de l'idée de comparaison avec des insensés. Le problème est d'abord celui de structure. En effet, selon l'ordre des raisons, et du doute méthodique, je fais retour sur moi-même et explore tout ce qui me paraît incertain, afin de le rejeter comme faux. Descartes a, dans cette première Méditation, rejeté les sens, à travers l'argument classique de l'illusion sensorielle : si les sens nous trompent quelques fois, nous ne pouvons être certains qu'ils ne nous trompent toujours, étant donné qu'ils ne contiennent pas en eux-mêmes le principe de discrimination entre le vrai et le faux. Puis il s'intéresse non plus aux choses lointaines qui donnent l'occasion au jugement de se tromper, mais aux choses proches, à savoir le corps propre, dont il est extrêmement difficile de douter. La volonté va être ici mise à contribution, comme elle le sera tout au long du doute à des degrés divers. Elle doit éloigner l'impression d'évidence immédiate, la plus tenace, ce qu'on appelle le préjugé naturel et qui se rapporte à la position philosophique des empiristes et des sensualistes. Dans *La recherche de la vérité*, cette position est tenue par Poliandre, qui ne connaît rien à la philosophie, et qui représente l'homme ordinaire dans son rapport au monde. Poliandre répond en effet à Eudoxe (voix de Descartes) qui demande de considérer avec lui « quelles sont les plus certaines et les plus faciles à connaître, de toutes les vérités que les hommes puissent savoir ». Poliandre :

> y a-t-il quelqu'un qui puisse douter que les choses sensibles, j'entends celles qui se voient et qui se touchent, ne soient beaucoup plus assurées que toutes les autres ? Pour moi, je serais fort étonné, si vous me faisiez voir aussi clairement quelque chose de ce qui se dit de Dieu ou de notre âme[11].

Ce à quoi Eudoxe répond :

> C'est pourtant ce que j'espère ; et je trouve étrange que les hommes soient si crédules, que d'appuyer leur science sur la certitude des sens, puisque personne n'ignore qu'ils trompent quelquefois, et que nous avons juste raison de nous défier toujours de ceux qui nous ont une fois trompés

11 *La Recherche de la vérité*, AT, X, 509-510.

ce en quoi il réitère l'argument classique de l'illusion des sens. Mais précisément cet argument ne suffit pas, et la résistance de Poliandre développe celle de la première Méditation :

> Je sais bien que les sens trompent quelquefois, s'ils sont mal disposés, comme lorsque toutes les viandes semblent amères à un malade ; ou bien trop éloignés, comme quand nous regardons les étoiles, qui nous paraissent jamais si grandes qu'elles sont ; ou, généralement, lorsqu'ils n'agissent pas en liberté selon la constitution de leur nature. Mais tous leurs défauts sont fort aisés à connaître, et ils n'empêchent pas que je ne sois maintenant bien assuré, que je vous voie, que nous nous promenons en ce jardin, que le soleil nous éclaire, et bref que tout ce qui paraît communément à mes sens est véritable[12].

C'est donc bien ce qui est proche qui semble difficile à mettre en doute. C'est alors qu'arrive, dans les Méditations l'argument de la folie. Or qu'a-t-il de différent des autres ? On pourra se référer à toute la polémique entre Derrida et Foucault, néanmoins, il y a un point sur lequel nous voulons attirer l'attention, et que Foucault mentionne, mais en passant, dans « Mon corps, ce papier, ce feu », c'est la comparaison avec les fous ou les insensés. Cette comparaison en effet nous fait sortir du Je. Et c'est bien la seule fois des *Méditations*, avec l'allusion à l'idée de Dieu, et à ces autres qui sont persuadés qu'ils ont raison, alors qu'il n'en est rien : deux décrochages dans la première Méditation, deux décrochages qui font sens. Comment se comparer à quelque chose ou à quelqu'un qu'on a mis en doute ? Du point de vue de l'ordre des raisons et du doute, il y a écart illégitime vers une extériorité pour l'instant mise entre parenthèse. Et pourtant, tout le problème est lié à cette extériorité qui n'en est peut-être pas une.

Comment comprendre la folie du point de vue du solipsisme ? Le Je s'enferme en lui-même et rejette tout ce qui lui est extérieur. Or comment rejeter quelque chose qui lui serait extérieur en s'appuyant précisément sur cette extériorité ? Se comparer aux fous ne fait donc pas sens. À moins précisément que cette extériorité soit la possibilité d'une intériorité, autrement dit que la folie me traverse de part en part, d'où la violence lapidaire de la rejeter dehors « mais quoi ce sont des fous ». Qui ? Eux ? Ceux qui apparaissent comme tel ? Puis-je m'aventurer dans cette hypothèse dangereuse que tout ce que je perçois est faux,

12 AT, X, 510.

non pas parce que mes sens me tromperaient, mais parce que je n'aurais aucune possibilité de m'en dégager pour juger de leur témoignage ? Il est à noter dans le texte de la première Méditation, que ce sur quoi les fous se trompent est sur leur identité et non sur les objets : ils assurent qu'ils sont des rois, qu'ils sont vêtus d'or et de pourpre, qu'ils sont des cruches, qu'ils ont un corps de verre. Les objets, c'est ici le corps propre qui tiendrait lieu précisément d'identité. Or dans le cheminement du doute qui effectivement va mettre en cause tout ce que nous délivrent les corps, que nous soyons vêtus d'or et de pourpre ou que nous soyons nus, ces deux énoncés sont également faux, dans la mesure même où ce qui est incertain est faux. Ce qui caractérise le fou est de croire fermement quelque chose qui est faux. Catégorie que Foucault d'ailleurs met en place lui-même dans le premier chapitre de *L'histoire de la folie* : à la page 36, il décrit ainsi la folie dont témoigne la littérature de la fin du XVIe et du début du XVIIe :

> Dans cette adhésion imaginaire à soi-même, l'homme fait naître sa folie comme un mirage. Le symbole de la folie sera désormais ce miroir qui, sans rien refléter de réel, réfléchirait secrètement pour celui qui s'y contemple le rêve de sa présomption[13].

Ce qui correspond assez exactement à la folie dont nous parle Descartes : l'adhésion imaginaire à soi-même. Mais telle est en effet pour Descartes la possibilité qui rend tout fondement impossible, et ce jusqu'à la deuxième Méditation. Après tout, les fous me donnent l'exemple d'une possible adhésion imaginaire à moi-même dont je pourrais bien être la victime puisque seul l'autre est à même d'en juger. Tant que la folie est miroir, et qu'elle exclut le tiers, le juge, celui qui peut être garant du réel (et pour garantir le réel, il faut au moins être deux, c'est l'un des enseignements de la philosophie de Descartes, même si cette dualité n'en est pas tout à fait une et prend la forme d'une transcendance immanente en l'idée de Dieu), il demeure impossible de distinguer le vrai du faux, l'adhésion imaginaire ou l'adhésion sensée. Le solipsisme c'est la folie, c'est le paradigme même de la possibilité de cette adhésion imaginaire. Puis à la page 48, Foucault fait de ce type de folie l'une des catégories que l'on trouve effectivement parmi d'autres dans cette

---

13 *Histoire de la folie à l'âge classique*, *op. cit.*, p. 36.

littérature pré-cartésienne. Il la nomme « folie de vaine présomption ». La description qu'il en fait nous renvoie à celle de Descartes, cependant qu'il en tire modèle chez Érasme ou Cervantès :

> Toute voisine de cette première, la folie de vaine présomption. Mais ce n'est pas à un modèle littéraire que le fou s'identifie ; c'est à lui-même, et par une adhésion imaginaire qui lui permet de se prêter toutes les qualités, toutes les vertus ou puissances dont il est dépourvu. Il hérite de la vieille Philautia d'Érasme. Pauvre, il est riche ; laid, il se mire ; les fers encore aux pieds, il se croit Dieu. Tel le licencié d'Osuma qui se prenait pour Neptune. [...][14]

forme la moins extrême de la folie, qui est au cœur de tout homme. Descartes aurait-il usé d'un modèle canonique, issu d'Érasme et de la littérature comme d'un *topos* ? Il n'empêche, cette description est plus dangereuse à son sens que tout autre, même si elle va mener à une autre forme de folie, qui celle-là correspond à un autre modèle étudié par Foucault : la folie du monde, le tragique du monde, la déréalisation de tout. Nous sommes bien à cette époque-là qui coïncide avec la découverte de l'infini. Car l'infini est une forme de folie pour la raison qui peut le concevoir sans l'imaginer ni le comprendre. La mesure de toute chose échappe désormais à l'homme, dès lors, sa raison ne peut qu'être folie eu égard à la raison divine, du moins ne peut-elle se mesurer à elle. S'il n'est plus de mesure, la raison est en effet indexée à une folie qu'elle ne peut maîtriser, ou la raison comme mesure du tout fait de la raison humaine une forme de folie – ce qu'exprime Pascal dans la pensée que Foucault cite en exergue de sa préface de 1961, celle-là même qui ne sera pas rééditée à partir de 1972, dans les trois éditions ultérieures :

> Les hommes sont si nécessairement fous que ce serait être fou par un autre tour de folie de n'être pas fou[15].

On peut trouver un équivalent religieux à cette découverte d'une raison « folle », inaccessible à la raison humaine, et c'est la doctrine de Luther, puis celle de Calvin. Foucault en fait état,

> En marche vers Dieu, l'homme est plus que jamais offert à la folie, et le havre de vérité vers lequel finalement la grâce le pousse, qu'est-il d'autre,

14 Foucault, *Histoire de la folie*, *op. cit.* p. 48.

15 Pascal, *Pensées*, 414-412, Article VI, « Les philosophes », texte établi par Léon Brunschvicg, GF-Flammarion, Paris, 1976.

> pour lui qu'un abîme de déraison ? La sagesse de Dieu, quand on peut en percevoir l'éclat, n'est pas une raison longtemps voilée, c'est une profondeur sans mesure[16]

Si Nicolas de Cues, l'un des premiers à avoir reconnu l'infini, en fait le centre de sa théologie :

> Et ce qu'Érasme savait, mais de loin, en disant sèchement que Dieu a caché même aux sages le mystère du salut, sauvant ainsi le monde par la folie elle-même, Nicolas de Cues l'avait dit longuement dans le mouvement de sa pensée, perdant sa faible raison humaine, qui n'est que folie, dans la grande folie abyssale qui est la sagesse de Dieu

c'est encore le protestantisme qui fait de cette incommensurabilité sa colonne vertébrale : « Seigneur, c'est un abîme trop profond que ton conseil » écrit Calvin dans son *Sermon II sur l'Épître aux Éphésiens*[17]. Le Dieu protestant est le Dieu infini, injuste, tout puissant, cruel, face auquel seule l'auto-humiliation est acte d'obédience, même pas de salut : celui-ci chez Calvin est le fait de la prédestination, l'impuissance humaine est portée à son comble. On comprend que le motif de la folie soit réactivé par la découverte de l'infini, et chez Descartes, cet infini sera la figure même d'une possibilité de folie généralisée, parce que cette mesure n'est pas mesurable par l'homme. « Mesuré à la vérité des essences et de Dieu, tout l'ordre humain n'est que folie[18] » écrit Foucault, décrivant le platonisme de la Renaissance. C'est bien à cela que va se mesurer Descartes.

Avant même la fiction du Malin Génie, nous n'avons aucun moyen de distinguer le vrai du faux, dans ce que livrent les sens du corps propre. Aussi la folie n'est-elle pas moins digne que la raison, toutes deux étant à ce stade au même niveau : deux possibilités différentes également légitimes. Que je sois assuré d'être un roi alors que je suis pauvre ne tient pas, puisque je ne puis dire que je suis pauvre, ni que je suis vêtu d'or et de pourpre, dès lors que l'on va remettre en cause tout ce qui relève du corps. Peut-être est-ce vrai, peut-être est-ce faux. Pourquoi alors rejeter la folie ? Argument pédagogique, nous dit Derrida. Décision nous dit

---

16 *Histoire de la folie à l'âge classique*, *op. cit.*, p. 43.

17 Calvin, *Sermon II sur l'Épître aux Éphésiens*, in Calvin, *Textes choisis* par Gagnebin et K. Barth, p. 73.

18 Foucault, ouvrage cité, p. 42.

Foucault. Pourtant, l'argument ne tient pas dans la mesure même où il fait intervenir une altérité dans un processus solipsiste. Je ne peux me comparer à autrui. Je ne peux que supposer que cette altérité soit en moi. Et qu'est-ce qui me permet de décider que le Je est le Je, ou qu'il est autre ? Rien pour le moment, contrairement à ce qu'écrit Foucault, commentant le passage de la première Méditation :

> Quand je crois avoir un corps, suis-je assuré de tenir une vérité plus ferme que celui qui s'imagine avoir un corps de verre ?

demande-t-il. Nous venons de répondre par la négative : non, puisque l'idée commune que j'ai de Dieu peut bien être une idée fausse, au même titre que ceux qui se trompent, mais n'en démordent pas. La qualité subjective de l'évidence, pour le moment, ne me garantit rien, c'est bien le sens de l'hypothèse du malin génie : et si mon évidence n'était que subjective ? Et si nous étions tous fous ? Mais Foucault répond, citant Descartes :

> Assurément, car 'ce sont des fous, et je ne serais pas moins extravagant, si je me réglais sur leur exemple'[19].

Certes, dans l'économie du texte, Descartes évacue un instant cette possibilité : je sens mon corps avec une évidence telle que je ne puis me régler sur l'exemple des fous qui croient avoir un corps de verre. Mais ce que déconstruit ici Descartes à travers le doute méthodique est précisément cette « croyance ». Le fou croit qu'il a un corps de verre, ce que visiblement il n'a pas (ne viens-je pas de récuser les sens, tout au moins pour ce qui ne relève pas du corps propre ? dès lors pourquoi aurais-je raison plutôt que le fou ?). Toute la fiction du malin génie sera de montrer que l'évidence de la perception sensible, comme l'évidence du corps propre, sont à ce stade des croyances, dès lors qu'elles ne sont pas fondées. Il est possible que mon rapport à mon corps soit du même ordre que le rapport du fou à son corps : un rapport de croyance. De ce point de vue, on ne peut qu'accréditer l'interprétation de Derrida et rejeter l'argument qui de toute façon est décrochage au sein de l'argumentation, du côté de la rhétorique et de la pédagogie. Non, je ne suis pas assuré de tenir une vérité plus ferme que celui qui s'imagine avoir un corps de verre.

19 Foucault, *Histoire de la folie*, Chap. 2, *op. cit.* p. 57.

Pour assurer cette vérité, il faudra atteindre l'idée de Dieu. La première occurrence du fou est en réalité le motif masqué de toute cette première Méditation : je suis peut-être fou, au même titre que celui qui adhère à son imagination. J'adhère naturellement à mes perceptions sensibles, cette adhésion doit être déconstruite. Elle est pour le moment illégitime. Aussi s'arrêter à ce seul passage, c'est d'emblée refuser l'argumentation de Descartes, entièrement construite dans un dialogue avec la possible folie. Certes, Foucault a raison de dire que

> si ses dangers [à la folie] ne compromettent pas la démarche ni l'essentiel de sa vérité, ce n'est pas parce que telle chose, même dans la pensée d'un fou, ne peut pas être fausse ; mais parce que moi qui pense, je ne peux pas être fou[20].

mais il se trompe sur la démonstration.

Car ce que met profondément en cause cette hypothèse de la folie, vite balayée, c'est bien celle de l'identité du Je. Or de deux choses l'une, la question du temps sera abordée dans la troisième Méditation, et l'identité de la conscience ne sera pas de son fait, puisqu'elle n'est semble-t-il valide que dans son actualité. Dès lors, tant que le temps n'est pas prouvé, comment dérouler une méditation ? Et qu'est-ce qui pourra garantir que cette méditation ne soit pas l'objet d'un fou, autrement dit d'un autre que moi qui alterne avec le moi, dans une dialectique insurmontable, puisqu'il n'est pas de troisième moi qui pourrait faire la synthèse des deux ? Et c'est bien le problème de la folie. Elle est certitude au même titre que la raison. Mais elle ne pourra jamais garantir le temps. Or pour que la méditation soit fondée, il faut que la raison le soit dans sa temporalité propre. Ce qu'attaque la folie, c'est la temporalité propre de la raison. La folie, c'est un saut dans l'abîme, rupture dans l'identité, impossibilité de constituer une identité dans le temps. La folie est l'impossibilité même de la pensée, non pas en ce qu'elle se trompe (comment le savoir pour le moment, nous n'avons pas de critère de distinction), mais dans la mesure où elle empêche une succession de raisons, où elle fait barrage à la méthode. La folie ne se peut déceler, si ce n'est en l'autre. Dans le Je, elle ne peut être localisée, si ce n'est dans le temps à condition qu'une conscience puisse la ressaisir. Mais c'est bien le problème de cette hypothèse de la folie : elle met à mal la méditation

---

20 *Ibid.* p. 57.

elle-même dans son déroulement et sa temporalité qui est l'essence même de l'esprit en ce qu'il garantit l'identité dans le temps du Je.

FOLIE, TEMPORALITÉ, MÉMOIRE

Parce que la méditation suppose l'identité à soi dans le temps, il faut lier folie et temporalité, folie et mémoire. Je ne peux me ressaisir dans une histoire ou dans l'ordre des raisons (deux temporalités différentes) que si je ne suis pas étranger à moi-même, que s'il y a une identité du Je, qu'elle soit aussi minime que le Je pense auquel se rattache toutes mes représentations. Foucault, on l'a vu, déplace la problématique de la folie de l'objet au sujet[21]. Pourtant, dans sa lecture de Descartes, il avait substitué au Je des *Méditations* le Je des *Regulae* et du *Discours*, fondement de la vérité et des sciences, garantie de la permanence de ces deux dernières.

Il y a là chez Foucault une indécision entre un sujet garant des sciences et qui n'a pas à se transformer en son être contrairement au « sujet » de *la Réforme de l'entendement* et un Je engagé dans une méditation qui le transforme. Cela étant, il s'amende lui-même à la fin de *L'Herméneutique du sujet*, et en cela nous le suivons. La permanence de la vérité ne peut rien en effet contre la folie. Elle transcende l'accès subjectif qui y mène, et devient une guise d'objectivité. Il va de soi que la folie n'est pas du côté de l'objet, mais de la pensée, ou plus précisément de l'adhésion de la pensée, aidée de l'imagination, à un objet. Mais il en va de même du rêve, où l'objet peut ne pas exister, mais est représenté dans une conviction qui ne peut être soumise au doute que par l'alternance de l'état de veille et celui du sommeil. Aussi semble-t-il tautologique que de renvoyer la folie du côté de la pensée. Le problème ne relève pas tant du sujet capable de fonder le discours scientifique, que du sujet capable de méditer. La façon dont Foucault traite de l'argument cartésien de la folie, semble invalider sa conception du sujet au début de son cours de 1982 au collège de France. Certes les deux aspects du sujet sont liés puisque le sujet ne peut se découvrir premier fondement qu'au cours de la méditation. Et encore, ce fondement est insuffisant, il ne fonde que la pensée, non les objets de pensée. Et si la folie menace en effet ce

21 Rappelons la citation énoncée plus haut : « impossibilité d'être fou, essentielle non à l'objet de la pensée, mais au sujet qui pense. »

sujet méditant, c'est comme nous l'avons dit, parce qu'elle menace sa continuité temporelle, sa permanence en tant que sujet. Si l'« on peut supposer qu'on rêve et s'identifier au sujet rêvant pour trouver 'quelque raison de douter' : la vérité apparaît encore, comme condition de possibilité du rêve, c'est bien parce que le sujet est capable de ressaisir dans sa temporalité propre, le temps du rêve et le temps de la veille : je ne peux m'identifier au rêveur, que parce que j'ai déjà rêvé, ce n'est pas la vérité qui est condition de possibilité du rêve, c'est la permanence du Je dans la conscience qu'il a de lui-même. Je suis à la fois celui qui rêve et celui qui s'éveille : nulle vérité là-dedans puisque je n'ai pas la possibilité de distinguer les deux états, le critère de distinction étant précisément au-delà de cette simple alternance, n'appartenant ni à la veille ni au sommeil. En revanche, s'il n'est pas de vérité possible, il est une comparaison possible de moi à moi-même, entre deux états que je peux différencier parce que je suis le même qui pense qui voit qui sent, mais aussi qui rêve et qui s'éveille. Et c'est la raison pour laquelle « On ne peut, en revanche, supposer, même par la pensée, qu'on est fou, car la folie justement est condition d'impossibilité de la pensée : 'Je ne serais pas moins extravagant…' ». Foucault a raison, mais si la folie est condition d'impossibilité de la pensée, c'est parce qu'elle est condition d'impossibilité d'identité à soi-même, et de temporalité. Ce qu'il voit très clairement dans « Mon corps, ce papier, ce feu », qui élucide ce passage de *L'histoire de la folie* :

> Paragraphe de la folie : vocabulaire de la comparaison. […] Le fou : terme extérieur auquel je me compare. Paragraphe du rêve : vocabulaire de la mémoire. […] Le rêveur : ce que je me rappelle avoir été moi-même ; du fond de ma mémoire monte le rêveur que j'ai été moi-même, que je serai à nouveau[22].

Foucault touche là le point central de la philosophie de Descartes, qu'il manifeste par sa réflexion sur la folie, mais que l'on pourrait étendre à l'ensemble de sa philosophie : la mémoire est la condition de possibilité de la méditation cartésienne, et plus généralement de sa philosophie dont la prémisse fondatrice est le doute. Ce qui échappe à la mémoire ne peut être reçu, comme condition d'impossibilité de la pensée. Selon cette équation, la pensée égale la mémoire, ou plutôt la temporalité en

22 Foucault, « Mon corps, ce papier, ce feu », in *Dits et écrits*, 1972, p. 1119.

tant qu'elle peut se ressaisir elle-même, l'identité à soi-même à travers le temps.

La condition de la pensée et de la réflexivité est le temps. Pas de conscience sans identité temporelle. C'est la problématique même de la méditation : ce qui fonde échappe au temps dans une expérience fulgurante d'identité à soi, de conjonction nécessaire, mais doit fonder le temps qui en est aussi la condition de possibilité. La conscience du temps, née de l'instant, permet l'incarnation de l'esprit. L'esprit a une histoire, l'esprit se déroule et se forme, se découvre et se transforme dans le temps, la méditation est un exercice essentiellement temporel. Le cogito n'est donc pas tout, ou s'il est fulgurance, c'est en échappant à la temporalité qui pourtant en est la condition de possibilité, comme elle sera la condition de possibilité d'une pensée qui se pense. Le simple écart entre la pensée directe et la pensée qui la pense est gage d'une épaisseur temporelle. Et s'il n'y a pas de lien généalogique entre la pensée directe, toujours présente, toujours active et le cogito, il n'en demeure pas moins que le cogito apporte la conscience de ce qui se pense indépendamment de lui. On retrouve là l'épaisseur de la pensée telle que nous l'avons décrite en son origine même, à savoir le fait que ça apparaisse, et plus précisément encore, le fait que ça m'apparaisse. Or pour que cela m'apparaissent, il faut bien que le cogito vienne redoubler ce qui se fait en dehors de lui, et lui confère dès lors le principe d'identité à soi, puisque le cogito est la prise de conscience que cette pensée que je produis sans la créer, est bien à rattacher à moi, ou est la « mienne » étant entendu que « la mienne » ne fait pas signe vers une création, mais vers une identification. C'est ce que nous révèle en creux l'hypothèse de la folie, mais Foucault n'y revient pas. Lui pour qui méditer est une transformation de l'être du sujet, que ne s'est-il appesanti sur l'épaisseur temporelle de la méditation et de cette transformation, sur la temporalité essentielle de l'être ? Pour lui, et dans son *Histoire de la folie*, la raison décide d'écarter la folie pour s'installer en sa toute-puissance et son totalitarisme, faisant du « vrai » la norme d'exclusion. Pourtant, dans « Mon corps, ce papier, ce feu », il identifie la folie non comme ce qui est à rejeter dans un geste de pouvoir, mais comme l'impossibilité même, non d'atteindre le vrai, mais de méditer ; or la méditation est aussi la possibilité de se transformer en son être, dès lors, la folie serait en effet la condition d'impossibilité de la méditation. Dans cette contradiction de Foucault, on peut voir en creux la complexité du rapport que Descartes entretient à la folie : peu lui importe le vrai, à ce stade de la méditation, ce qui lui importe, c'est la possibilité de méditer, autrement dit, c'est de sauver une certaine identité à soi de la pensée qui puisse se déployer. Et Foucault lui-même se retrouve devant cette difficulté de la folie comme impossibilité de la pensée, impossibilité au sens d'une continuité à soi et de la possibilité d'une narration. Ne prétend-il pas faire lui aussi une « histoire », comme Descartes écrit l'histoire de la raison, non pas d'un point de vue extérieur à la raison, mais en son cœur ? Une raison qui se raconte elle-même en se déployant car la mise en récit est sa forme nécessaire et non contingente du fait de sa temporalité essentielle. Or de quel point de vue Foucault mène-t-il cette histoire si n'est d'une certaine façon de la raison, qui se fonde déjà en elle-même sur son identité à soi, ne serait-ce que par la possibilité d'une mise en récit, même lorsqu'elle traque les traces de la folie dans ses silences et ses échappées ? Car la folie, et Foucault en fait état dès son introduction, ne peut se faire histoire en tant qu'elle-même ne peut se dire, se narrer, la folie ne peut être le sujet et l'objet à la fois d'une histoire, même s'il s'agit d'une « fable ». Foucault cherche bien à lui redonner son statut de sujet, voire d'auteur de son histoire, mais il se confronte à l'impossibilité de cette ambition, (il n'est pas fou !) et à la création d'une méthode à même de dialectiser avec les expressions de la folie pour en rendre compte, d'une certaine manière. Faire l'histoire des creux demeure une mise en récit, dont on a vu que seule la pensée en tant qu'identité à soi dans le temps, est capable.

Ainsi, Foucault, pour pouvoir reprocher à Descartes ce à quoi lui-même va se confronter dans un certain échec qui fait aussi la beauté du projet décide d'assimiler le sujet cartésien, dans un premier temps, et du point de vue de son *Histoire de la folie*, au simple garant du vrai, au simple fondement d'une vérité scientifique, sans commune mesure avec la vérité de son être. Sinon pourquoi reprocher à Descartes d'exclure la folie et tout à la fois de lui reprocher de faire advenir le sujet garant de la connaissance, qui n'a pas besoin de transformer son être pour accéder au vrai, puisqu'il lui suffit d'être ce qu'il est ? Mais d'un autre côté, il affirme que la folie empêche la méditation, que la folie empêche la transformation en profondeur de son être, puisque méditer, se transformer, exige comme condition de possibilité une temporalité où l'esprit, même s'il se transforme, demeure néanmoins identique à lui-même. Autrement dit, si Descartes écarte la folie, c'est précisément pour pouvoir méditer, et se transformer en son être.

Sans permanence, pas de méditation, sans permanence, pas de souci de soi. Si Descartes exclut le souci de soi par la conception du sujet que Foucault lui prête, il pourrait se permettre d'envisager la folie, qui somme toute, n'interfère pas avec la vérité, dont la permanence est quant à elle indépendante du sujet, même si lui seul peut y accéder. Ce n'est pas parce que certains sont fous que la vérité n'existe pas. À ce compte, l'argument de la folie ne le contraindrait pas outre mesure, et ne mettrait pas en danger le fondement des sciences.

En conséquence, soit le sujet cartésien est cet être garant du vrai qui n'a besoin que d'être lui-même, soit il est ce sujet méditant qui doit se transformer en son être pour atteindre au vrai, ce que la folie empêcherait. Mais ces deux définitions se contredisent.

Ce que met fondamentalement en danger la folie, c'est donc la méditation en tant que telle, la sienne, cette transformation de soi en son être. La preuve en est que le rêve participe de la méditation authentique, parce que le sujet se laisse surprendre par cette déréalisation. Il la vit, il l'expérimente. C'est la *stupor*.

> Penser au rêve n'est point penser à quelque chose d'extérieur, dont je connaîtrais les effets et les causes[23] ; ce n'est point évoquer seulement tout une fantasmagorie étrange, ou les mouvements du cerveau qui peuvent la provoquer ; la pensée du rêve est telle, quand on s'y applique, qu'elle a pour effet de brouiller pour le sujet méditant, et au cœur même de sa méditation, les limites perçues du sommeil et de la vieille. Le rêve trouble le sujet qui y pense. Appliquer son esprit au songe n'est pas une tâche indifférente : c'est peut-être bien, d'abord, un thème qu'on se propose ; mais il se révèle très vite que c'est un risque auquel on s'expose. Risque pour le sujet d'être modifié ; risque de n'être plus sûr du tout d'être éveillé ; risque de *stupor*, dit le texte latin[24]

Ce très beau texte exprime très clairement ce qu'est une méditation : l'expérimentation de soi quitte à se perdre. Le rêve modifie le sujet méditant, mais ne l'empêche pas de méditer. Alors qu'exige-t-on du sujet ? Qu'il médite, ou qu'il envisage la folie – ce qui empêche toute méditation ? À moins qu'il n'envisage la folie au cœur même de la méditation, et ce sera l'hypothèse du malin génie qui risque bien de

23 On en revient à l'idée d'un solipsisme total, non étranger à l'hypothèse d'une folie totale.

24 « Mon corps, ce papier, ce feu », in *Dits et écrits I*, p. 1117.

déposséder le sujet de lui-même. Où se situe Foucault dans cette double interprétation ? Et la condition du souci de soi n'est-elle pas précisément cette temporalité inhérente au sujet, qui est la condition d'impossibilité de la folie ? Descartes est-il celui qui exclut la folie de la raison, ou celui qui réduit le sujet à la condition claire de la connaissance, en tant qu'il en est le garant, parce qu'il est tout simplement lui-même : sujet support de la connaissance, entendement dont la structure permet de savoir ce qu'est la connaissance ? Mais cette structure, la méditation la met à mal, l'interroge, la dérange. Et elle l'interroge sans avoir recours à la folie, ou en ayant recours à cette folie généralisée, la seule qui puisse être celle du sujet méditant, celui qui perd pied, entre veille et sommeil, celui qui expérimente la déréalisation des choses, la perte du sentiment de familiarité, mais qui pour l'expérimenter doit toujours se rapporter à lui-même, même si ce lui-même est flou, creux, vide, simple temporalité. À moins de condamner la philosophie. À moins de condamner d'avance la méditation. Mais n'est-elle pas justement celle qui mène au souci de soi ? À moins de condamner toute possibilité d'histoire, que ce soit celle de la raison ou celle de la folie, histoire dont l'ambition est que le sujet de l'histoire en soit aussi l'objet.

L'ambivalente interprétation de Foucault ressemble à un refus de Descartes, comme Descartes aurait refusé la folie. Mais Descartes refuse la folie en tant qu'elle exclut la temporalité, l'identité à soi-même, l'identité sans soi-même, la permanence d'un fil, d'un Je, dépourvu de qualité, la condition de possibilité du discours, et de la réflexion sur six jours, juste six jours, qui révolutionneront la philosophie. La folie, en tant qu'interruption de cette identité, rend impossible l'idée même de six jours, mais ces six jours essentialisent la temporalité de l'esprit comme son être même. Le sujet comme garant de la connaissance mathématique est mis en doute, ce sujet dont nous parle Foucault dans *l'Herméneutique du sujet*, mais pour atteindre ce degré du doute et donc de folie, et pour l'atteindre vraiment, au cœur de l'expérience de soi-même, il ne faut pas être fou, ce qui signifie qu'il faut se déployer dans le temps. Si la folie est l'impossibilité de la temporalité, alors oui, elle rend impossible la philosophie cartésienne, mais elle rend aussi impossible le souci de soi.

LA FOLIE COMME L'IMPOSSIBILITÉ DE L'ÉCART À SOI : IDENTITÉ TOTALE OU DISJONCTION TOTALE

Si la folie est l'impossibilité de méditer, c'est qu'elle est déjà impossibilité de douter. Douter c'est mettre à distance, c'est introduire à l'intérieur de soi un écart, une dualité. Si la folie est écart, écart absolu, elle ne permet pas d'introduire à l'intérieur d'elle-même un écart. Elle colle à sa représentation, elle est croyance, fanatisme, qui prend pour le réel le fantasme ou l'imaginaire. La vérité est ma représentation, le réel est ma représentation, nulle faille ne peut s'immiscer entre ces deux termes chez le fou, raison pour laquelle il ne peut douter : la réflexivité, le redoublement qui fait la nature de la conscience, rejette par essence la folie. Certes, celle-ci peut s'accompagner d'une logique à toute épreuve (le paranoïaque a toujours raison…), mais cette logique qui demeure un signe de pensée, est précisément l'empêchement à une méditation et à un retour sur soi. Coller ainsi à sa raison, voilà la folie. C'est pour cela que si l'homme n'était qu'un être intellectuel, il serait fou. C'est aussi pour cela que si Dieu n'intervenait pas à la troisième Méditation, nous serions tous fous. Notre connaissance qu'elle soit rationnelle ou sensible, s'accompagne d'une évidence qui ne se distingue pas en degré et en qualité subjective chez le fou ou le « bien-portant ». C'est lorsque l'évidence peut être ébranlée qu'il y a de la pensée, et de la pensée « saine ». Autrement dit, Descartes dans sa recherche du fondement, doit nécessairement écarter la folie comme un obstacle non pas à la science (il pourrait très bien y avoir une science du fou, ou un scientifique fou), mais au fondement lui-même : car la folie attaque le sujet. Raison pour laquelle elle en est exclue et attribuée à l'autre : ce sont des fous. Ceux-là qui collent à leur représentation sont des fous. Mais qu'est-ce que coller à ses représentations sinon la croyance enfantine en un monde familier ? N'avons-nous pas tous commencé par être fous ? La folie n'est-elle pas constitutive de notre premier rapport au monde ? Le fou me renvoie une possibilité de moi-même, voire un moi-même enfermé dans la bulle de l'enfance : je peux dire que le fou est nu même s'il est habillé. Mais comment puis-je être certain que moi-même je le suis ? La folie ne peut se constater que chez autrui : comment en effet avoir la conscience de sa propre folie, si ce n'est par des retours de lucidité qui impliquent une continuité à moi-même dans le temps, même si elle est intermittente. Cette intermittence ressemblerait à celle entre la veille et le sommeil : je reviens à moi-même, et c'est de ce point de vue que je ressaisis un moi-même intermittent. Mais je peux aussi ne jamais revenir à moi-même et prendre pour la vérité les objets de mon imagination. Ainsi suis-je dans les choses, mais des choses inexistantes qui ne relèvent elles aussi que de moi-même, d'un moi-même incapable de faire retour sur soi précisément parce qu'il est pris dans les choses.

Le fou, c'est l'hypothèse solipsiste hyperbolique. Le fou est le solipsiste accompli, et la radicalité du solipsisme cartésien avant d'accéder à une transcendance qui nous en délivre, c'est la définition de la folie, d'une certaine folie : le solipsiste est un fou qui croit en ses représentations. Si Dieu n'existait pas, encore une fois, nous serions tous fous.

La comparaison à autrui, nous l'annoncions, se fait à deux endroits du texte de la première Méditation : le décrochement cité et qui n'a pas lieu lors de l'exclamation paradigmatique pour Foucault « Mais quoi ? Ce sont des fous », mais bien dans l'idée même de comparaison qui précède :

> si ce n'est que je me compare à ces insensés, de qui le cerveau est tellement troublé et offusqué par les noires vapeurs de la bile, qu'ils assurent constamment qu'ils sont des rois, lorsqu'ils sont très pauvres ; qu'ils sont vêtus d'or et de pourpre, lorsqu'ils sont tout nus ; ou s'imaginent être des cruches, ou avoir un corps de verre.

Le fou est bien renvoyé du côté de l'autre, puisque je me compare à eux, ce qui est inédit dans l'ordre des raisons. En effet, je n'ai fait pour l'instant que me comparer à moi-même, ou plutôt comparer des états ; c'est bien là-dessus que se fonde le doute naturel, j'ai fait l'expérience de l'erreur des sens, j'ai fait l'expérience du rêve et du réveil. Deux expériences naturelles, qui n'ont valeur d'expérience que dans une temporalité qui me permet de comparer la succession de ces états, de les mettre en regard, et d'en conclure que je n'ai pas le moyen de les discriminer – ou pas encore. Du moins la discrimination s'est-elle faite dans le temps et naturellement, du fait d'une ressaisie de la succession de deux états différents, dont aucun ne recèle en lui-même son propre critère de vérité. Le doute naturel s'appuie donc sur une temporalité naturelle, c'est ce que Foucault appelait « la permanence », puis « le vocabulaire de la mémoire » : dans l'instant de ma perception, je ne peux douter, dans l'instant du rêve, je ne peux douter, dans l'instant de la veille je ne peux douter, à moins de me remémorer une autre perception, un autre état. La condition de possibilité du doute naturel est donc l'identité à soi-même dans le temps qui permet de repérer des changements d'état. Mais je suis bien le même qui vois la tour carrée puis qui la vois ronde, je suis bien le même qui rêve, puis qui s'éveille. Mais je ne suis pas entièrement celui qui rêve ni entièrement celui qui s'éveille : pouvoir comparer implique que je ne me réduis à aucun de mes états. Sans quoi je ne pourrais faire l'expérience de la différence, et y loger le doute. Seule ma temporalité naturelle et la mémoire qui en est la perception, permet au doute de se déployer. Je compare des expériences, et cette comparaison se fait sur fond de temporalité verticale. Revenons à ce texte de Foucault pour en approfondir la lecture, qui cite Descartes et mettant dos à dos le vocabulaire de la folie et celui du rêve, il répond à Derrida en 1972, dans une ultime salve[25] :

> Il faut comparer pas à pas les deux paragraphes de Descartes, et suivre en détail le système de leur opposition. 1) la nature de l'exercice méditatif. Elle apparaît clairement dans le vocabulaire employé. [...]. Si je veux nier que « ces mains et ce corps soient à moi », il faut que « je me compare à certains insensés » (comparare) ; mais je serais bien extravagant « si je me réglais sur leurs exemples » (si quod ab iis exemplum ad me transferrem : si j'appliquais à moi-même quelque exemple venant d'eux). [...]. Paragraphe du rêve. « J'ai coutume de me représenter en mes songes » ; « combien de fois m'est-il arrivé » ; « en y pensant soigneusement, je me ressouviens ». Le rêveur : ce que je me rappelle avoir été moi-même ; du fond de ma mémoire monte le rêveur que j'ai été moi-même, que je serai à nouveau.

Parallèle dont Foucault tire la conclusion suivante, et qui ne tient lieu que de constat :

> Toute l'analyse discursive le montre : la constatation de non-folie (et le rejet de l'épreuve) n'est pas en continuité avec l'épreuve du sommeil (et la constatation que peut-être on dort)[26].

D'où le décrochage avec la première occurrence de la folie (et la seule à proprement parler, qui soit du moins « nommée »)[27]. Il ne s'agit plus de

25 In *Dits et écrits* I, p. 1119.

26 *Ibid.*, p. 1121.

27 Dans sa discussion avec Derrida, Foucault pointe en effet cette difficulté, in « Mon corps, ce papier, ce feu », p. 1133 : « Pour tenir une pareille interprétation, il a fallu d'abord à

comparer deux états reliés à moi-même, à travers la continuité temporelle, mais de comparer ce moi-même et un autre, sur un plan cette fois horizontal. Dès lors, l'exclusion est présente dans la structure même de la comparaison. Est-ce là un oubli de Descartes ? Un décrochage innocent, ou pédagogique comme le dirait Derrida ? Ou est-ce l'impossibilité de faire état d'une expérience de la folie, qui serait rattachée à l'ensemble de mon expérience, autrement dit qui se serait faite sur fond d'identité à moi-même ? La folie ne met-elle pas en question précisément cette identité à soi dans le temps, introduisant non seulement une altérité à soi-même, mais une discontinuité indépassable entre deux états de pensée ? Si la folie est croyance, si la folie empêche le doute dans sa façon de coller au fantasme ou à la fantasmagorie, rapport psychotique au monde qui rend impossible la perception d'une réalité autre que celle de mes idées, de mes images, etc., comment puis-je être tantôt fou, tantôt non fou, ou surtout comment ce Je peut-il être le même, dès lors que les réalités auxquelles il croit n'ont aucune relation, ni temporelle, ni logique ? Autrement dit, ce qui est altéré dans la folie, ce n'est pas seulement la perception ou la croyance en la perception, mais la temporalité interne. Or il est entendu que pour mener une méditation, la condition nécessaire est bien cette identité à soi-même dans le temps qui rend possible l'enchaînement des raisons (et non pas les conditions que Foucault met en avant, dans une critique directe de Descartes, identifiant la recherche de la vérité au processus de connaissance, autrement dit identifiant la méthode à la méditation dans son cours de 1982, lors duquel, on le rappelle, il va lui-même évoluer au sujet de la « méditation » cartésienne :

> l'accès du sujet à la vérité ne transforme ni n'altère le sujet. La connaissance exige certes quelques conditions, dont aucune ne relève de la spiritualité. Des conditions internes : conditions formelles et objectives, comme le sont les règles formelles de la méthode. Des conditions externes, notamment « il ne faut pas être fou pour connaître la vérité », conditions culturelles, il faut avoir fait des études, avoir une formation, conditions morales (« il ne faut pas tromper son monde »)[28].

La condition de la méditation ne relève d'aucune des conditions citées, mais bien de la temporalité essentielle à l'esprit, lequel fonde la certitude

---

Derrida nier que la folie fût en question là où elle était nommée [...] ; il faut maintenant démontrer qu'elle est en question là où elle n'est pas nommée. Cette démonstration, Derrida l'opère par deux séries de dérivations sémantiques ».

28 Texte déjà cité, issu du cours du 6 janvier 1982, in *L'herméneutique du sujet.*

de son existence (temporelle donc) sur l'instant du cogito, bien qu'elle le rende possible – cercle évité comme le montre J.-M. Beyssade, par les deux registres de la preuve.

FOLIE ET RÊVE

LA FONCTION MÉTHODOLOGIQUE DU RÊVE COMME VARIATION SUR LA FOLIE

Le rêve réintègre donc l'argument de la folie (croyance en des perceptions fausses), au cœur de la temporalité du sujet. C'est en cela qu'il est praticable, comme argument naturel du doute. Ce n'est pas tant parce que je rêve que je peux douter du réel, que parce que je m'éveille. La vraie folie serait un rêve permanent. Et c'est bien cela que va avancer la fiction du malin génie : il est possible que je ne fasse que rêver. Il ne s'agira plus là de chercher un critère discriminant entre la veille et le rêve, mais un critère qui m'assure que je ne suis pas sans cesse en train de rêver, sans réveil possible, et que la vie, comme le propose le titre de Calderon, ne soit en effet qu'un songe. Or ce critère, je ne peux le trouver dans l'évidence, puisque c'est elle qui est interrogée à travers l'hypothèse du Dieu trompeur. Ce qui me restait, l'évidence la plus pure que procurent les idées claires et distinctes, absolument simples, cette évidence pourrait bien n'être qu'une illusion subjective. Et c'est là qu'interviennent à nouveau « les autres ». Car l'argument de la folie attaque le sujet en son cœur. Ce dont a témoigné Foucault : la disqualification du Je par l'argument de la folie est exacte. Mais en quelle manière est-il disqualifié si ce n'est au cœur de sa temporalité ? Foucault ne semble pas le préciser, si ce n'est dans ce paragraphe de « Mon corps, ce papier, ce feu », sans pour autant en tirer toutes les conséquences.

Dans sa préface à *l'Histoire de la folie* de 1961, il met en place la seule méthode possible pour une « histoire de la folie », c'est-à-dire une histoire de la non-histoire, des confins de l'histoire, mais aussi des conditions de l'histoire qui ne se bâtit que dans l'exclusion de son autre :

> Alors se trouvent confrontées, dans une tension toujours en voie de se dénouer, la continuité temporelle d'une analyse dialectique et la mise au jour, aux portes du temps, d'une structure tragique[29].

Continuité temporelle d'une dialectique entre folie et raison – dialectique qui, on l'a dit, était littéralisée en dialogue entre Je et le Malin Génie – structure tragique, qui est ce que veut éradiquer la tentative de fondation qui est celle de Descartes. Et pourtant, cette déréalisation radicale est bien la possibilité toujours là du tragique. Certes, la suite des *Méditations* est là pour rejeter cette possibilité, et y asseoir des fondations nouvelles. Pour autant, comment nier cette structure mise en évidence, qui demeure le fonds sur lequel se conquiert la raison ? Autrement dit, c'est bien dans cette structure que se déroule la première Méditation, en la dialectisant. Mais le passage de la dialectique au dialogue intérieur – qui est le propre de la pensée depuis Socrate, et qui montre bien que le Je accueille plusieurs autres, et que Je n'est pas identique à soi-même sinon dans le temps, cédant tantôt la place à ce qui n'est pas lui et qui pourrait l'écraser – manifeste une structure d'extériorité, où la raison est à égalité avec la folie. Certes, le Je en se déployant ou en déployant la pensée en manifeste la condition de possibilité, et c'est bien là le sens du passage de l'expérience tragique de la folie à l'expérience dialectique. Sébastien Buckinx, dans son ouvrage *Descartes entre Foucault et Derrida* le dit bien :

> Dès lors qu'il devient une expérience dans le champ du langage, le foisonnement est ordonné – esquivé – derrière le fragment de sens qui s'est laissé saisir et dire par l'homme de raison. Or, de la totalité du foisonnement et de l'excès que contemple le fou, l'homme de raison, qui est l'acteur principal de l'expérience dialectique, ne perçoit que des fragments, qu'il ordonne à un discours, à une *temporalité* et à une *durée*[30][31].

Ce n'est pas un hasard si le support de l'expérience tragique de la folie est la peinture, ou chez Nietzsche la musique, l'image et le son débordant par excès toute réduction langagière. La peinture est à cet égard peut-être encore plus exemplaire, hors de toute temporalité, ouverte

---

29 M. Foucault, *Dits et Écrits*, tome 1, Quarto Gallimard, p. 189.

30 C'est nous qui soulignons.

31 Sébastien Buckinx, *Descartes entre Foucault et Derrida, La folie dans la Première Méditation*, L'Harmattan, 2008, p. 42.

et infinie. Dialectiser la folie, c'est déjà la désamorcer, dans la mesure même où c'est la faire entrer dans une temporalité. La méditation par essence est la dialectisation de la folie par la raison, elle est tenue par un Je, et s'expérimente dans le temps. Toute temporalisation est une mise en échec de la folie. Toute temporalisation est la conquête de la raison sur la folie. D'où, on l'a dit, la difficulté de faire une « histoire » de la folie. C'est ce que confirme Foucault dans la préface de 61 :

> La nécessité de la folie tout au long de l'histoire de l'Occident est liée à ce geste de décision qui détache du bruit de fond et de sa monotonie continue un langage significatif qui se transmet et s'achève dans le temps ; bref, elle est liée à la possibilité de l'histoire.

Ainsi, même s'il ne revient pas sur le temps comme condition de possibilité de la pensée et d'impossibilité de la folie dans les premières pages du deuxième chapitre de *l'Histoire de la folie*, il en est question dans cette préface qui ne sera pas rééditée. La dialectisation de la raison et de la folie inscrit celle-ci dans le temps qui la rend pourtant impossible, ou qui la désamorce ; penser dans le temps, quitte à se confronter à la folie, c'est déjà la désactiver, l'histoire est possible à cette condition, l'histoire, mais aussi la méditation. Or il est remarquable que les deux grands ouvrages de Descartes soient en quelque sorte des histoires. Il y a une temporalisation de l'esprit, une historisation de l'esprit, qui peut être entendue comme le combat incessant contre la folie, comme la ressaisie obsessionnelle d'un Je historicisé, comme l'équation latente entre le temps et la pensée, le temps et l'identité, le temps et le Je. Le plus grand obstacle à la folie pourtant côtoyée est cette temporalisation comme marque philosophique et révolutionnaire de l'écriture philosophique de Descartes. Ce qui fonde le Je c'est le temps, ce qui fonde le temps c'est le Je, et investir le temps en son essence même est la seule issue pour échapper au tout de la folie – sachant que ce tout de la folie est toujours du côté de l'espace : la peinture, l'infini. *L'aevum* remplace le cosmos, ainsi en est-il de la subjectivation de la pensée. Mais aussi de sa possibilité. S'inscrire dans le temps, c'est échapper à la folie de l'espace, l'horizontalité temporelle se substitue à l'horizontalité spatiale, traversée qu'elle sera par une verticalité fondamentale et fondatrice, l'altérité véritable : Dieu.

FOLIE, RÊVE ET TRAGIQUE

Pour autant, méditer n'empêche pas de faire surgir la possibilité du tragique hors du temps, de même que l'ordre des raisons se laisse transcender par des raisons qui le débordent et en retour le fondent. Ainsi la chaîne des raisons aurait très bien pu butter contre la folie totale qui délégitimerait l'ordre qui en constituait pourtant l'accès. Le tragique n'est jamais loin du dialectique, tout au moins dans sa menace.

Face à la folie totale, seule la totalité de la raison garantie par Dieu mettra fin au dialogue, lequel se cantonnera au domaine de l'éthique et de la générosité. Le tragique de l'homme, comme le tragique de l'histoire, se fonde sur une anthropologie de l'indétermination : l'homme cartésien ne cesse de se déterminer, précisément pour échapper à cette indétermination première. Il suffit de relire les maximes de la morale provisoire pour voir que la détermination (en tant qu'auto-détermination) tient lieu de morale. Il n'y aurait point à se déterminer, si l'indétermination n'était le fonds tragique de l'homme. Descartes manifeste, par le recours à la preuve de l'existence de Dieu, le tragique de l'existence. La représentation ne garantira jamais l'existence des choses extérieures, elle s'accompagne nécessairement de croyance, au même titre que le pauvre hère se croit roi. La croyance[32] est le rapport au monde de tout homme, de l'enfant à l'adulte en passant par le fou. Cette croyance, c'est la possibilité de la folie. Je ne peut garantir l'existence du monde. Je a besoin d'une extériorité radicale qui soit cependant immanente, et qui met à mal la mesure de sa raison subjective pour néanmoins la garantir. Je est perdu, seul, isolé, Je est fou. La solitude, c'est sa folie. Telle est la structure du Je. Descartes rend raison à Foucault. Néanmoins, c'est précisément par la possibilité de la folie et au cœur de sa solitude que la grandeur du Je se manifeste. On retrouve là le point commun entre l'univers de Corneille et celui de Descartes quant à la structure tragique : le héros cornélien s'élève contre sa destinée et le *fatum* mythique, et en assumant son sort, il rétablit la force fondamentale de son Je. Dans une dialectique propre à l'héroïsme encore aristocratique d'un Corneille, l'ultime victoire du Je surgit du déclin de l'homme. Même au cœur des forces ténébreuses, même au seuil de la mort, le Je affirme sa puissance et sa liberté. C'est l'éveil d'un

32 Nous reviendrons à cet élément constitutif de la croyance.

pathos spécifiquement moderne, celui de la subjectivité pure[33]. Par le doute, Descartes dérobe à la certitude de la connaissance, chaque point d'appui qu'elle croyait posséder. Mais l'on sait qu'une fois mises en doute la certitude de la perception, la certitude du réel, la certitude des mathématiques elles-mêmes, lorsque plus aucun savoir strict et objectif ne semble plus pouvoir exister, le Je trouve en lui-même ce nouveau point d'Archimède. Et que je sois trompé, que plus rien n'existe autour de moi, que je sorte vaincu de toutes ces croyances, c'est encore là la preuve de ma puissance, et de cette liberté qui mesure ma puissance[34]. C'est dans le creux, dans le négatif, dans la perte que le Je apparaît dans sa gloire. La spéculation religieuse du XVIIe révèlera cette influence. Fénelon défendra une religion de la pure intériorité. Mettre l'homme en présence de lui-même, l'enfermer dans la solitude de son Je, c'est la condition pour lui de découvrir le chemin qui le délivrera de cette solitude et le mènera à Dieu :

33 *cf.* Paul Bénichou, *Morales du grand siècle*, folio essais, p. 31-33 ; *cf.* Ernst Cassirer, *Descartes*, édition Cerf, 2008 « Descartes et Corneille », p. 49-77.

34 Il est intéressant de lire l'interprétation de Françoise Davoine et Jean-Max Gaudillière, « Les rêves de Descartes », in *Histoire et trauma, La folie des guerres*, Stock, 2006, p. 163. Ils y montrent que les révolutions scientifiques, au sens où Kuhn l'entend, touchent aussi aux ressources de l'inconscient – renvoyant aux rêves que le jeune Descartes de 25 ans fait au cours de la nuit du 10 au 11 novembre 1619. C'est à partir de ces rêves, les premiers angoissants, le dernier libérateur, qu'il entame véritablement sa vocation de chercheur. Ainsi peuvent-ils écrire que le « 'Malin Génie' n'est […] pas une abstraction à l'usage des dissertations. » p. 167. Mais le plus intéressant est l'interprétation psychanalytique du doute, comme celui qui interroge la fiabilité de la parole. Fiabilité détruite dans la folie. « C'est que les enjeux de la fondation cartésienne recouvrent exactement ceux du travail de la folie. Le raisonnement de Descartes est poussé jusqu'à l'idée d'un corps qui n'est plus fiable – au point de pouvoir récuser son existence même. Mais l'enjeu véritable réside en réalité dans la fondation d'une fiabilité irrécusable. À partir de là, et de ce point fixe seulement, la fiabilité des sensations peut justement être remise à l'épreuve. L'erreur de Damasio consiste à interpréter le texte cartésien comme une méthodologie programmatique à destination des futurs neurologues et psychologues. Il se trompe de "discours" au sens où Lacan en élabore plusieurs formes comme autant de liens sociaux [J. Lacan, *Le Séminaire, livre XVII.* L'Envers de la psychanalyse]. Mais surtout, *il ne voit pas que le philosophe établit les éléments d'une méthode qui cherche à poser les garanties de la parole* [c'est nous qui soulignons]. Cette fiabilité est celle qui permet aussi aux sensations de s'exprimer. » p. 155-156. Descartes fonderait donc la garantie du Symbolique. Ce qui ouvre la voie d'une recherche relative au statut de l'Autre chez Descartes. Par ailleurs, cet ouvrage décrit la folie comme une sortie hors de la temporalité et met en lien structurellement la déficience de l'Autre, l'incapacité à rentrer dans le temps, et la psychose. Lien qui peut se tisser à partir de la lecture de Descartes.

> Étant ainsi comme repoussé par tout ce que j'imagine connaître au dehors de moi, je rentre au dedans et je suis encore étonné dans cette solitude de moi-même[35].

Mais il en est de même de l'héroïsme tragique de Corneille : c'est lorsque l'on a tout perdu, que tout menace de s'effondrer, que le Je acquiert une nouvelle certitude qu'il ne peut plus perdre.

> Lorsque l'homme en est réduit à s'aider soi-même et à se faire aider par le divin, il saisit enfin pleinement son être intérieur le plus profond, ainsi que son essence immuable et indestructible[36] :
>
> Je sais ce que je suis, et le serai toujours,
> N'eussé-je que le ciel et moi pour mon secours[37]

Pouvons-nous lire sous la plume de Corneille. Cette communauté d'une structure tragique dont le pendant est un certain type d'héroïsme, chez Corneille et chez Descartes, cette même prise de position vis-à-vis de l'existence, se retrouve dans la conception d'une morale fondée sur la liberté et la puissance de la volonté, y compris lorsqu'elle ne s'accompagne pas d'une connaissance de l'entendement, qui la guiderait indubitablement[38]. Ainsi Descartes distinguera-t-il une morale absolue, le climax de l'éthique qui consiste pour la volonté à donner son assentiment au plus haut discernement – d'une morale relative, l'engagement total de la volonté à défaut d'une certitude de l'entendement quant au but à atteindre.

Le Dieu trompeur de Descartes est bien l'incarnation de cet idéal d'héroïsme où le Je découvre sa puissance du fait même de son humiliation.

---

35 Fénelon, *Traité de l'existence de Dieu*, 2e partie, chap. II.

36 Cassirer, *op. cit.*, p. 61.

37 Corneille, Viriate dans *Sertorius* V, 3.

38 Lettre à Elisabeth : « Il n'est pas nécessaire que notre raison ne se trompe point ; il suffit que notre conscience nous témoigne que nous n'aurons jamais manqué de résolution et de vertu, pour exécuter toutes les choses que nous aurons jugées être les meilleures ». A.T., IV, p. 266. Si la volonté se fixe un but illusoire, même si elle manque son but, du moment qu'elle est en elle-même forte et persévérante, elle sera toujours préférable à l'indécision due à sa faiblesse. Si le manque de discernement empêche la volonté d'atteindre le souverain bien, il ne lui enlève rien de sa valeur propre. Il en est de même chez Corneille, c'est bien l'intensité de la volonté qui possède une valeur autonome, ce qui le mène plus loin encore que Descartes : la grandeur d'âme peut en effet se montrer aussi bien dans le bien que dans le mal. Ainsi, dans *Rodogune*, Cléopâtre, bien que criminelle, unit à ses crimes une telle grandeur d'âme, que tout en les condamnant, on ne peut s'empêcher d'admirer son énergie et la persévérance qu'elle y met.

L'hypothèse d'un Dieu trompeur est introduite de la façon suivante :

> Toutefois il y a longtemps que j'ai dans mon esprit une certaine opinion, qu'il y a un Dieu qui peut tout, et par qui j'ai été créé et produit tel que je suis. Or qui me peut avoir assuré que ce Dieu n'ait point fait qu'il n'y ait aucune terre, aucun ciel, aucun corps étendu, aucune figure, aucune grandeur, aucun lieu, et que néanmoins j'ai les sentiments de toutes ces choses, et que tout cela ne me semble point exister autrement que je le vois ? Et même, comme je juge quelquefois que les autres se méprennent, même dans les choses qu'ils pensent savoir avec le plus de certitude, il se peut faire qu'il ait voulu que je me trompe toutes les fois que je fais l'addition de deux et de trois, ou que je nombre les côtés d'un carré, ou que je juge de quelque chose encore plus facile, si l'on se peut imaginer rien de plus facile que cela[39].

Analysons ce texte. Descartes introduit un préjugé ou une ancienne opinion, ce qui revient au même, le préjugé étant entre autre ce qui relève de mes idées avant qu'elles aient été fondées. Il réintroduit ici le temps naturel « il y a longtemps que j'ai dans mon esprit » : de ce point de vue, on continue d'analyser les différentes idées et opinions qu'il y a en mon esprit, c'est-à-dire que les autres ou le temps ont déposé en moi. Or cette opinion d'un Dieu demeure une opinion puisque rien ne peut m'assurer que ce Dieu ne me trompe point. Ainsi Descartes repasse-t-il en revue les différents objets du doute : le ciel, la terre, le corps, l'étendue, et enfin les notions communes. Il ressaisit tous les objets, y ajoutant les notions communes qui vont maintenant être mise en suspens à la faveur de la fiction du malin génie, et qui le sont déjà à travers cette idée d'un Dieu trompeur. C'est alors que les autres réapparaissent. Quel est leur statut, étant donné que nous arrivons après l'argument du rêve, lequel implique la mise en doute de l'existence des autres ? Si je rêve, je suis bien seul au monde, et les autres sont tout autant des fictions que les objets que je crois percevoir. À ce degré de la réduction, nous atteignons le dernier palier du solipsisme : rien n'est plus certain, tout peut être objet de doute, de l'existence aux essences, je suis seul, enfermé dans ma folie potentielle. Du point de vue de l'ordre des raisons, l'intervention des autres est donc ici illégitime. Pourquoi dès lors Descartes les convoque-t-il ? C'est précisément qu'enfermés en notre évidence relative aux notions communes, nous ne pouvons naturellement la contourner. Ce qui fondera notre connaissance est

39 Méditation 1re, A.T., IX, p. 16.

aussi notre limite, cette évidence qui nous contraint, de même que la structure de l'entendement kantien détermine la connaissance et de ce fait la limite. Comment alors interroger cette évidence alors que nous collons à elle ? Alors que le moindre écart ne peut s'instiller entre Je et l'évidence mathématique ? Il va falloir pour cela sortir du solipsisme, à travers une nouvelle comparaison « comme je juge quelquefois que les autres se méprennent ». Il s'agit là du « sentiment » subjectif de l'évidence, de la qualité d'expérience de l'évidence, de son aspect vécu. Comment distinguer une évidence absolument contraignante d'une évidence fausse qui manifesterait le même caractère de contrainte ? Et c'est alors qu'il nous faut songer au premier décrochage, celui qui précisément introduit les fous, c'est-à-dire les autres, c'est-à-dire ceux qui sont enfermés dans leurs évidences. Or seule une tierce personne, seul un autrui peut déceler en eux l'erreur, puisqu'eux-mêmes n'en sont pas capables. De la même manière que j'ai constaté chez les fous qui sont pourtant intimement persuadés d'avoir raison qu'ils étaient dans l'erreur, je peux être sujet à cette erreur que rien, à l'intérieur de moi, ne me permet de rendre manifeste. L'intervention des autres a pour but d'interroger et d'attaquer l'évidence. L'évidence, c'est le mode de la folie. Le fou sait de façon évidente qu'il est un roi, la formule doit s'arrêter là : « alors qu'il est pauvre » ne peut être attesté que par les autres. Mais je sais aussi de façon évidente que deux et trois font cinq. Ce savoir sous sa forme subjective en tant que qualité d'évidence ressemble à celui du fou. Je ne peux pas faire autrement que de croire que deux et trois font cinq, mais le fou ne peut pas faire autrement que de croire qu'il est un roi alors qu'il est pauvre. Qu'est-ce qui nous différencie ? L'autorité d'un autrui ? C'est ce que met en place Descartes dans cette opinion d'un Dieu trompeur : peut-être que je crois que deux et trois font cinq exactement de la même manière que le fou croit qu'il est un roi. Si l'évidence est tout à la fois la limite et la marque de la connaissance, alors elle peut aussi devenir celle de la folie, si rien d'extérieur à moi-même ne vient la garantir. C'est pourquoi nous aurons besoin du grand Autre, le seul à même de discriminer une évidence et une fausse évidence dans leur caractère d'objectivité. Le caractère d'évidence que le fou éprouve à l'occasion de ses perceptions fausses est donc le même que celui que j'éprouve à l'occasion des vérités mathématiques. Si « de l'intérieur », l'évidence est la même, même si ses objets sont autres, comment faire reposer sur elle la vérité ? Que l'évidence s'accompagne d'une croyance fanatique la rend doublement dangereuse : je suis constitué par l'évidence, je ne peux constituer toutes mes connaissances que sur l'évidence. Exactement comme le fou. La limite de l'esprit du fou, ou ce qui fait sa folie, c'est l'évidence. Il ne peut faire autrement que de croire qu'il est vêtu d'or et de pourpre alors qu'il ne l'est pas. Mais c'est peut-être à l'identique que je ne peux faire autrement que croire que deux et trois font cinq alors qu'il n'en est rien. Qui me le dira ? Pas moi. Pas l'autre non plus qui lui aussi est pris dans la clôture de sa conscience et de ses évidences. Ma limite est ici atteinte. L'évidence sera le critère du vrai, l'évidence sera mon accès à la connaissance, mais l'évidence est ma limite. Il n'y a qu'une altérité qui pourra la garantir, mais une altérité radicale comme immanente. Sans cette altérité, je ne peux m'en tenir qu'à l'évidence, qui est aussi la marque du fou. Ainsi, si le fou a été écarté dans le premier argument sur la folie, on le retrouve ici comme ce qui me fait douter de ma propre évidence. C'est bien le fou, c'est bien l'autre qui me permet de ne pas pouvoir me garantir moi-même. Car à ce niveau-là, rien ne m'en distingue : moi comme le fou, ou moi comme fou, je ne peux que croire en l'évidence du nombre des côtés d'un carré. Ainsi, le fou, c'est bien l'autre comme cela pourrait être moi-même, il n'y a pas de critère de comparaison possible. L'entendement du mathématicien comme l'entendement du fou sont bien confrontés à ce même indubitable. Si l'on ne sort pas de la conscience, rien ne pourra discriminer la raison de la folie. Et c'est pour cela que j'ai besoin de l'autre, en tant que fou, ou de l'autre en tant que nous ne sommes pas d'accord : qu'est-ce qui en décidera ? Descartes en affirmant que ce n'est pas moi, donne à la folie son crédit et son extension. Et ce, non en réitérant littéralement l'argument de la folie, mais en répétant l'intrusion des « autres ». Or comme les autres, ce sont des fous, je m'aperçois à ce stade et en attaquant l'évidence, que rien ne me garantit si c'est moi ou eux qui sont fous. L'altérité est ici essentielle pour donner à la folie sa place. Mais c'est l'altérité, la vraie, la seule, celle de Dieu, qui m'en garantira réellement. Autrement dit, la folie est identifiée ici à l'évidence de l'autre, qu'elle soit relative aux perceptions sensibles ou aux notions intelligibles, ce qui nous intéresse n'est pas tant son objet que sa qualité d'évidence. La folie est bien l'autre possibilité de la raison. La folie, ce ne peut qu'être les autres puisque je ne peux pas moi-même me dire fou. La folie c'est de ne pas pouvoir dire à propos de soi-même je suis fou, alors que je peux dire que j'ai rêvé ou que j'ai été victime d'une illusion des sens. Encore une fois, la folie c'est le solipsisme absolu. Nous rejoignons ici l'interprétation de Derrida, mais par le détour « des autres », et de ces deux décrochages dans l'ordre des raisons, décrochages étonnants et signifiants, peu ou pas mis en valeur, qui par leur occurrence unique, même si elles sont deux et précisément parce qu'elles sont deux se répondent, contraignent à prendre en compte la possibilité de la folie et à lui donner une place centrale dans la première Méditation.

Ainsi, le cartésianisme ne peut être réduit à un intellectualisme (comme le fait Foucault dans l'*Herméneutique du sujet*) dès lors que penser, c'est avant tout douter. La pensée s'incarnera ensuite en procédure de connaissance, mais la pensée authentique, initiale, celle qui met en œuvre la liberté, ou plutôt l'exprime, est bien cette capacité de négation, de mise à distance, de première rupture entre soi et le monde. La pensée authentique de Descartes, et chez Descartes, c'est bien le doute, et s'il n'est qu'une prémisse pour atteindre la connaissance certaine, il exprime en réalité quelque chose de bien plus profond : la préséance de la liberté sur la connaissance, la liberté comme condition de possibilité d'une connaissance authentique c'est-à-dire fondée – et qui dit fondée, dit mise à distance de l'évidence naturelle des mathématiques, d'échappée hors de l'entendement et de sa structure qui le limite dirait Kant, ou des notions communes qui le constituent si l'on préfère le vocabulaire cartésien –. Ce que nous montre la première Méditation, c'est que les mathématiques elles-mêmes relèvent de la nature en tant qu'elles relèvent de la nature de l'esprit. Mais à ce compte, la folie elle aussi en relève. Il faudra bien procéder à un anti-naturalisme radical pour accéder à l'être, à l'être qui précisément n'est pas nature, même s'il la fonde. Et pour déconstruire la nature, pour la mettre à distance, il faut une liberté supranaturelle qui jamais ne s'y réduit. Raison pour laquelle toute approche naturaliste est marquée par une contradiction interne, une aporie que rend manifeste Descartes : il n'y a pas de pensée (au sens métaphysique du terme et non mathématique ou scientifique, laquelle science n'a pas de validité propre sans fondement) s'il n'y a pas une liberté qui en est au fondement. Quelle que soit la re-naturalisation postérieure de l'esprit (que suis-je moi qui pense ?), il s'origine dans une liberté fondamentale, accessible par la seule expérience, et par une analyse qui s'élève au-dessus du seul plan horizontal des vérités éternelles. Le doute, en tant qu'il est volonté, recèle toute la quintessence de la pensée cartésienne. Et c'est pour cela qu'il ne peut d'emblée être fou. Le fou est précisément celui qui ne peut pas douter, et qui en ce sens, s'il accède à la logique, ne peut accéder au réel. Le mathématicien lui non plus ne peut pas douter, l'évidence des notions communes le contraint. Ils en sont au même stade. La possibilité de la folie permet alors à Descartes de mettre à distance cette évidence contraignante. Ce que ne peut le mathématicien, le métaphysicien en est capable. Descartes affronte la folie avec une arme inaccessible au fou, impraticable par le fou. C'est dans le doute qu'est déjà exclue la folie. La folie, c'est la croyance. Et tout être qui croit au réel est en quelque sorte frappé de folie. Seule la possible discrimination entre le vrai et le faux, le réel et l'inexistant, qui ne pourra avoir lieu qu'après la troisième Méditation, pourra distinguer le fou de l'autre, l'autre du fou. Mais celui qui médite n'est pas fou, puisqu'au lieu d'être pris dans le monde, il fait retour sur soi, et plutôt qu'être pris par soi, il fait le détour d'abord par l'autre à titre de comparaison, ensuite par l'Autre, qui en même temps qu'il exhibe sa limite le fonde. Ce retour est la marque de la pensée comme de l'identité. Pourtant, Descartes fait l'hypothèse de la folie totale, et lorsqu'il fait hypothèse, il la vit, telle est le sens de la méditation : il s'agit bien d'un exercice spirituel et non pas intellectuel. Quand on médite sur la mort, on vit la mort, quand on médite sur la possibilité d'une folie généralisée, on vit cette folie. C'est en cela qu'il va au plus près de l'expérience de la folie.

Le doute métaphysique nous fait sortir du temps naturel sur fond duquel se formait le doute naturel. Seul le doute métaphysique peut fonder, parce qu'il échappe au temps, et ce qu'il fonde, c'est le temps lui-même. Si je suis fou, le temps n'existe peut-être pas, et toutes les raisons que j'ai enchaînées pour mener le doute à son terme n'ont pas d'enchaînement réel. Le cogito lui-même ne me délivrera pas de l'hypothèse de la folie, ni du doute quant à la temporalité elle-même puisqu'il n'est efficient que dans son énoncé. Seul Dieu me garantira contre la folie, et du même coup, garantira ma permanence à moi-même, autrement dit mon identité, autrement dit mon être temporel. C'est bien cela qu'il faut arriver à fonder, si je veux pouvoir déployer une méditation, à savoir que je suis identique à moi-même dans le temps.

Or Dieu ne garantit pas ma temporalité uniquement parce qu'il crée en continu, mais parce qu'il est cette altérité véritable qui déchire le solipsisme, dont on a vu qu'il pouvait s'identifier à la folie, en tant que seul, j'adhère à l'évidence sans pouvoir la garantir. C'est cette structure d'altérité qui me permet d'échapper à la folie. Or l'idée d'une création continue garantit ma permanence dans l'objectivité d'une substance, mais elle ne conditionne pas la permanence de ma conscience réflexive qui assure mon identité à moi-même. Le décrochage par les « autres » a permis de mettre en doute la véracité de mon évidence, mais c'est la rencontre avec le véritable autre qui la garantira. L'altérité joue ici à plein régime, à la fois d'un point de vue méthodologique et métaphysique.

Le cogito peut bien être vrai, il ne suffit pas à garantir une démonstration, puisque de lui ne se déduit pas le temps. Le doute a posé la question de l'identité : qui est ce moi dans le temps, quel est le moi qui a raison, à quel moment, dans la veille ou dans le sommeil, dans la perception immédiate ou dans une autre ? Mais le doute a aussi impliqué le temps comme sa condition, tant qu'il était naturel. Le doute métaphysique met donc en cause et le temps naturel (je suis peut-être toujours fou), et le temps mathématique (rien ne me garantit que deux et trois fassent cinq, opération simple, mais opération tout de même) ; s'il n'y a plus d'essence, ni d'existence, il n'y a plus de temps, s'il n'y a qu'un cogito, il ne peut garantir à lui-même sa propre identité dans le temps. Et pourtant, toute cette méditation se fait sur une journée, selon des étapes temporelles, dans un temps si concentré, si essentialisé puisqu'il est celui de l'esprit même, qu'il va me falloir me reposer et retomber dans le temps naturel, celui des habitudes, celui où l'attention peut se relâcher, celui de mes anciennes croyances. Certes, le cogito ne garantit pas mon identité à moi-même, et pourtant, il en a conscience, puisque cette conscience se temporalise en six journées. Que la conscience de mon identité à moi ne soit pas garantie d'un point de vue objectif, et transformée en permanence essentielle, cela importe-t-il tant que ça ? Pour fonder la science, certes, mais la méditation se déroule vaille que vaille, et indépendamment de sa garantie. De même que le cogito est un fait (une expérience) qui fonde le droit, on pourrait s'aventurer à dire que la méditation est d'abord un fait avant que de se fonder de droit. Mais le fait, en tant qu'il est en acte se performe d'une certaine façon, et de même que le cogito s'auto-atteste, la méditation s'auto-atteste en tant qu'elle se fait, dans une temporalisation du cogito. Dieu peut garantir l'identité à soi du fou qui n'est pas à même de ressaisir sa pensée dans une continuité à soi, mais a-t-il réellement besoin de garantir celle d'une pensée en acte qui de fait se déploie temporellement ?

CONCLUSION

Folie et enfance : temporalité et altération de soi

LA POSSIBILITÉ DU RÉCIT

Ainsi la question du temps est-elle posée de façon cruciale même si c'est par la bande, et jamais explicitée comme telle. Le temps comme cadre, condition du doute naturel, le temps comme condition du doute en train de se faire et de son avancée vers l'irréductible, la mise en cause du temps pour aboutir à l'instant qui ne le fonde pas encore mais qui au moins échappe au problème de la temporalité puisqu'il est acte – le cogito. Il va donc très vite nous falloir revenir au temps et par conséquent à sa fondation. De même qu'on use de la méthode avant que celle-ci soit fondée, de même on use du temps avant de pouvoir le fonder : c'est que le temps est la condition même de la pensée, et n'a peut-être pas besoin d'être fondé en tant qu'il se manifeste dans sa performance. À travers la folie absolue, le temps est mis en doute, bien que je puisse dire : je suis fou et ma pensée folle se déploie néanmoins dans le temps. Certes, mais ce temps serait extérieur, car encore faudrait-il que je demeure identique à moi-même dans le sens d'une ressaisie subjective du parcours. Et c'est bien là, nous l'avons vu, que le partage se fait entre folie et raison, le fou n'étant pas à même de ressaisir subjectivement sa pensée dans le temps, autrement dit dans une identité à lui-même.

Or c'est bien le temps ou « l'historicité » que nous retrouvons dans la réponse de Derrida à Foucault. Que nous dit Derrida ?

> Invulnérable à toute contradiction déterminée entre raison et déraison, il est le point à partir duquel l'histoire des formes déterminées de cette contradiction, de ce dialogue entamé ou rompu [celui de la raison et de la folie] peut apparaître

> comme tel et être dit. Il est le point de certitude inentamable *où s'enracine la possibilité du récit foucaldien, comme le récit aussi bien de la totalité*[1], ou plutôt de toutes les formes déterminées des échanges entre raison et folie[2].

Pour Derrida, la pointe du cogito comme excès hors du tout est cette origine où folie et raison ne sont pas encore séparées. Ce point anhistorique et pourtant appartenant à l'histoire de la philosophie ne peut s'historiciser que par la récupération par le logos qui dès lors le dénature. Autrement dit, cette pointe en excès ne se peut dire, sa seule expression légitime étant le silence. Le logos ne s'y déploie pas encore ; le cogito de la deuxième Méditation rend possible la philosophie, mais elle en est nécessairement la trahison. Ce projet d'excéder en droit « la totalité de ce que l'on peut penser, la totalité de fait [...] vers le non-déterminé, vers le Rien ou l'Infini[3] » est vertigineux, hyperbolique et démonique puisqu'il se définit dans sa confrontation avec le malin génie. Mais ce projet de sortir hors du tout, cette exception qui définit chez Descartes le statut du cogito avant la preuve de l'existence de Dieu, est précisément la possibilité du discours, la possibilité de l'histoire, la possibilité du récit. Car il est entendu, dans le texte de Derrida, que cette condition de possibilité pour le récit foucaldien est aussi celle du récit en général : de l'historicité en tant que telle, mais qui inclut en outre l'historicité propre de Descartes, l'autobiographie. Qu'est-ce à dire, sinon que cette échappée hors du temps va rendre possible la temporalisation de sa propre vie, et dès lors lui donner un sens au sens propre du terme, une orientation. N'est-ce pas à partir de la quatrième partie du *Discours* que les trois premières prennent sens ? C'est à partir du cogito que l'identité du philosophe Descartes se définit, se construit. Le cogito ne s'en tient pas à fonder les sciences, et le projet du philosophe, s'il était extérieur à sa propre existence dans la mesure où il était inféodé à une démarche métaphysique au profit de la science, de la fondation de la science, se trouve en réalité fonder la temporalité de sa propre existence, ainsi que la temporalité de l'esprit : une temporalité qui fait identité, et qui de la succession des moments fait œuvre. Ainsi en est-il des *Méditations*, qui transforment la succession des raisons en temporalité essentielle de l'esprit. Or cette temporalité n'est pas seulement horizontale, sans quoi

---

1 C'est nous qui soulignons.
2 Derrida, *op. cit.*, p. 86.
3 *Ibid.* p. 87.

elle ne ferait pas sens, elle n'est pas non plus boucle, sans quoi elle ne serait pas temporalité, elle est l'essence même de l'identité de l'esprit à soi-même. Le sens profond de cette sortie hors du temps, et de sa fondation par là même, c'est de montrer que le temps en son essence est à la fois succession et excès, horizontalité et verticalité, flèche orientée et retour sur soi. L'excès fonde la succession, la verticalité fonde l'horizontalité, le retour sur soi fonde la flèche orientée. C'est bien là la structure même des *Méditations* dont on a pu dire qu'elles étaient prisonnières d'un cercle : il n'y a pas cercle dès lors qu'il y a transcendance, changement de plan, échappée hors de la rationalité et de son horizontalité. Or le cogito en tant que pointe ou excès, en tant que silence, que rien, qu'indéterminé, est bien l'expression même de la transcendance. Certes, dès lors qu'il se redéploie dans le discours, il perd son originarité et se transforme en histoire (et pour Derrida, en histoire positive, caduque, contestable : c'est à ce moment-là que l'interprétation foucaldienne pourrait prendre place ; la folie est rejetée à partir de la preuve de l'existence de Dieu), mais cette histoire ne serait pas possible, en tant qu'histoire, si la pointe originaire ne l'avait précédée et fondée. La vie de Descartes, qu'il raconte dans le *Discours de la méthode*, devient histoire au sens fort du terme, dès lors qu'il en sort. Et c'est parce qu'il en sort qu'il peut revenir sur lui et conférer un sens aux moments épars de sa vie. L'histoire de la philosophie, l'histoire comme discipline comme l'histoire d'une vie, ne sont possibles qu'à partir d'un point hors de l'histoire, toujours déjà historicisé sans quoi aucun discours ne peut se tenir sur lui, mais dont la transcendance échappe à toute tentation dialectique. Certes, il n'est pas de récit possible de cet excès, tout récit étant déjà partie prenante du tout : le récit ne récupère pas la pointe, ne se réapproprie pas l'excès. Aucune lecture hégélianiste ne peut réduire « l'audace hyperbolique » ou « l'audace folle ». Cet excès est la possibilité du sens, la possibilité du temps et la possibilité du récit. Mais cet excès sera toujours excès, consacrant une fois encore la finitude de l'homme et l'interdit essentiel de toute tentation totalitaire, de toute forme de philosophie du tout, qu'elle soit dialectique ou spinoziste. Il faut rattacher cette découverte du cogito à la forme même de la philosophie cartésienne, qui se déploie dans une temporalité subjective. Si Spinoza fait de la philosophie à la manière des géomètres, Descartes en fait à la manière d'un philosophe du temps, c'est-à-dire d'un philosophe qui transforme sa vie en existence, et cette manière, c'est sa philosophie même.

Nul écart entre le fond et la forme : il n'y a de philosophie cartésienne que dans le temps du déploiement d'un sujet, autrement dit que dans la temporalisation d'une identité ou dans une identité temporelle. Il n'y a de philosophie authentiquement cartésienne[4] que dans l'écriture du Je. Or le Je acquiert une identité dans un récit. On pourrait avancer que Descartes découvre là une extraordinaire idée : la mémoire se construit dans le récit et non pas l'inverse, le Je se construit dans sa temporalisation à partir d'un point aveugle qui rend possible le récit du Je. Sans doute est-ce le secret de la littérature autobiographique. La question qui se pose étant « qui écrit sur qui ? ». Qu'est-ce qui peut être récupéré ? Nous avons déjà élaboré un élément de réponse, en nous arrêtant sur la mémoire du corps, une mémoire plus ou moins récupérable par l'analyse, mais qui reste insaisissable, partielle, car l'origine fait place au fondement, car le cogito excède ses conditions d'émergence.

Et la philosophie cartésienne permet en effet d'apporter une réponse : le sujet est toujours déjà objet en tant qu'il se déploie dans une histoire récupérée dans le tout ou « la totalité de l'étantité », mais c'est bien parce qu'il y a sujet en tant que pointe ou excès que cette histoire est rendue possible, non pas en ce qu'elle se déroule mais en ce qu'elle se raconte. Le récit, c'est l'histoire. Les faits, les étants, le réel, ne deviennent histoire que dans la temporalisation que rend possible la sortie du cogito hors du tout. C'est le sujet qui rend possible l'objet qu'est le sujet, même si cet objet, cette sédimentation dans l'épaisseur d'un temps naturel, est indépendant du sujet qui le pense. Il ne devient sujet qu'en étant ressaisi par le cogito précisément parce que celui-ci échappe à cette sédimentation et à l'épaisseur du temps naturel, pour le transformer en temps essentiel. La subjectivation de l'histoire du moi qui est épaisseur, matière, la transforme en *mon* histoire : il y a réappropriation en même temps qu'identification. Le cogito rend possible la transformation d'une histoire en *mon* histoire, et de faits en histoire, ou de succession d'événements en récit. Le récit fait l'histoire, le récit fait mon identité, et le récit s'origine dans cet indéterminé, ce rien, cette pointe, cet excès qui n'est pas histoire, mais qui la rend possible. Le cogito est la condition de possibilité de la fiction en tant qu'elle est déploiement d'une identité. Et ce déploiement en est en même temps la construction.

4 *Les Principes* sont une recomposition pour l'École d'une pensée qui ne peut se déployer que dans le temps de l'esprit.

Mais cette question d'horizontalité et de verticalité en pose une autre que nous avons déjà abordée sous un autre angle, à savoir celle de l'unité. Question fondamentale chez Descartes que l'on trouve à l'origine de ses recherches et de ses espoirs dans les sciences, puis en métaphysique. Si la raison fonde l'unité des sciences en tant que la méthode est universelle au contraire des matières qu'elle explore, ce que cherche à faire Descartes dans les *Méditations* est de fonder l'unité de l'esprit en tant qu'il est temporel. Cette question de l'unité est la question de l'homme. S'il est une unité substantielle, qu'est-ce qui fait son unité cette fois, à travers le temps naturel ? Il faut investir les deux champs : celui de la métaphysique et du temps essentiel de l'esprit qui en est l'unité ; celui de l'existence et du temps de la vie. Qu'est-ce qui fait l'unité d'un sujet au cours de sa vie, en tant qu'union substantielle ? Les deux questions sont différentes même si la première est la condition de la seconde. Elles s'articulent à différents niveaux, que ce soit dans les passions de l'âme, ou même dans la science.

Une autre contradiction semble apparaître sous les noms d'innéité et de temps naturel, c'est-à-dire de permanence et « d'évolution » – qui va se traduire chez Descartes en terme d'analyse. Mais pour procéder à une analyse entre l'âme et le corps, une analyse des idées, pour remonter au principe premier, il faut une certaine 'évolution', terme anti-cartésien s'il en est, mais que l'on est bien obligé de réintroduire, ne serait-ce que parce que Descartes ne peut analyser que dans le temps et moyennant un effort constant, un exercice, une accoutumance. Or mettre en rapport ces concepts contraires, c'est aller chercher du côté de la dualité entre mémoire « corporelle » (au sens d'une cire sur laquelle l'esprit aurait inscrit sa marque), et mémoire essentielle ; la mémoire « corporelle » (non pas encore au sens d'un inconscient corporel, mais de certaines traces mnésiques dont le corps garde le sceau bien qu'elles restent difficilement accessibles à la conscience avant l'analyse) permettant de rattacher à l'homme l'enfant qui fut en lui ou qu'il fut, la mémoire essentielle permettant en revanche d'accéder aux principes, au fondement, qui se substitue à l'origine temporelle, et permet une deuxième naissance, si l'on veut utiliser cette métaphore biologique, mais aussi existentielle. Car si évolution de l'union de l'âme et du corps, il y a, – c'est-à-dire de l'homme individué –, elle n'empêche en rien l'innéité des notions communes ; et pourtant, si c'est dans une certaine mesure cette innéité qui qualifie l'homme, dans son opposition par exemple aux animaux, et à laquelle seuls la pensée et le langage peuvent accéder, il faut faire un sort à l'enfant dépourvu de langage, et réintroduire en les déplaçant les notions de puissance (faculté) et d'acte (actualité de la pensée), pour faire le lien entre ces différents âges de la vie qui sont autant de catégories épistémiques. En effet si l'âme reste identique à elle-même, qu'elle demeure dans l'implicite ou dans l'explicite, le corps entretient avec elle ce rapport qui produit la confusion, voire qui l'enrobe dans une confusion essentielle. Aussi la question de l'identité à soi intéresse-t-elle non seulement la durée essentielle, c'est-à-dire l'identité de l'âme, qui est temps, mais aussi la durée individuée, ou le principe identitaire de l'homme individué en tant qu'union d'âme et de corps. La question du temps se complexifie dès lors qu'on admet, comme Freud mais aussi comme Descartes, qu'il n'est pas de temps dans l'inconscient : j'ai aimé une petite fille louche, je continue d'aimer les femmes louches, la fixation de l'affect n'est pas temporalisée parce qu'il relève d'un inconscient, et ne peut sortir de la répétition qu'une fois l'analyse entreprise, laquelle produit de la conscience ; les choses sont dites, le rapport amour fille louche est analysé, et par une ressaisie de la parole comme de la pensée, par une analyse qui tend à disjoindre les éléments qui en tant que tels n'ont pas de lien essentiel mais seulement contingent, je peux me dégager de cette aliénation. Et m'en dégageant, j'accède au temps, sort du présent de l'in-conscient, c'est-à-dire de ce qui n'est pas advenu ni à la pensée, ni au langage ni par conséquent à la conscience, et qui détermine le corps en tant qu'il est uni à l'âme. Si la temporalité essentielle est l'autre nom de l'identité à soi, il faut admettre d'un autre côté que c'est la sortie hors d'un présent aliénant où ne peut se jouer que la répétition, qui permet à la conscience de se déployer et à l'individu incarné de « grandir », de se transformer dans le temps, de devenir vivant. Vivre et penser permettent d'accéder à une pensée du temps, mais aussi de le libérer en tant que principe même de la vie et du penser. Libérer le temps en soi, s'inscrire dans une temporalité qui fait sens et qui rend vivant, c'est le résultat d'un double travail : l'analyse, et la méditation. Mais l'analyse n'est possible que si un travail est fait sur la mémoire « corporelle » ou « affective », – sédiment déposé et manifesté par le corps et les affects, – puisque c'est elle qui invalide toute forme de temporalité et empêche d'accéder à la liberté, mémoire affective qui doit être démasquée en même temps qu'attestée, car si elle empêche de se libérer, elle permet aussi d'asseoir l'identité du sujet à travers les âges, englué dans une histoire dont il a à devenir le sujet, mais qui s'il était sans histoire, ne serait pas sujet non plus.

Ce qui apparaît ici et qui fait étrangement écho à la critique que Derrida adressait à Foucault, et à l'ambition de Foucault, est le tissage entre le structurel et l'historique. En effet, cette répétition liée à la mémoire du corps en tant qu'affect sédimenté, active tant qu'elle n'est pas analysée, et qui nous renvoie à un présent sans autre dimension, a à voir avec la structure. Le rapport au monde de l'enfant est structurel et non conjoncturel, et c'est par rapport à cette structure que l'ego doit travailler pour lui substituer une structure autre qui sera celle de la connaissance, c'est-à-dire de l'entendement pur libéré du corps. Ces deux structures, on l'a vu, peuvent se superposer. Néanmoins il y a une progression nécessaire pour passer de l'une à l'autre, et cette progression, si elle est de travail, ne peut s'effectuer que dans le temps. Et quand on parle ici du temps, on entend toutes ses dimensions : la durée essentielle à atteindre pour fonder le nouveau rapport à la connaissance, mais aussi le temps naturel qui est celui de la maturation, et que prend en charge Descartes lorsqu'à l'orée des *Méditations*, il écrit

> Il y a déjà quelque temps que je me suis aperçu que, dès mes premières années, j'avais reçu quantité de fausses opinions pour véritables, et que ce que j'ai depuis fondé sur des principes si mal assurés, ne pouvait être que fort douteux et incertain ; de façon qu'il me fallait entreprendre sérieusement une fois en ma vie de me défaire de toutes les opinions que j'avais reçues jusques alors en ma créance, et commencer tout de nouveau dès les fondements, si je voulais établir quelque chose de ferme et de constant dans les sciences. Mais cette entreprise me semblant être fort grande, j'ai attendu que j'eusse atteint un âge qui fût si mûr, que je n'en pusse espérer d'autre après lui, auquel je fusse plus propre à l'exécuter ; ce qui m'a fait différer si longtemps, que désormais je croirais commettre une faute, si j'employais encore à délibérer le temps qui me reste pour agir[5].

Paragraphe dont on comprend ici la profondeur. On ne peut faire de métaphysique à dix-sept ans, et il faut attendre le dernier moment, celui où la maturité est acquise, pour entreprendre une telle démarche, laquelle ne doit être faite qu'une fois en sa vie, car la question ici n'est

5 1re Méditation, A.T., IX, p. 13.

pas de passer de la vie naturelle à la vie méditative, mais de faire un détour par la vie méditative pour revenir à la vie naturelle, fort des enseignements de la méditation. Or ces enseignements sont sans retour possible. Et ce qu'ils révèlent c'est la structure du fondement, la structure du rapport au monde naturel que l'on doit dépasser, au profit d'une structure de connaissance, laquelle est différente du rapport au monde que l'on retrouve une fois l'existence du monde et des vérités essentielles prouvée. Autrement dit, pour découvrir la structure de connaissance sous la structure de l'opinion confuse, il faut admettre que le temps naturel nous transforme ; il faut admettre que nous ayons déjà l'épaisseur d'une histoire. Cette histoire ne changera pas le résultat atteint, mais elle est la condition de possibilité de la recherche. Encore une fois, la philosophie cartésienne et surtout la méditation cartésienne est toujours déjà incarnée. Or pour déceler la structure sous-jacente à l'opinion et à la connaissance (c'est le même cheminement qui montre la foi perceptive associée à la perception, et dès lors ce qu'il en est de la perception en termes de connaissance), il faut atteindre une autre dimension du temps qui est ce que nous avons appelé la temporalité essentielle, autrement dit la durée propre de l'esprit, qui en retour libère du présent aliénant de ce qu'on nommera anachroniquement l'inconscient, ou plus cartésiennement la mémoire corporelle[6] ou affective, autrement dit qui permet de revenir dans le temps. C'est ce tissage adroit entre structure et histoire qui fait le fond de la philosophie cartésienne.

Le rapport qu'entretiennent les concepts d'innéité et d'enfance peut donc se traduire par le rapport entre structuralisme et histoire.

Alors qu'en est-il de la critique de Foucault à l'endroit de Descartes ?

---

6 Descartes, *Les Passions de l'âme*, art. CXXXVII, II, AT 180-181 : « Et pour exemple, il est aisé de penser que les étranges aversions de quelques-uns, qui les empêchent de souffrir l'odeur des roses, ou la présence d'un chat, ou choses semblables, ne viennent que de ce qu'au commencement de leur vie ils ont été fort offensés par quelques pareils objets, ou bien qu'ils ont compati au sentiment de leur mère qui en a été offensée étant grosse. Car il est certain qu'il y a du rapport entre tous les mouvements de la mère, et ceux de l'enfant qui est en son ventre, en sorte que ce qui est contraire à l'un nuit à l'autre. Et l'odeur des roses peut avoir causé un grand mal de tête à l'enfant, lors qu'il était encore au berceau ; ou bien un chat le peut avoir fort épouvanté, *sans que personne y ait pris garde, ni qu'il en ait eu après aucune mémoire ; bien que l'idée de l'aversion qu'il avait alors pour ces roses, ou pour ce chat, demeure imprimée en son cerveau jusques à la fin de sa vie* ». (C'est nous qui soulignons).

STRUCTURALISME *VS* HISTOIRE

Rappelons le passage déjà cité de *l'herméneutique du sujet* :

> en prenant Descartes comme repère, mais évidemment sous l'effet de toute une série de transformations complexes, il est venu un moment où le sujet comme tel est devenu capable de vérité. [...] Il suffit que le sujet soit ce qu'il est pour avoir, dans la connaissance, un accès à la vérité qui lui est ouvert par sa structure propre de sujet.[...] Et par conséquent l'idée d'une certaine transformation spirituelle du sujet, qui lui donnerait enfin accès à quelque chose à quoi précisément il n'a pas accès pour l'instant, est chimérique et paradoxale[7].

Nous avons déjà montré que la méditation requérait une transformation du sujet en son être, ce que Foucault accorde à la fin de son séminaire sur *L'herméneutique du sujet*. Pour autant, il y a là quelque chose d'intéressant que nous n'avons pas mis en lumière, et qui est proche de la méthodologie de Foucault lui-même dans *L'histoire de la folie* : et c'est l'idée de cette structure. Il suffit d'être sujet pour avoir accès à la connaissance. Il y a en effet quelque chose de cet ordre chez Descartes, la foi perceptive comme la connaissance s'interrogent en leur structure même. L'esprit dans la troisième Méditation découvre qu'il est structure en plus d'être ego.

Le doute sert dans un premier temps, à manifester la croyance qui accompagne la perception, et de ce fait le rôle du corps dans la connaissance naïve ou dans la doxa ; une fois le rôle du corps désamorcé, l'âme se découvre dans toute sa clarté, à condition que le sujet tourne son attention vers les idées qui sont en elle. Raison pour laquelle l'enfance en même temps qu'elle est un âge de la vie est une structure épistémique, ou plus précisément encore un obstacle épistémologique. Or un obstacle épistémique est de l'ordre de la structure et non de l'histoire. Dans l'enfance même, en tant que catégorie, se rejoignent ces deux approches censées être opposées : la structure et l'histoire, un certain structuralisme et le temps. Ce que Foucault n'a pas vu à ce stade de *l'Herméneutique du sujet* est l'effort et la transformation de soi

---

7 Michel Foucault, *L'herméneutique du sujet*, *op. cit.* p. 183.

que suppose cette focale de l'attention. Mais là où il décèle quelque chose d'important, qu'on retrouvera dans *l'Histoire de la folie*, comme un nœud, une problématique inhérente à l'œuvre de Foucault comme à celle de Descartes, c'est cette dialectique permanente entre structure et histoire. On retrouve ce tissage chez Foucault sous le terme de dialectique entre tragique et histoire. Et si l'enjeu n'est pas le même, on retrouve bien la problématique en son cœur : comment l'histoire permet de révéler l'anhistorique[8] dès lors que cet anhistorique est à la fois la possibilité de l'histoire et son envers, son creux, son déni ? C'est toute l'ambiguïté du projet de Foucault, faire l'histoire de la folie, c'est-à-dire précisément de ce qui ne fait pas histoire, dès lors que la folie est silence, et que c'est de son refus que l'histoire peut se constituer[9]. On pourrait métaphoriquement poser la même question à Descartes : comment par l'histoire trouver la structure, dès lors que c'est uniquement dans l'histoire que se révèle la structure (celle de la foi perceptive, comme celle de la connaissance), structure aussitôt traduite chez Descartes en âge de la vie : l'enfance est une structure, la maturité, temps approprié pour la méditation révélant l'autre structure.

Voyons ce qu'il en est chez Foucault, ce qu'en dit Derrida, et ce que cela nous apprend sur l'œuvre cartésienne par la bande :

> La nécessité de la folie tout au long de l'histoire de l'Occident, écrit Foucault, est liée à ce geste de décision qui détache du bruit de fond et de sa monotonie continue un langage significatif qui se transmet et s'achève dans le temps ; bref, elle est liée à la possibilité de l'histoire[10].

---

8 Nous ne résistons pas à citer la magnifique formule d'Alquié, qui traduit cette problématique à travers le vocabulaire et la notion de mémoire : « …et je découvre que ce qui se donnait comme ma nature n'est en réalité que mon histoire. » *Le désir d'éternité*, p. 32.

9 à titre d'exemple, Foucault, première préface de 1961 in *Dits et Écrits*, t. I p. 192 : « Faire l'histoire de la folie voudra donc dire : faire une étude structurale de l'ensemble historique – notions institutions, mesures juridiques et policières, concepts scientifiques – qui tient captive une folie dont l'état sauvage ne peut jamais être restitué en lui-même ; mais à défaut de cette inaccessible pureté primitive, l'étude structurale doit remonter vers la décision qui lie et sépare à la fois raison et folie ; elle doit tendre à découvrir l'échange perpétuel, l'obscure racine commune, l'affrontement originaire qui donne sens à l'unité aussi bien qu'à l'opposition du sens et de l'insensé. Ainsi pourra réapparaître *la décision fulgurante, hétérogène au temps de l'histoire, mais insaisissable en dehors de lui*, qui sépare du langage de la raison et des promesses du temps ce murmure d'insectes sombres. » (C'est nous qui soulignons)

10 Foucault, *Dits et écrits I*, *op. cit.*, p. 190.

Or s'il semble envisageable d'approcher 'le sens invariant' du concept de folie (réclamé par Derrida) par le biais du tragique et d'approcher le tragique lui-même (au moins de façon allégorique) par le biais des figures historiques, il semble difficile d'atteindre la pureté de la folie primitive.

> Le tragique, en tant qu'il est le résidu post-décisionnel de la monotonie continue indique au moins l'origine. Quand la conscience dialectique de la folie choisit (hors du champ de ses significations possibles) de représenter la folie par sa seule face claire, signifiante et immédiatement perceptible, cette face continue d'indiquer ce qui lui a été retiré[11].

On ne pourra donc rester que dans l'indication, et l'interprétation de figures historiques mais figées. Il y a donc deux approches chez Foucault : l'une tragique, plus pure que l'autre, dialectique, mais qui permet de mettre au jour le tragique en tant que structure. Sans compter que cette expérience tragique a eu elle-même lieu post césure.

Qu'en est-il du tragique selon Foucault ? La retombée silencieuse de la tragédie s'explique par le refus de la tragédie par l'histoire. Et ce qu'il faut arriver à tenir, c'est d'un côté la limite que figure l'exclusion du tragique, mais qui borde néanmoins la dialectique de l'histoire, et de l'autre le partage originaire incessamment signifié par la limite. On comprend que dialectique folie/raison, tragique/histoire côtoie ce vers quoi elle fait signe : un partage originaire. On a donc d'un côté un mouvement dynamique, dont on doit faire l'histoire même si cette histoire est toujours en lien avec l'autre histoire, celle de la raison, et de l'autre une césure originaire, qui ne peut être saisie que dans ce mouvement dynamique d'exclusion ou de dialectique. C'est ce que dira Foucault plus loin :

> confronter les dialectiques de l'histoire aux structures immobiles du tragique[12].

Certes, il ne s'agit pas chez Descartes de découvrir l'expérience du tragique à travers une dialectique, mais de lier l'historicité du sujet à ses structures. Le passage d'une structure à l'autre, d'une catégorie épistémologique à l'autre, ne peut se faire que dans le temps, et c'est ici qu'interviennent non seulement la vie (temps naturel), mais aussi la

11 Sébastien Buckinx, *op. cit.* p. 45-46.
12 Foucault, *ibid.*, p. 190.

méditation (temps essentiel). Entre ces deux temporalités intervient la troisième, qui est celle d'une temporalisation d'une structure découverte (celle de la connaissance), et qui pour être efficiente, doit devenir habitude. Enfin une quatrième permet d'élucider ces « passages » ou « solutions de continuité », ce sera le temps en tant que transcendance, en tant qu'ouverture à une altérité[13].

Ce détour nous permet de questionner autrement le temps de l'enfance : s'il est aussi structure, catégorie, mise au jour par l'analyse – laquelle ne peut se dérouler que dans une certaine temporalité – alors la question de la continuité identitaire entre enfant et adulte, que pose nécessairement la ressemblance entre le nourrisson privé de langage et l'animal, trouve là une réponse. La structure dégagée via l'histoire, via le temps, par et à l'intérieur du temps épaissi, du temps sédimenté, mais du temps dégagé en son essence, permet au-delà du temps et de l'histoire de revenir à un point du temps qui échappe à la mémoire naturelle – et pour cause, le langage n'était pas encore là. Cette époque de la vie ne peut donc se réinscrire dans une histoire, laquelle ne commence, comme le dit bien Foucault qu'en même temps que le langage, même si c'est par l'exclusion de ce qui n'est pas lui. Comment dès lors remettre la main sur ce qui ne fait pas histoire – question foucaldienne par excellence, mais qui se pose aussi dans son urgence dans la philosophie cartésienne – si ce n'est par la révélation de la structure ? D'une structure qui, comme l'inconscient, n'est pas temporelle et n'a pas de temporalité. On comprend donc que c'est précisément parce que l'enfance est aussi et surtout une catégorie épistémologique, qu'elle peut se révéler à condition qu'à un moment clé, c'est-à-dire à l'âge mûr, on prenne la peine une fois pour toute d'y porter son attention. Dès lors, s'il est indispensable de récupérer les notions de virtuel et d'actuel, qui constituent les deux points d'une temporalité qui fait histoire, qui fait recherche, entre l'enfance et la connaissance claire et distincte des notions communes et des vérités essentielles, on comprend néanmoins que ces concepts aristotéliciens sont déplacés dans une dialectique entre structure et temporalité – laquelle temporalité, il faut le noter, n'est pas simple déroulement, mais effort permanent de la volonté, qui a besoin de déployer son entière liberté face au malin génie, pour débusquer et la structure, et le point anhistorique, cet excès dont

13 *Cf.* Levinas.

parle Derrida, ce cogito. Il faut noter aussi que l'enfance demeure, et qu'il n'y pas actualisation d'une virtualité présente dès l'enfance, mais accession à une connaissance sans que celle-ci détruise radicalement le rapport au monde institué dès l'enfance et que l'on peut qualifier avec Guénancia d'institution de la nature.

C'est parce que je fais histoire que je peux revenir à ce que je fus enfant, mais c'est parce que l'enfance est une catégorie épistémique que je peux la mettre au jour. C'est parce que je fais histoire que je peux accéder au cogito, qui est pourtant le fondement de mon histoire, lequel est an-historique. C'est dans la temporalité que j'accède à l'être. Et c'est l'être qui fonde ma temporalité, car mon être est temporel.

Le récit n'en est-il pas la meilleure illustration, lui qui articule le tragique et l'histoire, la structure et sa temporalisation, la difficulté de l'esprit à sortir du temps naturel, et son inscription dans un temps essentiel, l'expérience métaphysique en acte, mais aussi le retour sur des années d'enfance, des cheminements qui sont des égarements, jusqu'à la découverte d'un cogito hors tous les chemins du monde ? Le récit n'est-il pas ce déploiement temporel à même de rendre compte de ce qui sort du temps ?

BIBLIOGRAPHIE

SOURCES

ÉDITIONS GÉNÉRALES

Œuvres de Descartes, éd. Adam-Tannery, 11 vol., Vrin-CNRS, 1896-1909 et un supplément (1913). Entreprise en 1896, mise à jour il y a trente ans, elle a été rééditée à l'occasion du quatrième centenaire dans une nouvelle présentation (11 vol. sous emboîtage). Nous avons utilisé prioritairement cette édition, mais beaucoup de textes y figurant seulement en latin, nous avons eu recours à la traduction d'autres éditions, et notamment :

DESCARTES, *Œuvres*, éd. A. Bridoux, Gallimard, Bibliothèque de la Pléiade, 1946.

DESCARTES, *Œuvres philosophiques*, éd. F. Alquié, Classiques Garnier (Bordas), 3 vol., 1963-1973.

TEXTES SÉPARÉS

Les éditions sont innombrables. On en retiendra quelques unes, essentiellement pour leur appareil critique :

Règles pour la direction de l'esprit, trad. et notes par J. Sirven, éd. Vrin-Poche, 1970.

Discours de la méthode, pour bien conduire sa raison et chercher la vérité dans les sciences. Texte établi et présenté par Madeleine Barthélémy Madaule. Paris, Colin, 1959.

Discours de la méthode; suivi des Méditations / René Descartes; présentations et annotation par François Mizrachi. Paris, Union générale d'éditions, d.l. 1963.

Discours de la méthode; pour bien conduire sa raison et chercher la vérité dans les sciences. Extraits des *Méditations métaphysiques. Discours du Père Guénard sur l'esprit philosophique.* Texte établi, avec introd. et notes par Louis Liard., Paris, Garnier, 1963.

Discours de la méthode / René Descartes, J.-M. Fataud. Paris, Bordas, 1965.

Discours de la méthode, suivi d'extraits de la *Dioptrique*, des *Météores*, de *la Vie de Descartes par Baillet*, du *Monde*, de *l'Homme* et de *Lettres*. Chronologie et préface par Geneviève Rodis-Lewis. Paris, Garnier-Flammarion, 1966.

Discours de la méthode / René Descartes, par André Robinet. Paris, Larousse, 1969

Discours de la méthode / René Descartes ; introd. d'Alain et de Paul Valéry ; éd. établie, présentée et annotée par Samuel S. de Sacy. Paris, Le Livre de poche, 1970.

Discours de la méthode / Descartes ; préf., commentaires et notes explicatives par Marcelle Barjonet-Hureaux, Paris, Éditions sociales, 1974.

Discours de la méthode ; suivi des *Méditations* / René Descartes ; présentation de Jean-Paul Sartre, Verviers, Marabout, 1974.

Discours de la méthode / René Descartes, précédé de *Descartes inutile et incertain* / par Jean-François Revel ; commentaires et notes par Jean-Marie Beyssade, Paris, Le Livre de poche, 1973.

Discours de la méthode / René Descartes ; texte et comment. par Étienne Gilson. (5e éd.) Paris, Vrin, 1976.

Discours de la méthode ; suivi des Méditations / par René Descartes ; présentation et annotation par François Misrachi, Paris, Union générale d'éditions, 1977.

Discours de la méthode / Descartes ; présentation et comment., Denis Huisman ; préf. de Geneviève Rodis-Lewis, Paris, Nathan, 1981.

Discours de la méthode / Descartes ; présentation et notes par Simone Mazauric, Paris, Éditions sociales, 1983.

Discours de la méthode / Descartes ; préface et commentaires de Pierre Jacerme. Paris, Press Pocket, 1990.

Discours de la méthode ; suivi de La dioptrique / René Descartes ; édition établie et présentée par Frédéric de Buzon, Paris, Gallimard, 1991.

Méditations métaphysiques ; Objections et réponses, suivies de quatre Lettres / René Descartes ; chronologie, présentation et bibliographie de Jean-Marie Beyssade, Paris, Garnier-Flammarion, 1979.

Méditations métaphysiques / René Descartes ; texte, trad., Objections et Réponses présentés par Florence Khodoss. 9e éd., Paris, Presses universitaires de France, 1986

Méditations métaphysiques = Méditationes de prima philosophia / Descartes ; texte latin et traduction du duc de Luynes = Méditations de philosophie première / présentation et traduction de Michelle Beyssade, Paris, Le Livre de poche, 1990. C'est l'édition que nous utilisons le plus après celle d'Adams et Tannery.

Principes de la philosophie, I, introduction et notes par G. Durandin, éd. Vrin-Poche, 1984.

Les Passions de l'âme, introd. et notes de G. Rodis-Lewis, éd. Vrin-Poche, 1970.
Les passions de l'âme, première partie, commentaire de Delphine Antoine-Mahut en collaboration avec Philippe Drieux, Paris, Ellipses, 1998.
DESCARTES ; *La Morale*, textes choisis et présentés par N. Grimaldi, Vrin, 1992
Correspondance avec Elisabeth et autres lettres, éd. de J.-M. et M. Beyssade, GF-Flammarion.
DESCARTES, Correspondance, par C. Adam et G. Milhaud, librairie Félix Alcan, Paris 1936.
Entretien avec Burman, traduction, notes et postface par J.-M. Beyssade, P.U.F., coll. Épiméthée.
Traité de l'Homme, édition séparée établie par A. Bitbol-Hespéridès, éd. Seuil, 1996.

BIOGRAPHIES

BAILLET, Adrien, *Vie de Monsieur Descartes*, Paris, La Table Ronde, « La petite vermillon », 1992.
RODIS-LEWIS, Geneviève, *Descartes*, Paris, Calmann Lévy, 1996.
SACY, Samuel de, *Descartes*, Paris, le Seuil, coll. « Écrivains de toujours », réédité en 1956, augmenté d'une iconographie.

ÉTUDES

LIVRES

ALQUIÉ, Ferdinand, *La Découverte métaphysique de l'homme chez Descartes*, éd. P.U.F, 1950 ; rééd. en coll. Épiméthée, P.U.F, 1991.
ALQUIÉ, Ferdinand, *Descartes : l'homme et l'œuvre*, rééd. Paris, Hatier, 1988.
ANTOINE-MAHUT, Delphine, *Descartes. Une politique des passions*, « Philosophies », P.U.F, 2011.
ANTOINE-MAHUT, Delphine, *La réception matérialiste de Descartes*, « Verbatim », Presses universitaires de Laval (Québec), 2010.
ANTOINE-MAHUT, Delphine, *L'Homme cartésien. La « force qu'a l'âme de mouvoir le corps » : Descartes, Malebranche*, Presses Universitaires de Rennes, 2009.
ASTRUC, Alexandre, *Le Roman de Descartes*, Balland, 1989.
AZOUVI, François, *Descartes et la France ; Histoire d'une passion nationale*, coll. L'esprit de la cité, Arthème Fayard, 2002.

BAAS, Bernard, *Descartes et les fondements de la psychanalyse*, en collaboration avec Armand Zaloszyc, Paris, Navarin, Société d'édition Osiris, Diffusion Éditions du Seuil, 1988.

BECK, L.J., *The method of Descartes*, Oxford, Clarendon, 1952.

BECK, L.J., *The metaphysics of Descartes*, Oxford, Londres, 1965.

BELAVAL, Yvon, *Leibniz, critique de Descartes*, Gallimard, Paris, 1960.

BELLIS, Delphine Julie, *Le Visible et l'Invisible Dans La Pensée Cartésienne (figuration, Imagination et Vision Dans La Philosophie Naturelle de René Descartes)*, sous la direction de Michel Fichant et Christophe Lüthy, Université Paris-Sorbonne, 2010 (non publié).

BEYSSADE, Jean-Marie, *Études sur Descartes ; L'histoire d'un esprit*, Seuil, coll. Points Essais, 2001.

BEYSSADE, Jean-Marie. *La philosophie première de Descartes : le temps et la cohérence de la métaphysique.* Paris, Flammarion, 1979.

BEYSSADE, Jean-Marie, *La Philosophie première de Descartes*, Flammarion, 1979.

BITBOL-HESPÉRIÈS, Annie, *Le Principe de vie chez Descartes*, Vrin, 1990.

BOURGEOIS, Bernard, *La Raison moderne et le droit politique*, Vrin, 2000.

BOUTROUX, Émile, *Des vérités éternelles chez Descartes* ; thèse latine trad. par M. Canguilhem ; av. pr. de Jean-Luc Marion, Paris, Vrin, 1985.

BRUNSCHVICG, Léon, *Descartes et Pascal, lecteurs de Montaigne*, La Baconnière, 1945, rééd. Pocket-Agora, 1995.

BUCKINX, Sébastien, *Descartes entre Foucault et Derrida, la folie dans la Première Méditation*, L'Harmattan, 2008.

BUZON, Frédéric de et CARRAUD, Vincent, *Descartes et les Principia II : corps et mouvement*, P.U.F, 1994.

CANGUILHEM, Georges, « Descartes et la technique », Écrits philosophiques et politiques 1926-1939, in *Œuvres complètes* I. p. 490-497, Vrin, 2011.

CASSIRER, Ernst, *Descartes, Corneille, Christine de Suède*, trad. de l'allemand (chapitres III et IV de Descartes : Lehre – Persönlichkeit – Wirkung, Stockholm, 1939), Vrin, 1942, troisième tirage, 1997, ainsi qu'aux éditions du Cerf, 2008, éditions Passages.

CAVAILLÉ, Jean-Pierre, *Descartes : la fable du monde*, Vrin-E.H.E.S.S., 1991.

DAMASIO, Antonio R., *L'Erreur de Descartes ; La Raison des émotions*, trad. de l'américain (Descartes' Error ; Emotion, Reason and the Human Brain, A. Grosset / Putnam Books, 1994), éditions Odile Jacob, 1995, nouvelle éd., 2001

DAMASIO, Antonio, *Considération du rôle des émotions dans le raisonnement et la prise de décision à partir de l'étude du cas Phineas Gage ; Le sentiment de soi : corps, émotions, conscience*, Paris, Odile Jacob, 1999.

DAMASIO, Antonio, *Spinoza avait raison : joie et tristesse, le cerveau des émotions*, Paris, Odile Jacob, 2003.

FRANKFURT, Harry G., *Démons, rêveurs et fous ; La défense de la raison dans les Méditations de Descartes*, présentation et trad. par Sylvain M. Luquet, P.U.F, 1989

DAVIDENKO, Dimitr., *Descartes le scandaleux*, Paris, Robert-Laffont, 1988.

DUHAMEL, Georges, *Les confessions sans pénitence, suivi de trois autres entretiens : Rousseau, Montesquieu, Descartes, Pascal.*, Paris, Plon, 1941.

GILSON, Étienne, *Commentaire du Discours de la méthode*, Vrin, 1925, plusieurs rééd.

GILSON, Étienne, *Études sur le rôle de la pensée médiévale dans la formulation du système cartésien*, Vrin, 1930, 4e éd., 1975.

GILSON, Étienne, *La Liberté chez Descartes et la théologie*, Alcan, 1913, nouvelle éd., Vrin, 1982.

GONTIER, Thierry, *De l'homme à l'animal ; Montaigne et Descartes ou les paradoxes de la philosophie moderne sur la nature des animaux*, Vrin, 1998.

GONTIER, Thierry, Descartes ; *L'Arbre inversé*, Ellipses, 1999.

GOUHIER, Henri, Descartes : *Essais sur le Discours de la méthode, la métaphysique et la morale*, 3e éd., Vrin, 1973.

GOUHIER, Henri, *La Pensée religieuse de Descartes*, 2e éd., Vrin, 1972.

GOUHIER, Henri, *Les premières pensées de Descartes*, Vrin Paris, 1958.

GOUHIER, Henri, *Essais sur Descartes*, Vrin, 1937.

GOUHIER, Henri, *La pensée métaphysique de Descartes*, Vrin, 1962.

GREISCH, Jean, *Le Cogito herméneutique ; L'Herméneutique philosophique et l'héritage cartésien*, Vrin, 2000.

GRIMALDI, Nicolas, *L'expérience de la pensée dans la philosophie de Descartes*, Vrin, 1978.

GRIMALDI, Nicolas, *L'Homme disloqué*, collection Intervention philosophique, P.U.F, 2001.

GRIMALDI, Nicolas, *Le désir et le temps*, Vrin, 1992.

GUÉNANCIA, Pierre, *Descartes et l'ordre politique*, P.U.F., 1983.

GUÉNANCIA, Pierre, *L'intelligence du sensible*, Paris, Gallimard, 1998.

GUÉNANCIA, Pierre, *Descartes ; Bien conduire sa raison*, collection Découvertes, Gallimard, 1996.

GUÉNANCIA, Pierre, *Lire Descartes*, Gallimard, collection Folio Essais, 2000.

GUÉNANCIA, Pierre, Descartes, *Chemin faisant*, collection « encre marine », Les Belles Lettres, 2010.

GUÉNANCIA, Pierre, *Descartes*, Bordas, 1986.

GUEROULT, Martial, *Descartes selon l'ordre des raisons*, 2 vol., Aubier, 1953, rééd. 1991.

HENRY, Michel, *Généalogie de la psychanalyse*, collection Épiméthée, P.U.F, 1985.
HUSSERL, Edmund, *Méditations cartésiennes ; Introduction à la phénoménologie*, trad. de l'allemand par Gabrielle Peiffer et Emmanuel Levinas, Armand Colin, 1931, nouvelles éd., Vrin, 1947 et 1992.
JAMA, Sophie, *La Nuit de songes de René Descartes*, préface de Robert Halleux, Aubier, 1998.
KAMBOUCHNER, Denis, *L'homme des passions : commentaires sur Descartes*, Albin Michel, 2 vol., 1995.
KOYRÉ, Alexandre, *Entretiens sur Descartes*, Brentano's, New-York, 1944.
KOYRÉ, Alexandre, *Essai sur l'idée de Dieu et les preuves de son existence chez Descartes*, Leroux, 1922.
KOYRÉ, Alexandre, *Études galiléennes*, Hermann, 1939, nouvelle éd., collection Histoire de la pensée, Hermann, 1966.
KOYRÉ, Alexandre, *Du monde clos à l'univers infini*, Tel Gallimard, 1988.
LAPORTE, Jean, *Le Rationalisme de Descartes*, P.U.F., 1945, rééd. en coll. Épiméthée, P.U.F, 1989.
LEFÈVRE, R., *La métaphysique de Descartes*, P.U.F. Paris, 1956.
LEFÈVRE R., La vocation de Descartes, P.U.F. Paris, 1957.
LEFÈVRE R., La pensée de Descartes, Bordas Paris, 1965.
LEROY, Maxime, *Descartes, le philosophe au masque*, 2 tomes, Rieder, 1929.
MARION, Jean-Luc, *L'Idole et la distance ; Cinq études*, Grasset & Fasquelle, 1977, nouvelle éd., Le Livre de Poche, 1991.
MARION, Jean-Luc, *Sur l'ontologie grise de Descartes*, Vrin, 1975, rééd. 1993.
MARION, Jean-Luc, *Questions cartésiennes*, P.U.F., 1991. *Questions cartésiennes II*, P.U.F, Paris 1996.
MARION, Jean-Luc, *Étant donné. Essai d'une phénoménologie de la donation*, Paris, P.U.F, 2 1998.
MARION, Jean-Luc, *Sur la théologie blanche de Descartes*, P.U.F., 1981, rééd. en coll. Quadrige, P.U.F, 1991.
MARION, Jean-Luc, *Sur le prisme métaphysique de Descartes*, P.U.F., 1986.
NANCY, Jean-Luc, *Ego Sum*, Flammarion, 1979.
ONG-VAN-CUNG, Kim Sang, *L'objet de nos pensées, Descartes et l'intentionnalité*, Vrin, 2012.
PERRIN, Christophe, *Entendre la métaphysique, Les significations de la pensée de Descartes dans l'œuvre de Heidegger* ; sous la direction de Jean-Luc Marion, Université Paris-Sorbonne, 2012 (non publié).
PHILONENKO, Alexis, *Relire Descartes ; Le Génie de la pensée française*, collection Ouverture, Jacques Grancher éditeur, 1994.
RENAULT, Laurence, *Descartes ou la félicité volontaire*, collection Épiméthée, P.U.F, 2000.

RODIS-LEWIS, Geneviève, *L'Individualité selon Descartes*, Vrin, 1950.
RODIS-LEWIS, Geneviève, *Descartes et le rationalisme*, collection Que sais-je ?, P.U.F, 1966, 7e éd. corrigée, 1996.
RODIS-LEWIS, Geneviève, *Idées et vérités éternelles chez Descartes et ses successeurs*, collection Reprise, Vrin, 1985.
RODIS-LEWIS, Geneviève, *L'Anthropologie cartésienne*, recueil d'articles, collection Épiméthée, P.U.F, 1990.
RODIS-LEWIS, Geneviève, *Descartes ; Biographie*, Calmann-Lévy, 1995.
RODIS-LEWIS, Geneviève, *Le problème de l'inconscient et le cartésianisme*, P.U.F., 1950.
RODIS-LEWIS, Geneviève, *La Morale de Descartes*, P.U.F., 1953, plusieurs rééd.
RODIS-LEWIS, Geneviève, *Descartes, initiation à sa philosophie*, Vrin, 1964.
RODIS-LEWIS, Geneviève, *Descartes : textes et débats*, Livre de poche, 1984.
RODIS-LEWIS, Geneviève, *L'Œuvre de Descartes*, 2 vol., Vrin, 1971.
SIPOS, Joël, *Lacan et Descartes ; La Tentation métaphysique*, P.U.F, 1994
VALÉRY, Paul, « Fragment d'un Descartes » et « Le Retour de Hollande », *Variété II*, Gallimard, 1930, nouvelle éd., Gallimard, collection Idées, 1978, p. 141-148 et 149-163.
VALÉRY, Paul, « Descartes », *Variété IV*, Gallimard, 1938.
VALÉRY, Paul, « Une vue de Descartes » et « Seconde vue de Descartes », *Variété V*, Gallimard, 1945.
VALÉRY, Paul, *Cartesius redivivus*, texte établi, présenté et annoté par Michel Jarrety, Gallimard, 1986.
VUILLEMIN, J., *Mathématiques et métaphysique chez Descartes*, P.U.F., 1960 ; 2e éd., 1987.
WAHL, Jean, *Du rôle de l'idée de l'instant dans la philosophie de Descartes*, Vrin, Paris, 1953.

OUVRAGES COLLECTIFS, ACTES DE COLLOQUES, NUMÉROS DE REVUES (ORDRE CHRONOLOGIQUE)

« Leibniz face à Descartes sur la question de la substance », J. Boulad-Ayoub, Philosophiques, octobre 1984, vol XI, nº 2, 225-281.
« Le discours et sa méthode », Nicolas Grimaldi et Jean-Luc Marion éds., Colloque organisé les 28, 29, 30 janvier 1987 par le Centre d'études cartésiennes de l'Université de Paris IV, Paris : Presses universitaires de France (Épiméthée), 1987.
« Problématique et réception du Discours de la méthode et des essais », Henry Méchoulan éd., colloque organisé par l'Équipe de recherche 75 du CNRS en 1987, Paris : Vrin, 1988.
« Descartes : objecter et répondre », Jean-Marie Beyssade, Jean-Luc Marion,

eds, actes du Colloque « Objecter et répondre » organisé par le Centre d'études cartésiennes à la Sorbonne et à l'École normale supérieure du 3 au 6 octobre 1992, à l'occasion du 350e anniversaire de la seconde édition des Méditations, Paris, Presses universitaires de France, 1994.

« Descartes : le quatrième centenaire », table ronde sous la dir. de F. Duchesneau, in Philosophiques, vol. XXIII, n° 2, 1996.

« Lire Descartes aujourd'hui », Depré et Lories éds., Louvain-La-Neuve, Peeters, 1997.

« Descartes et Spinoza devant le problème de l'usage des passions », Pierre Macherey, dans *Spinoza ; Puissance et impuissance de la raison*, ouvrage collectif coordonné par Christian Lazzeri, P.U.F, collection Débats philosophiques, 1999, p. 93-114

« L'Esprit cartésien » ; Actes du XXVIe Congrès des Sociétés de philosophie de langue française, 30 août – 3 septembre 1996, Bernard Bourgeois et Jacques Havet éds, accompagné d'un CD-ROM (Windows) contenant la version intégrale des Actes, Vrin, 2000

Foucault et la philosophie antique, Frédéric Gros et Carlos Lévy éd., Paris, Kimé, 2003.

« La philosophie comme médecine de l'âme », Brykmann Geneviève, in *La philosophie comme médecine de l'âme à l'âge classique*, Geneviève Bryckman (éd), Le temps philosophique, université Paris X-Nanterre, 2003, p. 5-29

Pierre Hadot, l'enseignement des antiques, l'enseignement des modernes, Arnold I. Davidson et Frédéric Worms éds., Éditions rue d'Ulm, 2010.

Qu'est-ce qu'être cartésien ?, Delphine Antoine-Mahut éd., ENS Éditions, 2013.

Élisabeth face à Descartes : deux philosophes ?, Delphine Antoine-Mahut éd., en collaboration avec M-F. Pellegrin. Paris, Vrin, 2014.

NUMÉROS DE REVUES (ORDRE CHRONOLOGIQUE)

Revue d'histoire de la philosophie (1937), *Descartes*, numéro spécial.

Revue Philosophique (1951) *Descartes.*

Études philosophiques, (janvier-juin 1996).

Magazine littéraire, n° 342, avril 1996.

Revue internationale de philosophie, n° 1, 1996. « Descartes 1596-1996. New Interpretations ».

Les Cahiers de Science & Vie, n° 66, décembre 2001 Collectif, « René Descartes, 1596-1650 ; Les découvertes scientifiques d'un génie français ».

Archives de Philosophie, Michel Foucault et la subjectivité, Tome 65, 2002/2

Le Magazine littéraire, « Descartes, les nouvelles lectures », n° 464, mai 2007.

Revue philosophique de la France et de l'étranger, « Geneviève Rodis-Lewis interprète de Descartes », par Michel Fichant et Jean-Luc Marion, 2007/3 (Tome 132), P.U.F.

Les Études philosophiques, « Moi qui suis le sujet », 2009/1 (n° 88), Paris, Presses Universitaires de France.

Revue philosophique de la France et de l'étranger, Cogito. Esthétique. Politique 2015/1 (Tome 140), P.U.F.

ARTICLES

ALAIN, « Étude sur Descartes », dans *Idées, Introduction à la philosophie*, Gallimard, 1932, nouvelle éd., Flammarion, collection Champs, 1983, p. 89-163.

ARBIB, Dan, « La métaphysique, dernier mot de la morale cartésienne ? Descartes et les émotions intérieures », Les Études philosophiques 2014/2 (n° 109)

AUBRY, Gwenaëlle, « La philosophie comme manière de vivre et l'anti-philosophie », in Arnold I. Davidson et Frédéric Worms (dir.), Pierre Hadot, *L'enseignement des antiques, l'enseignement des modernes*, Éditions rue d'Ulm, 2010

BAERTSCHI, B. (analytic). « Le "Machinisme Des Bêtes" : Tout Compte Fait, Descartes N'avait Pas Entièrement Tort. » The « mechanism of Animals » : All Told, Descartes Was Not Completely Wrong (English) 55 (cover date 1996), p. 53-83.

BOUCHILLOUX, Hélène, « Montaigne, Descartes : vérité et toute-puissance de Dieu », Revue philosophique de la France et de l'étranger 2/2009 (Tome 134), p. 147-168

BOUCHILLOUX, Hélène, « Descartes et Saint Augustin : la création des vérités éternelles », Revue philosophique de la France et de l'étranger 2/2006 (Tome 131), p. 147-161

BRANCO, Guilherme Castelo, « La présence de Descartes et de Kant dans l'œuvre de Foucault », Rue Descartes 3/2012 (n° 75), p. 72-80

BRÉHIER, Émile, « Descartes et le cartésianisme », chapitre III de *l'Histoire de la philosophie*, tome II, P.U.F, 1930 et 1938, nouvelle éd. revue et mise à jour par Pierre-Maxime Schuhl et André-Louis Leroy, collection Quadrige, 1981, p. 41-113

BRYCKMAN, Geneviève, « La philosophie comme médecine de l'âme à l'âge classique », in *Le temps philosophique*, Université Paris X-Nanterre, 2003, p. 5-29.

BUCCIANTINI, Massimo, « Descartes, Mersenne et la philosophie invisible de Galilée », Dix-septième siècle 1/2009 (n° 242), p. 19-30

BUZON, F. de (analytic). « L'homme et Le Langage Chez Montaigne et Descartes. » Rev. Philos. Fr. étrang., Descartes et la tradition humaniste, no. 4 (1992), p. 451-466.

BYRON, Williston. "Descartes on Love And/as Error." Journal of the History of Ideas 58, no. 3 (July 1, 1997), p. 429-444.

CANGUILHEM, Georges, « Descartes et la technique », dans Travaux du IXe Congrès international de philosophie ; Congrès Descartes, t. 1, Études cartésiennes, fascicule 2, p. 77-85, Hermann, 1937 ; réédité dans les Cahiers philosophiques, n° 69, décembre 1996, p. 93-100, réédité dans Canguilhem, Écrits philosophiques et politiques 1926-1939, in *Œuvres complètes* I. p. 490-497

CARRAUD, Vincent, « Qui est le moi ? », Les Études philosophiques 1/2009 (n° 88), p. 63-83.

CASSAN, Elodie, « La raison chez Descartes, puissance de bien juger », Le Philosophoire1/2007 (n° 28), p. 133-145

CHAUVIER, Stéphane, « Ce que "Je" dit du sujet », Les Études philosophiques 1/2009 (n° 88), p. 117-135

CLÉMENT, Bruno, « La langue claire de Descartes », Rue Descartes 3/2009 (n° 65), p. 20-34

COURTINE, Jean-François, « Les méditations cartésiennes de Martin Heidegger », Les Études philosophiques, no 88, 2009/1.

CUNNING, David. « Descartes on the Dubitability of the Existence of Self. » Philosophy and Phenomenological Research 74, no. 1 (January 1, 2007), p. 111-131.

DUPIN, Frédéric, « Descartes et la morale de la certitude », Le Philosophoire 2/2009 (n° 32), p. 179-213.

DUPOND, Pascal, « Descartes et le labyrinthe de notre ontologie », Revue internationale de philosophie 2/2008 (n° 244), p. 207-225

GAGNEBIN, Jeanne Marie, « Entre Le Rêve et La Veille : Qui Suis-Je ? », Étud. Théol. Relig. 80, n° 2 (2005).

GALIBERT, J.-P. (analytic). « Du Langage à Dieu : L'éminence Chez Descartes. » From Langage to God : Eminence in Descartes (English) 75, no. 3 (cover date 1995), p. 309-319.

GOMBAY, André. « Sigmund Descartes ? » Philosophy 83, no. 325 (July 1, 2008), p. 293–310.

GORHAM, Geoffrey. « Descartes on Time and Duration. » Early Science and Medicine 12, no. 1 (January 1, 2007), p. 28-54.

GUÉNANCIA, Pierre, « Le Corps peut-il être un sujet ? », dans *Descartes et la question du sujet*, ouvrage collectif coordonné par Kim Sang Ong-Van-Cung, P.U.F, collection Débats philosophiques, 1999, p. 93-110

GUÉNANCIA, Pierre, « Foucault / Descartes : la question de la subjectivité », Archives de Philosophie 2002/2 (Tome 65), p. 239-254.

GUÉNANCIA, Pierre, « Le fantôme de Descartes. De l'utilité de l'histoire de la philosophie », Esprit 2012/3 (Mars/avril)

GUILLIN, Vincent, « 'Descartes à travers mes âges'. Retour sur quelques lectures cartésiennes de Canguilhem », Revue de métaphysique et de morale 2015/3 (N° 87), p. 307-328.

HADOT, Pierre, « L'expérience de la méditation », in « Descartes, les nouvelles lectures », Le magazine littéraire, n° 342, avril 1996.

HARRISON, Peter. "Descartes on Animals." The Philosophical Quarterly 42, no. 167 (April 1, 1992), p. 219-227.

HENRY, Michel, « Heidegger, Descartes, Nietzsche : Schopenhauer et le "courant souterrain" de la métaphysique. », Les Études philosophiques 3/2012 (n° 102), p. 307-317.

JEANGÈNE VILMER, Jean-Baptiste, « Descartes : l'infinitude de ma volonté. Ou comment Dieu m'a fait à son image », Revue des sciences philosophiques et théologiques 2/2008 (Tome 92), p. 287-312

KAMBOUCHNER, Denis, « Descartes et le problème de la culture », dans le Bulletin de la Société française de philosophie, n° 3, avril-juin 1998

KAMBOUCHNER, Denis, « La Subjectivité morale dans Les Passions de l'âme », dans *Descartes et la question du sujet*, ouvrage collectif coordonné par Kim Sang Ong-Van-Cung, P.U.F, collection Débats philosophiques, 1999, p. 111-113

LANSON, Gustave, « Le Héros cornélien et le "généreux" selon Descartes », Revue d'Histoire littéraire de la France, Paris, 1894, article repris dans Hommes et livres, Paris, 1895

LANSON, Gustave, « L'Influence de la philosophie cartésienne sur la littérature française », Revue de Métaphysique et de Morale, 1896, art. repris dans les Études d'Histoire littéraire, Paris, 1930

LIBERA, Alain de, « Sujet insigne et Ich-Satz. Deux lectures heideggériennes de Descartes », Les Études philosophiques 1/2009 (n° 88), p. 85-101.

MARCOS, Jean-Pierre, « Éthique et finitude I. Lecture des Méditations Métaphysiques (1641 et 1647) de Descartes », Les Papiers du Collège International de Philosophie, n° 24.

MARION, Jean-Luc, « Descartes hors sujet », Les Études philosophiques 1/2009 (n° 88), p. 51-62

MARION, Jean-Luc, « L'ego et Le Dasein Heidegger et La Destruction de Descartes Dans Sein Und Zeit in Philosophie et Réception (I). Descartes En Phénoménologie ». Revue de Métaphysique et de Morale, Volume 92, 1987, p. 25-53

NORMAN, Larry F. (analytic). « modern identity and the sociable self in the late seventeenth century (English). » L'identité Moderne et Le Moi Sociable à La Fin Du Dix-Septième Siècle, Identification before Freud : French Perspectives (English), 47, no. 3 (cover date 2008), p. 34-44.

PELLEGRIN, Pierre, « De Pyrrhon aux pyrrhoniens », in « Le retour des sceptiques », Le magazine littéraire, n° 394, janvier 2001

PINGEOT, Mazarine, « L'unité perdue de l'homme, et l'unité dialectique retrouvée : entre théorie et pratique, l'espace d'une création », contribution à l'ouvrage collectif, *La formation de Georges Canguilhem : un entre-deux guerres philosophique*, éditions Hermann, 2013.

PINGEOT, Mazarine, « Des âges d'Auguste Comte aux catégories épistémiques de René Descartes », revue Corpus (des œuvres de philosophie en langue française), n° 68, 2015.

PRELORENTZOS, Yannis, *Temps, durée et éternité dans les Principes de la philosophie de Descartes de Spinoza*, Groupe de recherches spinozistes n° 6, Paris, Presses de l'Université Paris-Sorbonne, 1996.

RODIS-LEWIS, G., « Descartes ; Cartésiens et anticartésiens français », dans *Histoire de la philosophie*, sous la direction d'Yvon Belaval, tome II, Gallimard, Encyclopédie de la Pléiade, 1973, nouvelle éd., Gallimard, collection Folio Essais, tome II, vol. 1, 1999, p. 364-403

SARTRE, Jean-Paul, « La Liberté cartésienne » (1946), dans *Situations I*, Gallimard, 1947, nouvelle éd., dans Situations philosophiques, Gallimard, collection Tel, 1990, p. 61-79

SCHWARTZ, Claire, « La question de l'infinité du monde et ses réponses cartésiennes », Les Études philosophiques, 2014/1 (n° 108)

SIMONETTA, David, « "L'âme pense-t-elle toujours ?" Postérité de la théorie de l'intension et remissio formarum dans la querelle entre empiristes et cartésiens », in Astérion, Philosophie, histoire des idées, pensée politique, La réception des idées académiques à l'âge moderne, ENS éditions, 11/2013

TROISFONTAINES, Claude, « La temporalité de la pensée chez Descartes », in Revue philosophique de Louvain. Année 1989, Volume 87, numéro 73, Persée, p. 5-22.

VAQUERO, Stéphan, « L'unité de la philosophie chez Descartes : métaphysique et topologie morale », Revue philosophique de la France et de l'étranger 4/2009 (Tome 134), p. 471-484

VERNES, P.-M, Les Passions de l'âme de Descartes : les limites d'un type d'explication, Philosophiques, vol. XXIV, n° 2 (Automne 1997), p. 231-243.

USUELS (ORDRE CHRONOLOGIQUE)

BLOCH, O. et VON WARTBURG, W., *Dictionnaire étymologique de la langue française*, Paris, Presses Universitaires de France, 1950.

DUBOIS, J. et LAGARRE, R., *Dictionnaire de la langue française classique*, Paris, Belin, 1960.

WEBER, J.-P., *La constitution du texte des Regulæ*, Paris, Sedes, 1964.

SEBBA, G., *Bibliographia Cartesiana*, La Haye, Nijhoff, 1966.

ROBINET, André *et al.*, *« Cogito 75 », Index des Méditations métaphysiques*, Paris, Vrin, 1975.

ARMOGATHE, J.-R. et MARION, J.-L., *Index des Regulæ ad directionem Ingenii*, Rome, Ateneo, 1976.

CAHNÉ, P.-A., *Index du Discours de la méthode*, Rome, Ateneo, 1977.

GILSON, E., *Index Scolastico-cartésien*, 2e éd., Paris, Vrin, 1979.

COTTINGHAM, J., *A Descartes Dictionary*, The Blackwell Philosopher Dictionaries, Londres, Blackwell, 1993.

QUILLIEN, Ph.-J., *Dictionnaire politique de René Descartes*, Lille, Presses Universitaires de Lille, 1994.

JANOWSKI, Zbigniew, *Index augustino-cartésien ; Textes et commentaire*, Paris, Vrin, 2000.

BUZON, Christine de et KAMBOUCHNER, Denis, *Le Vocabulaire de Descartes*, Paris, Ellipses, 2002.

SOURCES COMPLÉMENTAIRES (ORDRE ALPHABÉTIQUE)

ARISTOTE, *Éthique à Nicomaque*, Garnier Flammarion 1965, Flammarion Paris 1992

ARISTOTE, *Métaphysique*, Paris, Vrin, 1991

BLANCHOT, Maurice, « Discours sur la patience », in *Le nouveau commerce*, repris dans « Écriture et Désastre », Paris, Gallimard, 1981.

CANGUILHEM, Georges, Écrits philosophiques et politiques 1926-1939, *Œuvres complètes* tome I, Vrin, 2011

DERRIDA, Jacques, « Cogito et histoire de la folie », in *L'écriture et la différence*, éd. du Seuil, 1967

FONTENELLE, *Digression sur les anciens et les modernes*, 1688, rééd. A. Niderst, *Œuvres complètes* t. II, Fayard. Paris, depuis 1989 (Corpus des œuvres de philosophie en langue française, 43).

FONTENELLE, Éloge de M. l'abbé Grabois, 1707, *Œuvres complètes*, t. VI, Paris, Fayard

FOUCAULT, Michel, *Histoire de la folie à l'âge classique*, Paris, Gallimard, 1976.

FOUCAULT, Michel, « Première préface à l'histoire de la folie 1961, Folie et Déraison. Histoire de la folie à l'âge classique », in *Dits et Écrits I*, Paris, Gallimard, Quarto, 1994, réédition 2001.

FOUCAULT, Michel, « mon corps, ce papier, ce feu », 1972, in Foucault, M. *Histoire de la folie*, Paris, Gallimard, appendice II, p. 583-603. Correspondance *Dits et Écrits*, tome II, texte n° 102

FOUCAULT, Michel, « Réponse à Derrida », 1972, Paideia, n° 11 : Michel Foucault, février, p. 131-147. Correspondance, *Dits et Écrits*, tome II, texte n° 104

FOUCAULT, Michel, *L'herméneutique du sujet, Cours au collège de France. 1981-1982*, collection Hautes études, éd. Seuil/Gallimard, mars 2001

FOUCAULT, Michel, « Alexandre Koyré : La Révolution astronomique, Copernic, Kepler, Borelli. » 1961, in *Dits et Écrits I*, p. 198-199, Paris, Gallimard, Quarto, 1994, réédition 2001

FOUCAULT, Michel, « La folie n'existe que dans une société. », 1961, in *Dits et Écrits I*, p. 195-197, Paris, Gallimard, Quarto, 1994, réédition 2001.

FOUCAULT, Michel, « La folie, l'absence d'œuvre », 1964, La table ronde, n° 196, Situation de la psychiatrie, mai, p. 11-21. Correspondance *Dits et Écrits*, tome I, texte n° 25

FOUCAULT, Michel, *Les mots et les choses*, Paris, Gallimard, 1966.

FOUCAULT, Michel, *L'Ordre du discours. Leçon inaugurale du Collège de France*, Paris, Gallimard, 1971.

FOUCAULT, Michel, *La volonté de savoir, Histoire de la sexualité*, tome I, Paris, Gallimard, 1976.

FOUCAULT, Michel, « Subjectivité et vérité, annuaire du collège de France, 81e année, Histoire des systèmes de pensée », années 1980-1981, p. 385-389, correspond à *Dits et Écrits*, tome IV, texte n° 304.

FOUCAULT, Michel, « L'herméneutique du sujet. Annuaire du Collège de France, 82e année », Histoire des systèmes de pensée, année 1981-1982, p. 395-406. Correspondance *Dits et Écrits*, tome IV, texte n° 323.

FOUCAULT, Michel, *Le gouvernement de soi et des autres, Cours au Collège de France. 1981-1982*, « Hautes études », Paris, Gallimard-Seuil, 2008.

FOUCAULT, Michel, *L'usage des plaisirs, Histoire de la sexualité*, tome II, Paris, Gallimard, 1984.

FOUCAULT, Michel, *Le souci de soi, Histoire de la sexualité*, tome III, Paris, Gallimard, 1984.

FOUCAULT, Michel, *Dits et écrits I*, éditions Gallimard, Quarto, 1994, réédition 2001.

FOUCAULT, Michel, *Dits et écrits II*, éditions Gallimard, Quarto, 2001.

FROMM, Erich, *La Peur de la liberté*, Parangon/Vs, Lyon 2010.

HEIDEGGER, Martin, *Être et temps*, (§ 6 et 10), Paris, Gallimard, 1986.
JAMES, William, *La volonté de croire*, Les Empêcheurs de tourner en rond/ Le Seuil, septembre 2005.
KANT, Emmanuel, *Qu'est-ce que les Lumières*, Pléiade, éditions Gallimard, 1985, traduction Heinz Wismann
LEVINAS, Emmanuel, *Du Dieu qui vient à l'idée*, « de la déficience sans souci », Paris, Vrin 1982, livre de poche 1992.
LOCKE, John, *Identité et différence*, « L'invention de la conscience », présenté, traduit et commenté par Étienne Balibar, Points seuil, septembre 1988, mais aussi Rogers 1997 ; Ayers 1991, vol. II ; et Marshall 1994.
LOCKE, John, *Essai philosophique concernant l'entendement humain*, Paris, Vrin, 2006.
MALEBRANCHE, Réponse à la 3e lettre de Monsieur Arnauld. Recueil, t. IV, *Œuvres complètes*, aux Éditions du CNRS, sous la direction d'André Robinet, 20 volumes, 1958-1967.
MERLEAU PONTY, Maurice, *Phénoménologie de la perception*, Paris, Tel Gallimard, 4e éd., 1976.
NORDMANN, Sophie, *Phénoménologie de la transcendance*, Édition d'Écarts, 2012.
PASCAL, Blaise, *Projet de préface pour un Traité du Vide*, « L'intégrale », Paris, 1963.
PLATON, *Théétète*, 155d, trad. Léon Robin, Gallimard, « Bibliothèque de la Pléiade », 1950.
RICŒUR, Paul, *Soi-même comme un autre*, Paris, le Seuil, 1996.
SARTRE, Jean-Paul, *L'Être et le Néant*, Paris, Tel Gallimard, 1976.
SPINOZA, *Éthique*, Œuvres 3, trad. Charles Appuhn, Paris GF-Flammarion, 1993.
SPINOZA, *Traité de la Réforme de l'entendement*, GF-Flammarion 1964.

OUVRAGES GÉNÉRAUX ET AUTRES ÉTUDES

ALQUIÉ, Ferdinand, *Le désir d'éternité*, Quatrige, P.U.F, 2004.
BADIOU, Alain, *Conditions*, « Le (re)tour de la philosophie elle-même », p. 57-78, collection L'ordre philosophique, Paris, le Seuil, 1992.
BUTLER, Judith, « Of personal Identity », The Analogy of Religion (1738), repris in J. Perry (éd.), Personal Identity, Université of California Press, 1975.
BUTLER, Judith, *Le récit de soi*, Paris, P.U.F, 2007.
DAVOINE, Françoise et Gaudillière, Jean-Max, *Histoire et trauma, La folie des guerres*, Stock, 2006.
DESCOMBES, Vincent, *Dernières nouvelles du moi*, Presses Universitaires de France, 2009.
DESCOMBES, Vincent, *Le complément du sujet, Enquête sur le fait d'agir de soi-même*, Gallimard, 2004.

HADOT, Pierre, *La philosophie comme manière de vivre*, Paris, Albin Michel, 2001.
HADOT, Pierre, *Exercices spirituels et philosophie antique*, Paris, Albin Michel, 2002.
HADOT, Pierre, *Qu'est-ce que la philosophie antique ?* Paris, Gallimard, 1995.
MAISONDIEU, Jean, préface de *Mémoire, souvenirs, oublis* de Sigmund Freud, Édition Payot et Rivages, 2010.
PAVIE, Xavier, *Exercices spirituels*, Les Belles Lettres, 2012.
POPKIN, R. The History of Scepticism from Erasmus to Spinoza, University of California Press, Berkeley and Los Angeles, 1979, *Histoire du scepticisme d'Érasme à Spinoza*, coll. Léviathan, Paris, P.U.F, 1995
QUILLET, J, *Autour de Nicolas Oresme*, Paris, Vrin, 1990.
RANCIÈRE, Jacques, *Le maître ignorant*, éd. Librairie Arthème Fayard, 1987, collection 10/18.
SCHAEFFER, Jean-Marie, *La fin de l'exception humaine*, Paris, Gallimard, 2007.
SERRES, Michel, *Le système de Leibniz et ses modèles mathématiques*, Paris, P.U.F, 1968
WAHL, *Poésie, pensée, perception*, Paris, Calmann-Lévy, 1948.

INDEX DES NOMS PROPRES

TABLE DES MATIÈRES

IMPRIM'VERT®

Achevé d'imprimer par Corlet Numéric,
Z.A. Charles Tellier, Condé-en-Normandie (Calvados). N° d'impression : 157147
Imprimé en France